AtV

WIELAND HERZFELDE (eigentl. Herzfeld) wurde am 11. 4. 1896 in Weggis (Schweiz) geboren. Früh elternlos, verlebte Herzfelde seine Kindheit bei verschiedenen Pflegeeltern. Nach dem Kriegsabitur 1914 in Berlin wurde er freiwilliger Sanitäter, kam kurz danach in eine Strafkompanie und zum Fronteinsatz. Seit 1916/17 Herausgeber verschiedener Zeitschriften in Berlin (u. a. „Neue Jugend"; „Die Pleite", zusammen mit George Grosz und seinem Bruder John Heartfield; „Der Gegner", zusammen mit J. Gumpert). 1919/20 war Herzfelde einer der Initiatoren des Dadaismus in Berlin. 1917 gründete er den Malik-Verlag, den er 1933–1939 in der Prager Emigration weiterführte. 1933–1934 gab er die Exilzeitschrift „Neue deutsche Blätter" heraus. Über die Schweiz emigrierte er 1939 in die USA. Mit Brecht, H. Mann, Weiskopf, Graf u. a. gründete er in New York den „Gemeinschaftsverlag elf antifaschistischer Schriftsteller", Aurora. Nach seiner Rückkehr lehrte er ab 1949 als Professor Soziologie der neueren Literatur in Leipzig. Er starb 1988 in Berlin.

Wieland Herzfelde schrieb Essays, Gedichte und Erzählungen, u. a. „Sulamith" (1917, Gedichte); „Blau und Rot" (Gedichte, 1971); „Schutzhaft" (Prosa, 1919); „Tragigrotesken der Nacht" (Prosa, 1920); „Immergrün" (autobiographische Erzählungen, 1949, erw. 1958); „Unterwegs. Blätter aus 50 Jahren" (1961, Prosa und Verse).

Als George Grosz 1943 in New York seinen fünfzigsten Geburtstag feierte, suchte der Emigrant Wieland Herzfelde nach einem Geschenk für seinen alten Freund aus der Berliner Zeit. Er konnte nichts kaufen und entschloß sich deshalb, Grosz mit der Geschichte ihrer ersten Begegnung zu überraschen. Dem „Kaufmann aus Holland" folgten weitere Erlebnisberichte, die er 1949 für den Band „Immergrün" zusammenfaßte. Ab 1958 wurde der Band mit weiteren Texten erweitert, zu denen auch Auszüge aus Herzfeldes Tagebuch von 1913 bis 1914 gehörten. „‚Immergrün' beruht fast nirgends auf Erfindung", sagte Herzfelde über sein Buch. „Es liegt ihm nur Material zugrunde, das mein Gedächtnis bewahrt hat."

Wieland Herzfelde

Immergrün

Merkwürdige
Erlebnisse
und Erfahrungen
eines
fröhlichen
Waisenknaben

Feb. 2005

Aufbau Taschenbuch Verlag

ISBN 3-7466-1339-6

1. Auflage 1996
Aufbau Taschenbuch Verlag GmbH, Berlin

Umschlaggestaltung Bert Hülpüsch unter Verwendung
eines Ausschnitts aus der Illustration „Johannisnacht“,
1910, Ecce homo von George Grosz
Satz LVD GmbH, Berlin
Druck Elsnerdruck, Berlin
Printed in Germany

Inhalt

Vierter Teil
Über Land und Meer

Wie „Immergrün“ entstand

Wie wohl die meisten Menschen liebe ich es von jeher, Freunden und Bekannten von Erlebnissen ungewöhnlicher Art zu erzählen, wobei mir mit den Jahren die Vorgänge und Eindrücke in der Erinnerung immer deutlicher wurden.

Aufzuschreiben, was ich gern erzählte, hatte ich schon 1913 in meinem Schülertagebuch begonnen. Als ich aber im November 1914 an die Westfront kam, hörte ich damit auf. Im März 1919 erlebte ich im Zellengefängnis Plötzensee, wie sehr sich meine Mitgefangenen durch die Erzählung meiner Jugend- und Kriegserlebnisse aufmuntern ließen. Da kam ich auf den Gedanken, sie aufzuzeichnen; aber die Forderungen und die Lockungen des Tages waren stärker als mein Wunsch, mich mit Vergangenem zu beschäftigen. Und als ich endlich, ein Vierteljahrhundert später, doch damit begann, geschah es aus einem aktuellen, wenn auch privaten Anlaß.

Am 26. Juli 1943 feierte mein alter Freund George Grosz seinen 50. Geburtstag. Ich hatte kein Geld und sah mich in unsrer kleinen Wohnung nach etwas um, das ich ihm hätte schenken können. Ich fand nichts. Es lag mir aber sehr daran, nicht mit leeren Händen zu kommen, und so entschloß ich mich, eine Art Jugendbildnis von ihm zu schreiben: die Geschichte unsrer ersten Begegnung.

Als ich ihm das Kuvert mit dem Manuskript übergab, legte er es achtlos zwischen die vielen Blumen und Geschenke auf den Gabentisch. Ich befürchtete, es könnte beim Abräumen ungeöffnet in einem Papierkorb verschwinden.

Es war aber Grosz, der – nach dem Festmahl – auf einmal verschwunden war. Eine ganze Weile später kam er wieder, mein Manuskript in der Hand. Ich wurde unruhig, denn ich hatte darin manches anklingen lassen, was trennend zwischen uns stand und was mich an ihm befremdete. Aber er umarmte mich und war durchaus nicht verstimmt. Dann hielt er eine kleine Ansprache an die Gäste, die damit endete, daß er mich aufforderte, die Geschichte vorzulesen. Das Ergebnis war: ein paar Monate später erschien „Ein Kaufmann aus Holland" englisch in „Harpers Magazine".

Schon früher, im Jahre 1940, hatte der Verlag MacMillan in New York ein Buch mit dem Titel „We Escaped" („Wir entkamen") herausgegeben. Darin berichteten zwölf Vertreter verschiedener Berufe, wie sie sich dem Hitlerterror entzogen hatten. Einer der anonymen Beiträge war von mir. Einen Teil dieses Erlebnisberichts verarbeitete ich zu dem Kapitel „Der Bürge". Und dann schrieb ich – in Abständen und ohne bestimmte Reihenfolge – nieder, was schließlich, chronologisch geordnet, „Immergrün" ergab.

Krieg und Terror hatten meine Freude am Leben oft zu erschüttern, aber nicht zu verschütten vermocht. Das auszudrücken, drängte es mich um so stärker, je mehr Kleinmut und Hoffnungslosigkeit sich – in New York während des antifaschistischen Krieges – verbreiteten. Und als es im Sommer 1945 endlich wieder möglich war, nach Europa zu schreiben, war ich glücklich, meinem Bruder in England und den Zieheltern in Salzburg Geschichten schicken zu können, aus denen hervorging, daß ihr Bild und das der Heimat in mir trotz der langen Trennung nicht verblaßt war. So ist auch der Titel „Immergrün" zu verstehen; unmittelbar entstand er jedoch aus den Schlußzeilen des Gedichts auf Seite 191:

Wenn auch die Blüte verblassen muß,
Immer bleibt grün ihr Reis.

„Immergrün" beruht fast nirgends auf Erfindung. Es liegt ihm nur Material zugrunde, das mein Gedächtnis lebendig erhalten hat. Das trifft auch zu auf die in der ersten Ausgabe

„Immergrün" (Aurora-Bücherei, Aufbau-Verlag, 1949) noch nicht enthaltenen Kapitel „Begegnung in Bitterfeld" (1958), „Hildebrand und Wladimir" (1959) sowie „Choroscho" und „Pieter und drei seiner Nachbarn" (beide 1960). Hingegen wurden die Texte auf den Seiten 94 bis 141 wörtlich aus meinem Tagebuch 1913–1914 übernommen.

Manche Leser haben gefragt, warum ich in dem Buch nichts über die Zeit zwischen 1919 und 1933 erzählte. Nun, die politische und berufliche Arbeit, die mich in jenen Jahren ganz und gar beanspruchte, gehört auf ein anderes Blatt. Ende 1967, im Katalog zur Ausstellung der Deutschen Akademie der Künste zu Berlin „Der Malik-Verlag 1916–1947" (Aufbau-Verlag), habe ich damit begonnen, es zu schreiben.

Berlin, Juli 1968

Erster Teil

Eltern gesucht

Die Hütte im Walde

Gäbe es heute noch die Sitte, seinen Namen und die Geschichte seiner Familie durch ein Wappen zu veranschaulichen, mein Wappen sähe so aus: eine dunkelbraune Hütte auf grasgrünem Feld, in den Ecken ein Marder, ein Adler, eine Glockenblume und eine Schlange; darunter als Inschrift: „Denn Armut ist ein großer Glanz aus Innen". Diesen Vers von Rilke habe ich zuzeiten als Hohn auf die Armen empfunden. Das hat mich aber nicht gehindert, ihn zugleich zu lieben für seinen anderen, versteckten Sinn, den jene Hütte verkörperte, von der ich erzählen will, in der märchenhaften Aura ihrer Einsamkeit, in der Unverzagtheit, mit der sie übers Tal hinweg ins Ungewisse blickte, wettergebräunt und stämmig, bis sie zerfiel und verwehte ...

Geht man zur Sommerszeit von Salzburg über Parsch nach Aigen, so sieht man links vor sich den Gaisberg. Seine Kuppe ist kahl, die steilen Hänge hingegen sind bis ins Salzachtal hinab mit dichtem Tannenwald bewachsen. Auf halber Höhe des Berges leuchtet aus dem Dunkelgrün ein kleines, hellgrünes Karo hervor, eine von Menschenhand geschaffene Alpenwiese.

Ich weiß nicht, wer es war, ein Sonderling oder ein von der Gemeinschaft Ausgestoßener, der dort oben, etwa eine Stunde von der nächsten Ansiedlung entfernt, mathematisch genau ein Rechteck aus dem Wald geschlagen und den Boden so gründlich gerodet hat, daß nicht ein von Himbeer- und Brombeerhecken überwucherter Schlag, sondern eine von Steinen und Wurzeln freie, trotz ihrer Abschüssigkeit weiche Wiese entstanden ist. Was ich aber weiß, und außer mir und meinen Geschwistern wohl niemand mehr, ist, daß einst auf dieser Wiese eine Hütte stand. Auch dieser Hütte könnte ich mich kaum erinnern, hätte nicht Herr Ignaz Varnschein, um 1900 Besitzer der Bahnhofswirtschaft von Aigen und zugleich Bürgermeister dieses Dorfes, uns vier Geschwistern oft davon erzählt und uns zuweilen hingeführt. Die Wiese hingegen hätte ich, auch ohne sie wiederzusehen, nie vergessen. Denn sie und der Wald, der sie umschloß, waren für mich Dreijährigen die ganze Welt; die Wiese eine vertraute, der Wald eine lockende, verbotene Welt, in der es Hexen und Wölfe gab und in der man sich verirren konnte. Zwischen den Gräsern und Blumen roch es nach herbem Honig, summte und zirpte es mich an, und wenn ich, beide Arme an den Körper gepreßt, vom oberen Wiesenrand bis zum unteren hinabrollte, so verspürte ich im Taumel der Drehungen, was, wie ein Geheimnis, nur mir gehörte: meinen Körper und die Wiese, der ich ihn ganz und gar auslieferte und die ich dabei doch beherrschte. Dieses Glücksgefühl, Bestandteil und Besitzer der Natur, des Lebens zu sein, ist mir, wenn auch nicht ohne Schwermut, verblieben, ein geheimes Erbe von Reichtum und Geborgensein, an dem gemessen alles, was man erwerben und verlieren kann, so winzig wird, daß ich darüber lächeln muß.

Herrn Varnscheins Erzählung über die Hütte und das mit ihr verbundene Schicksal meiner Eltern und Geschwister hätte sich mir vielleicht als ein düsteres Bild eingeprägt, wäre nicht jene Wiese der leuchtende Hintergrund der Vorgänge gewesen.

Mein Vater war 1895 für ein in München veröffentlichtes Gedicht wegen Gotteslästerung zu einem Jahr Gefängnis verurteilt worden. Das war in jenen empfindlicheren Zeiten eine Katastrophe. Er entzog sich ihr, indem er in die Schweiz emigrierte. So ergab es sich, daß ich schon als Embryo zum Flüchtling wurde. Ich kam im Frühjahr 1896 am Vierwaldstätter See auf die Welt. Das hat mir mehr als vierzig Jahre später die Einwanderung in die Vereinigten Staaten erleichtert; damals aber belastete es das Budget meiner Eltern dermaßen, daß der eidgenössische Freiheitsbegriff dem nicht standhielt. Der landesflüchtige Dichter wurde als „mittelloser Ausländer" aus der Schweiz ausgewiesen. Nach Deutschland, ins Gefängnis, wollte er nicht, also fuhr er mit den Seinen nach Österreich. Was ihn gerade nach Aigen brachte? Vielleicht gefiel ihm die Gegend besonders. Vielleicht hatte das Reisegeld nicht weiter gereicht. Herr Varnschein wußte nur, daß mein Vater bei seiner Ankunft kein Geld für Miete besaß, hingegen genügend Begeisterung für die Natur, um die leerstehende Alpenhütte zu beziehen.

Sie war recht luftig: ein großer Raum mit kleinen Fenstern in den dicken Holzwänden. Durch die offene Tür blickte man über die Tannen am unteren Wiesenrand hinweg ins Salzachtal. Zur Tür führten einige Stufen, denn die Hütte ruhte, mit der Rückwand an den Hang gebaut, in der Mitte und vorn auf Holzpfählen.

Der Bürgermeister und seine Frau hatten geholfen, die notwendigsten Möbel zu besorgen. Was sie wohl bewogen hat, sich des sonderbaren Mannes anzunehmen, der dichtete, anstatt zu arbeiten? Wahrscheinlich die drei kleinen Kinder. Und wie fremd Herrn und Frau Varnschein die beiden Norddeutschen auch waren, wie unverständlich die künstlerischen und politischen Ideen, die sie hierher verschlagen hatten, das eine war klar: die Familie brauchte ein Dach über dem Kopf.

Das Dach war mit großen Steinen beschwert. Es hielt Alpenstürmen und Schneelasten stand. Wie aber brachten meine Eltern es fertig, sich in dieser Hütte, die im Winter bis über die Fenster eingeschneit war, drei Jahre lang zu behaupten? Wahrscheinlich wußten sie sich einfach nicht zu helfen. Oft ist ja Heldentum nichts anderes als Ausweglosigkeit, an der man nicht zugrunde geht.

In Herrn Varnscheins Augen waren unsere Eltern gänzlich weltfremd, phantastisch und unpraktisch. So erzählte er, als Beispiel ihrer unvernünftigen Verschwendungssucht, wie meine Mutter eines Nachts, jäh aus dem Schlaf erwachend, im Dunkeln ans Bett meiner älteren Schwester sprang und mit ihren nackten Händen einen Edelmarder erwürgte, der auf der Brust des schlafenden Kindes stand, im Begriff, ihm die Halsschlagader aufzubeißen. Meine Mutter war am nächsten Morgen, das tote Tier in der Hand, mit angststarren Augen im Dorf erschienen. Anstatt jedoch dem Rat des Bürgermeisters zu folgen und den gänzlich unverletzten und daher besonders wertvollen Pelz des seltenen Tieres zu verkaufen, bestand meine Mutter trotz ihrer Armut darauf, den Marder unter der Schwelle des Hütteneingangs zu vergraben. Sie habe sich eingebildet, das werde andere Blutsauger davon abhalten, über die schlafenden Kinder herzufallen. Mein Vater sei zwar nicht abergläubisch gewesen, zum Geld habe aber auch er keine vernünftige Beziehung gehabt. Einmal hatte er ein Steinadlernest entdeckt, und es war ihm gelungen, einen jungen Adler lebendig heimzubringen. Anstatt ihn aber zu Geld zu machen, stiftete er ihn dem Vogelhaus beim Salzburger Bastionsgarten. Jahre später, als Junge, habe ich bisweilen die Adler, die dort traurig und schmutzig zwischen Gittern saßen, betrachtet. Ich konnte mir nicht vorstellen, daß diese bewegungslosen, griesgrämigen, häßlichen Tiere jemals jung gewesen waren, und ich versuchte erst gar nicht zu ermitteln, welcher es war, für den mein Vater sich von der Adlermutter hatte Hände und Schädel blutig hacken lassen. Aber ich war doch stolz auf die Tat des Mannes, an den ich sonst keine Erinnerung besaß.

Ich habe ihn übrigens niemals vermißt. Bald war ich daran gewöhnt, Herrn Varnschein Onkel Ignaz und seine Frau Tante Klara zu nennen. Hätten sie mich gelehrt, Vater und Mutter zu ihnen zu sagen, so hätte ich sie sicherlich dafür gehalten.

Onkel Ignaz sprach nur selten über meine Eltern. Sie müssen für ihn Wesen aus einer anderen, wenn nicht schlechteren, so doch befremdenden Welt gewesen sein. Nicht, als ob ihre große Armut sie in seinen Augen entwertet hätte. Daß es Arme gab, war im Plan des Schöpfers ja vorgesehen. Überdies hatte mein Vater Verwandte in Amerika. Sie konnten gar nicht anders als steinreich sein, obwohl sie nur selten sehr wenig Geld schickten. Onkel Ignaz wußte darüber genau Bescheid, denn Post wurde natürlich nicht in die Waldhütte zugestellt; meine Eltern stiegen vielmehr – wie oft wohl vergeblich – nach Aigen hinab, um sie im Bürgermeisteramt, das zugleich Postamt war, abzuholen. Was Herr Varnschein, ein Katholik von mittelalterlicher Einfalt und Tiefe des Glaubens, jedoch als eine besonders ungnädige und daher beschämende Fügung Gottes empfinden mußte, war das plötzliche Verschwinden der beiden Menschen im Sommer 1899. Er hat uns nie erzählt, was ihnen zugestoßen war. Man wollte uns offenbar die Eltern vergessen machen, und was mich anging, so ist es vollkommen gelungen.

Helmut, mein um fünf Jahre älterer Bruder, hingegen erlebte den Verlust in aller Kraßheit. Vier Tage lang suchte er, uns kleinere Geschwister allein in der Hütte wissend, die Mutter. Auf den Gedanken, ins Dorf hinabzugehen, kam der Achtjährige nicht. Wieder und wieder lief er in die Wälder, voller Angst und Ratlosigkeit, und rief und schrie mit von Stunde zu Stunde, von Tag zu Tag zunehmender Verzweiflung immer nur das eine Wort: „Mutter!“

Diese vier Tage und Nächte der Verlorenheit haben sich unauslöschlich in die Züge meines Bruders eingegraben und, ich glaube, die eigentümlichste Seite seines Wesens hervorgerufen: er reagiert auf jegliches Leid, dessen Zeuge er wird, so heftig wie auf einen gegen ihn selbst gerichteten Angriff.

Viermal kehrte er bei anbrechender Dunkelheit aus dem Wald, in dem er umhergeirrt war, in die Hütte zurück, wo die sechsjährige Schwester ihren dreijährigen Bruder, das war ich, und ihr kleines, erst eineinhalb Jahre altes Schwesterchen betreute.

Als endlich der Bürgermeister und seine Frau erschienen, um nachzusehen, warum sich seit Tagen weder Vater noch Mutter hatten blicken lassen, bot sich ihnen ein Bild, das aufs anschaulichste zu schildern Herr Varnschein nie müde wurde; wobei er übrigens jedesmal die Großmut seiner christlichen Handlungsweise ins Licht rückte.

Das Jüngste lag friedlich in einem gänzlich durchnäßten

Korb und saugte an seinem tief im Munde steckenden Daumen. Die sechsjährige Schwester rührte Mehl und Wasser in einem Topf an und erklärte, sie mache Omeletten. Mein Bruder begann, als die Fremden ihn nach den Eltern fragten, krampfartig zu schluchzen, während ich von ihnen keine Notiz nahm, sondern fortfuhr, mit dem Zeigefinger die Ränder des kleinen Sees zu verändern, der sich neben dem Korb gebildet hatte. So vertieft war ich in das Spiel, daß man mir lange zureden mußte, ehe ich damit aufhörte und mich für den Abmarsch fertigmachen ließ. Jedesmal, wenn Herr Varnschein an diese Stelle seiner Erzählung kam, lachte er, daß die Zähne aus seinem dunklen Bart hervorleuchteten. „Du hast dich von deinem Gemälde nicht trennen wollen. ‚Glockenblume!' hast du ernst und stolz erklärt und warst gekränkt, weil wir deine Malerei nicht bewunderten."

Das kinderlose Ehepaar nahm uns zu sich und fragte bei einem Bruder meines Vaters in New York telegrafisch an, was mit den vier Waisen geschehen solle. Onkel Varnscheins Gesicht, dem der lockige, symmetrisch gescheitelte Vollbart die Würde und Autorität eines Großadmirals verlieh, drückte, wenn er darauf zu sprechen kam, maßloses Befremden aus. „Wir sollten euch im Waisenhaus abgeben, hat der Millionär geantwortet. Und nicht einen roten Kreuzer hat er geschickt", sagte er und schüttelte dabei den Kopf. Er begriff einfach nicht, daß man gegen die Kinder des leiblichen Bruders so herzlos sein konnte. Und mit einem stolzen, doch zugleich warmen Blick in unsere Augen, die zu ihm wie zu einem Märchenerzähler aufsahen, pflegte er mit den Worten zu enden: „Ins Waisenhaus! Wie hätte ich das vor unserm Herrgott verantworten sollen? Ich könnte ja euren Eltern am Jüngsten Tag nicht in die Augen schauen." Erst viele Jahre später, als ich einmal die von Nonnen geführten Zöglinge des Waisenhauses „Edmundsburg" wie stumme Insekten in Viererreihen durch die Straßen Salzburgs trippeln sah, winzige, blasse, freudlose Gefangene in mißfarbenen Uniformkitteln, da erst begriff ich, vor welchem Los dieses

Bauernpaar aus dem Lungau vier wildfremde Kinder bewahrt hatte.

Von meinem dritten bis zum neunten Jahr habe ich wie ihr Kind mit ihnen gelebt. Ihnen verdanke ich es, daß ich mich dieser Jahre als einer zauberhaft glücklichen Zeit erinnere. Wann immer ich später einige freie Wochen und das Reisegeld hatte, zog es mich zurück zu diesen beiden Menschen, die das Leben meiner Eltern und auch das meine nicht verstanden, es wahrscheinlich für sündig hielten und trotzdem nicht den engstirnigen, bigotten Vorurteilen gehorchten, die sie mit ihren Landsleuten teilten, sondern ihrem Herzen.

Und wie zu ihnen, so zog es mich auch nach der Hütte im Walde. Jedesmal, wenn ich nach Salzburg kam, habe ich sie wieder aufgesucht. Sie war, seit wir sie verlassen hatten, unbewohnt geblieben … Oder doch nicht?

Es war an einem Hochsommertag des Jahres 1914. Ich trat aus dem Walde heraus auf jene Wiese, die mein Kindheitsparadies gewesen war, als ich von der Hütte her fremdartige Rufe, langgezogene, melodische Schreie vernahm. Sehnsucht, Grauen und Verzückung drückten diese Töne aus; menschlich klangen sie und zugleich rätselhaft fremd. Ich ging rascher. Und wieder und wieder, in ungleichmäßigen Abständen, vernahm ich diese nie gehörten Laute. Wenige Schritte vor dem Eingang wurde mir klar, woher sie kamen, und ich hätte sicherlich aufgelacht, wenn mein Gehör die Ergriffenheit so rasch hätte abstellen können, wie mein Verstand es tat. Es war die halboffene Tür, die in ihren rostigen Angeln jenes Jaulen und Wimmern erzeugte, wenn ein Luftzug sie von Zeit zu Zeit langsam bewegte. Selbst als ich wußte, wie mechanisch die Töne entstanden, konnte ich mich ihrer melodischen Gewalt nicht ganz entziehen. Und als wollte ich das Gefühl, Klagerufe aus der Hütte vernommen zu haben, gänzlich in mir tilgen, trat ich ein. Vorsichtig ging ich über die morschen, teilweise eingebrochenen, mit Glassplittern bedeckten Dielen des leeren Raumes. Da bemerkte ich in der rechten hinteren Ecke ein Schlangennest.

Es waren Kreuzottern. Instinktiv suchte ich nach einem Stock, um sie zu erschlagen. Doch der Anblick der graziösen jungen Tiere verscheuchte meine Angst.

Am Abend, in Salzburg, wurden Extrablätter verteilt: Österreich hatte Serbien den Krieg erklärt.

Ich war schon ein Erwachsener, hatte Krieg und Revolution durchlebt, als ich endlich wieder nach Salzburg kam. Wie oft, in den Schützengräben Flanderns, hatte ich mich gefragt, ob ich ihn noch erleben würde, diesen glücklichen Augenblick der Heimkehr. Jetzt aber, auf dem Wege von Parsch nach Aigen, blickte ich eher bang als froh zum Gaisberg hinan. Das kleine, eidechsengrüne Karo im dunklen Walde war noch da. Doch den winzigen Fleck, der mein Elternhaus gewesen war, vermochte ich nicht zu erspähen. Voller Ungeduld stieg ich den Berg hinan.

Die Wiese blühte und duftete wie je zuvor. Und doch war sie mir fremd, denn die Hütte war verschwunden, spurlos. Vielleicht hatten Sturm und Wasser sie weggetragen, vielleicht der Krieg, der selbst für morsche Bretter Verwendung hat. Nicht einmal die Stelle, auf der sie gestanden hatte, konnte ich wiederfinden.

Auf dem Rückweg durch den kühlen Wald wurde mir zum erstenmal bewußt, daß meine Kindheit unwiederbringliche Vergangenheit war. Ich stieg zu Tal, als käme ich vom Begräbnis des fröhlichen Knaben, der ich dort oben einst gewesen bin. Allmählich aber wich meine Trauer einer stummen, ernsten Heiterkeit. Es gab die Hütte ja noch. In mir gab es sie: eine von keinem Sturm, von keinem Krieg zerstörbare Zufluchtsstätte im Herzen eines wildblühenden Feldes.

Himmel und Hölle

Mit neun Jahren bin ich freiwillig von Österreich nach Deutschland ausgewandert. Nur mein vierzehnjähriger Bruder kannte den Grund. Er wußte, daß ich mich seinetwegen dazu entschlossen hatte, Salzburg zu verlassen, die Stadt, die ich liebte, wie ich keine wieder lieben sollte.

Meine Mutter war evangelisch, und evangelisch hatte sie ihr erstes Kind taufen lassen, obgleich sie wußte, der Vater sah es nicht gern. Später gelang es ihm, sie zu seiner Überzeugung zu bekehren, man solle Kinder nicht taufen, sie sollten als Erwachsene selbst entscheiden können, ob sie eine Konfession annehmen wollten, und wenn, welche. Er hoffte natürlich: keine, denn er war, was die Aufklärer des vorigen Jahrhunderts einen Freigeist nannten.

Demzufolge blieben meine Schwestern und ich zunächst ungetauft. Erst Herr und Frau Varnschein, unsere Zieheltern, ließen Hertha und Lotte katholisch taufen. Katholisch erzogen wurde auch ich, aber taufen ließen sie mich nicht. Vielleicht sagten sie sich, der Wille eines Vaters habe in bezug auf Knaben mehr Anspruch auf Berücksichtigung. Später, in Deutschland, fand mein damaliger Vormund es für richtig, mich die Religion wechseln zu machen, und ließ mich evangelisch taufen.

Salzburg ist berühmt für seinen Dom, seine Kirchen und Kapellen, insgesamt dreiundfünfzig. Es hat auch eine evangelische Kirche. In sie, einen durch Häßlichkeit auffallenden neuen Ziegelbau, pflegte, trotzig und allein, mein Bruder zu gehen, während seine drei Geschwister mit den Zieheltern eine der schönen, weihrauchduftenden alten Kirchen besuchten.

Wir wurden in der Schule gegen die wenigen Protestanten unter den Mitschülern offen aufgehetzt. Auch für mich stand fest, daß sie Verräter und Ketzer waren. Ein paarmal warfen wir Steine durch die zu hell erleuchteten Fenster ihrer Kirche. Wir taten es mit gutem Gewissen, voller Abscheu vor den schlechten Menschen drinnen.

Unsre Zieheltern waren duldsamer als die Lehrer und Geistlichen in der Schule. Sie sagten sich, mein Bruder verdiene Mitleid. Daß er protestantisch war, erschien ihnen wie eine Art angeborener Fehler, für den er nichts könne. Da aber Gutes von einem Ketzer naturgemäß nicht zu erwarten war, hielten sie besondere Strenge ihm gegenüber für geboten. Wann immer wir Jüngeren etwas anstellten, Helmut, als der Älteste, wurde dafür zur Verantwortung gezogen. Ihn traf die Strafe.

Das Bewußtsein, als schwarzes Schaf zu gelten, verängstigte meinen Bruder. Wenn er sich verteidigen wollte, begann er immer öfter zu stottern. Das wurde ihm als schlechtes Gewissen ausgelegt. Er erschien linkisch, unsicher und argwöhnisch, und die Zieheltern hatten wirklich ihre Not mit ihm.

Es kam so weit, daß sie ihn, den Protestanten, in eine von katholischen Nonnen geleitete Zwangserziehungsanstalt – das gefürchtete „Johannäum" – steckten. Dort sollte er gebessert werden.

Mein Schulweg führte am Johannäum vorbei. Immer hatte ich mit Gruseln auf dieses graue, schwervergitterte Gebäude aus dem Mittelalter geblickt. Seit ich meinen Bruder darin wußte, ging ich mit Schmerz und ohnmächtigem Haß daran vorüber. Wer weiß, wie lange er unschuldig in diesem Gefängnis gehalten würde.

Der Mordversuch eines früheren Zöglings an der Äbtissin des Johannäums führte zu einem Prozeß, der Licht auf die Vorgänge hinter den modrigen Mauern warf. Eine der Züchtigungsarten der Nonnen war, die nackten Rücken der Knaben mit Brennesseln zu peitschen. Und damit ihre mißratenen Zöglinge Demut lernten, mußten sie sich quer über den

Gang legen, worauf die frommen Frauen im Gänsemarsch über sie hinwegschritten.

Das hatten Herr und Frau Varnschein sich unter Erziehung nicht vorgestellt. Sie nahmen meinen Bruder aus der Anstalt zurück ins Haus. Onkel Ignaz bemühte sich, sein Vertrauen wiederzugewinnen, indem er ihm Vertrauen schenkte. Und mit Übereifer versuchte Helmut, sich des Vertrauens würdig zu erweisen. Aber seine Bemühungen endeten in der Regel schlecht.

Besonders schlecht endeten sie an einem Feiertag kurz vor Weihnachten 1904, als Onkel und Tante, ausnahmsweise ohne uns, zur Vormittagsmesse gingen. Tante Klara hatte vorher das Festessen, einen Schweinebraten, ins Rohr des großen Kachelofens geschoben. Sie gab Helmut geduldig und umständlich den Auftrag, darauf zu achten, daß das Feuer nicht ausging; auch sollte er dem Fleisch von Zeit zu Zeit einen Löffel kaltes Wasser zusetzen und es fleißig mit dem Saft übergießen.

Die Herdplatte glühte, als Helmut sein Amt übernahm. Er verstand den Auftrag dahin, daß sie nicht aufhören dürfe zu glühen. Also schüttete er jedesmal, wenn sie anfing, dunkelrot zu werden, Kohle nach. Die Pausen dazwischen verwandte er dazu, Tante Klara eine Überraschung zu bereiten: erst wusch er das Frühstücksgeschirr ab, dann scheuerte er den Küchenboden.

Wahrscheinlich, weil Helmut allzuoft das Rohr öffnete, um ihn zu begießen, wollte und wollte der Braten nicht braun werden. War er aber nach der Messe nicht knusprig und gar, dann würde man ihm Nachlässigkeit vorwerfen, und der ganze Feiertag wäre verpatzt. In seiner Sorge schüttete er immer häufiger Kohle ins Feuer. Er ließ es gar nicht mehr dazu kommen, daß das Rot der Herdplatte zu dunkeln begann.

Als keine Kohle mehr da war, bat er Hertha, die ältere Schwester – die jüngere war bei Nachbarn abgegeben worden –, mit ihm in den Keller hinunterzugehen. Der Kohleneimer war ein grüner Holzkübel, in welchem einst vor der

Bahnhofswirtschaft von Aigen ein Oleanderbaum gestanden hatte. Helmut hätte den vollen Kübel nicht ohne Hilfe in den vierten Stock tragen können. Sie ließen mich allein in der Küche.

Weißer Rauch begann aus dem Rohr zu dringen. Da erst wurde mir bewußt, wie lange sie schon unten waren. Der Qualm wurde immer dichter. Ich fand kaum noch die Türklinke, als ich schließlich in meiner Angst auf den Treppenflur hinauslief.

Vom Treppenschacht herauf hörte ich Helmuts laute Stimme. „Eins – zwei – drei: ruck!" kommandierte er, und es folgte jedesmal ein dumpfer Aufschlag. Ich begriff nun, warum sie mich so lange allein gelassen hatten. Der Eimer war zu schwer; sie konnten ihn nur heraufbefördern, indem sie ihn von Stufe zu Stufe hoben.

„Schnell! Schnell! Es brennt!" rief ich hinunter. Ein Getöse war die Antwort. Kohlen polterten die Treppe hinab, mein Bruder raste, schwarz vom Kohlenstaub, herauf und drang mit mir durch den beißenden Rauch in die Küche vor. Er riß das Rohr auf, eine Flamme schlug uns entgegen, und schon hatte die Wäsche, die über dem Ofen hing, Feuer gefangen. Helmut hob den Eimer mit dem Aufwaschwasser hoch und schleuderte es mit aller Wucht gegen die Flammen. Ein Knall – noch mehr Rauch, aber das Feuer war aus.

In die dampfverdunkelte Küche stürzten Nachbarn, rissen Fenster und Türen auf und besichtigten den Schaden. Ein breiter Sprung ging schräg durch den Ofen, der Braten lag als schwarzer Klumpen in dem schmutzigen Wasser.

Auf ihrem Rückweg von der Messe erreichte Herrn und Frau Varnschein die Hiobsbotschaft, ihre Mündelkinder seien verbrannt. Blaß und außer Atem kamen sie zu Hause an und sahen, daß das Unglück nicht gar so groß war. Onkel Ignaz wies den Neugierigen die Tür. Als wir allein waren, sagte er mit einer schrecklich beherrschten Stimme, die keinen Widerspruch duldete: „Klara, deck den Tisch!"

Stumm brachten wir Teller und Besteck, während sie das Fleisch aus der Brühe hob, es auf ein Brett tat und vor ihren

Mann stellte, der, das Bratenmesser in der Faust, wie versteinert dasaß. Nachdem wir uns niedergesetzt hatten, sprach er, lauter als sonst, das Tischgebet:

Komm, Herr Jesu, sei unser Gast
Und segne, was Du bescheret hast.

Dann schnitt er den schwarzen Strunk in Scheiben, legte jedem eine Scheibe auf, kostete den fingerdicken rosa Kern in der Mitte, zischte, mit einem vernichtenden Blick auf seine Frau: „Ungenießbar", faltete abermals die Hände und sprach:

Wir danken Dir, Herr Jesu Christ,
Daß Du unser Gast gewesen bist.

Dann stand er auf und dekretierte: „In Zukunft gehen wir nur noch zur Frühmesse." Das hieß, seine Frau sollte sich hinfort auch an Feiertagen nicht mehr ausschlafen dürfen.

Tante Klara für seinen Fehler verantwortlich gemacht zu sehen, selber aber wie Luft behandelt zu werden, das war für meinen Bruder vernichtend. Gestraft wurden aber auch wir andern. Tagelang verhängte Onkel Ignaz über uns, was wir später, wenn wir über diese Zeiten sprachen, den „Terror des Schweigens" nannten. Seine Gegenwart strahlte eine so verbitterte Stummheit aus, daß wir selbst in seiner Abwesenheit nur halblaut zu sprechen wagten.

Zum Glück brachte bald darauf die Post eine Nachricht, die den Terror brach, ja uns alle mit freudiger Erwartung erfüllte: unser gesetzlicher Vormund, die Schwester meiner Mutter, hatte sich zu Besuch angesagt. Varnscheins und wir Kinder kannten nur Briefe und Photographien von ihr. Danach war Tante Lene aus Wiesbaden eine Art Fee: schön, gut und reich. Zudem kam sie aus Deutschland – und Deutschland war für uns Österreicher damals, was allzulange für viele Europäer Amerika war: das große Land des Glanzes, der Macht und des Überflusses.

Der Empfang des Gastes wurde mit Liebe und Umstand vorbereitet. Die Wohnung wurde geputzt und verschönert, unsre Kleidung ausgebessert und gereinigt, Tante Klara hörte geduldig die Gedichte ab, die wir dem Besuch zu Ehren aufsagen sollten, und Onkel Ignaz scheute keine Kosten, um zu beweisen, was er, der ehemalige Küchenchef und Gastwirt, zu bieten imstande war. Eine freudig-versöhnliche Stimmung erfüllte uns alle. Sie umschloß auch Helmut. So wie der Sprung im Kachelofen, den der Hafner ausgebessert hatte, war auch die Erinnerung an jenen Sonntagvormittag rasch vernarbt.

Einige Tage vor der Ankunft der Tante kam Onkel Ignaz vollbeladen mit Paketen nach Hause. Er strahlte. Als Gebender in die Wohnung zu treten, das war für ihn der Inbegriff von Glück. Diesmal hatte er gar nicht alles tragen können; er gab Helmut den Auftrag, ein Schock Eier bei der Händlerin überm Kreuzersteg abzuholen. Sie seien schon bezahlt und verpackt. Er solle sich Zeit nehmen und sie vorsichtig heimbringen, sie nicht drücken und nirgends anstoßen.

Eine Stunde später kam Helmut über und über beschmiert und völlig verstört zurück. Nur schwer konnten wir aus ihm herausbringen, was geschehen war. Bei jedem Wort schluchzte er auf. Er konnte sein Mißgeschick nicht fassen.

Die Riesentüte wie eine kostbare Glasvitrine vor sich hin haltend, war er gerade in die Linzer Gasse eingebogen, als ein Mann, der offenbar zum Bahnhof eilte, mit dem Koffer gegen ihn rannte. Auf die zerschmetterten Eier am Boden und auf den rasch entschwindenden Täter zeigend, hatte Helmut einen Wachmann an der Ecke um Beistand gebeten. Der Polizist aber hatte barsch geantwortet: „Die Soße da muß vom Trottoir runter. Geschwind! Daß du mir's gleich wegputzt. Sonst rutscht noch wer aus und bricht sich die Haxen."

Was Helmut am meisten schmerzte, war, daß die Vorübergehenden ihn ausgelacht hatten, während er unter den strengen Blicken der Autorität den Eierschleim zum Rinnstein scharren mußte.

Onkel Ignaz überraschte uns. Sein ganzer Zorn galt dem Polizisten. Helmut dagegen schien ihn zu dauern. Er setzte ihm sorgfältig auseinander, wie man ohne Gefahr, angerempelt zu werden, um belebte Ecken biegt, möglichst weit außen nämlich. Ganz gegen seine Gewohnheit sprach er überhaupt nicht von Schuld oder Strafe. Übte das Nahen der Fee etwa schon eine wohltätige Wirkung aus?

Wir atmeten erleichtert auf. Zu voreilig. Denn am nächsten Tag wollte Onkel Ignaz – was er im Vollgefühl seiner Großmut stolz betonte – Helmut Gelegenheit geben, zu beweisen, daß das Unglück am Vorabend nur ein Zufall gewesen sei. Er schickte ihn wiederum weg, diesmal in die Paris-Lodron-Gasse, um beim Weinhändler einige Flaschen abzuholen, die er auf dem Heimweg ausgesucht hatte.

Als Helmut ging, war es gegen fünf Uhr nachmittags.

Es wurde sechs Uhr, sieben Uhr – zehn Uhr. Wir hätten längst zu Bett sein müssen, aber mit wachsender Unruhe warteten wir auf seine Rückkehr.

Endlich kam er: blaß und zitternd, ohne die Weinflaschen. Diesmal kannte Onkel Ignaz keine Milde. Sich vor Erregung mit der Faust in den Vollbart greifend, herrschte er Helmut an: „Wo warst du so lang? Wo ist der Wein?"

Unzusammenhängend stammelte mein Bruder etwas von: niemand da … geschlossen … zu spät … morgen f-f-f-früh wiederkommen. Es war klar: was er da stotterte, waren lauter Ausreden.

Onkel Ignaz verlor vollends die Geduld. „Du Judas!" brüllte er. (Zu seinem Unglück war Helmut nicht nur protestantisch, sondern auch rothaarig.) „Du lügst! Heraus mit der Sprache!"

Mein Bruder wußte, wie wir alle, daß nichts Onkel Ignaz in solche Raserei versetzen konnte wie der Anblick von Tränen. Aber in seiner Angst verlor Helmut die Gewalt über sich. Um rasch die hervorbrechenden Tränen wegzuwischen, zog er sein Taschentuch heraus. Im selben Augenblick prasselte ein Regen von Münzen auf die Fliesen des Küchenbodens.

Wir waren entgeistert. Onkel Ignaz starrte auf die Heller und Kreuzer wie auf wimmelndes Ungeziefer. Dann plötzlich packte er Helmut unter den Achseln, stieß ihn hoch und preßte ihn gegen die Wand. „Du Lump! Was bedeutet das? Wo hast du das Geld her? Gesteh!“ Er fauchte ihn an, sein Gesicht ganz nahe an dem angstverzerrten meines Bruders, der nicht eher wieder auf die Füße gestellt wurde, als bis er eine vollständige Beichte abgelegt hatte.

Folgendes war geschehen: Als Helmut, die Flaschen unterm Arm, heimgekommen war und die Wohnungstür aufmachen wollte, da entglitt ihm das Paket. Zerscherbt lag es vor seinen Füßen, und der kostbare Tiroler Wein, mit dem unsre Tante am nächsten Abend bewirtet werden sollte, rann aus dem Papier und troff die Stufen hinab. Zum Glück hatte niemand, als die Flaschen zu Boden fielen, den Knall gehört. Helmut holte rasch einen Lappen aus dem Keller, wischte alles sorgfältig auf, klaubte die Splitter zusammen und schlich sich weg. Sein Entschluß war, in die Salzach zu springen. Aber das dunkle, reißende Wasser erweckte in ihm zu große Furcht. Er kletterte die Uferböschung wieder hoch und ging frierend zur Stadt hinaus. Der Anblick des am Stadtrand gelegenen hell erleuchteten Bahnhofs brachte ihn auf einen rettenden Gedanken: er stellte sich vor den Ausgang und begann zu betteln. Erst nach vielen Stunden glaubte er genügend Geld beisammen zu haben, um den Wein noch einmal holen zu können. Er rannte in das Geschäft, aber es hatte inzwischen geschlossen. Da nahm er sich vor, am nächsten Morgen hinzugehen.

Onkel Ignaz zitterte, als er Helmut wieder zu Boden stellte. Seine Augen traten blutunterlaufen aus dem Gesicht, und langsam, deutlich, wie ein Schauspieler, keuchte er, zwischen schweren Atemstößen: „Ich bin ein Verbrecher ... Ich darf mich nicht mehr auf der Straße sehen lassen ... Mit Fingern werden die Leute auf mich zeigen: ‚Ist das nicht der Bürgermeister Varnschein?‘ – ‚Der? Hihi, ein Schuft ist das, ein ganz gemeiner. Schickt die armen Mündelkinder betteln.‘ ... Verstehst du, Klara? Abschaum bin ich, letzter Abschaum. Ein Aussätziger bin ich!“

Er redete sich in eine so verbitterte Wut hinein, daß keiner von uns den Mund zu öffnen wagte. Auch Tante Klara nicht, die sonst ihres Mannes theatralische Würde mit einem ironischen „Aber geh, Ignaz" zu zerstören wußte. Diesmal brachte sie uns stumm zu Bett. Und noch lange hörten wir, wie sie im anschließenden Schlafzimmer seinen Grimm über sich ergehen lassen mußte. Man hätte glauben können, sie habe das Verbrechen begangen, sie sei es gewesen, die Helmut zum Bahnhof betteln geschickt hatte.

Am nächsten Morgen gurgelte Onkel Ignaz länger als gewöhnlich. Sehr sorgfältig gekämmt und völlig beherrscht verkündete er am Frühstückstisch Helmuts Strafe: Hausarrest während der Anwesenheit unserer Tante. Die erbettelten Kupfermünzen mußte Helmut bei den Klosterbrüdern auf dem Kapuzinerberg abgeben.

Wein wurde keiner mehr geholt. Wir feierten die Ankunft der Tante abends beim Sandwirt, während Helmut zu Hause bleiben und einen Abschnitt aus dem Neuen Testament auswendig lernen mußte. Die Proteste der Tante, die noch wunderbarer aussah und duftete, als ich es erträumt hatte, halfen nichts. Herr Varnschein blieb hart. Das einzige, was sie durchsetzen konnte, war, daß Helmut nicht in die Wohnung eingesperrt wurde. Als wir weggingen, schärfte Onkel Ignaz ihm ein, er solle den Schlüssel in der Wohnungstür von innen quer im Schloß steckenlassen, dann brauche er sich nicht vor Einbrechern zu fürchten. Er dürfe auf keinen Fall vergessen, vorm Schlafengehen den Schlüssel wieder herauszuziehen. Aber nicht, ehe er seinen Bibeltext wirklich auswendig könne, solle er zu Bett gehen. Am Morgen werde er ihn abhören.

Als wir nach Mitternacht, vollgegessen und vom Weintrinken müde, nach Hause kamen, konnten wir selbstverständlich nicht in die Wohnung. Der Schlüssel steckte noch von innen. Kein Klingeln, kein Rufen, kein Pochen half. Vergeblich bemühte sich ein jeder von uns, den Schlüssel herauszustoßen. Unsre Besucherin bekam Angst, der Junge könnte sich was angetan haben, weil er von der Feier ausgeschlossen worden war. Herr Varnschein erging sich in

Selbstanklagen (die alle der Frau Vormund galten), weil er dem Kind den Schlüssel anvertraut hatte. Es kam zu einem Streit zwischen ihm und ihr. Schließlich aber kauerte sie sich fröstelnd zu uns auf die Steinstufen. Einschlafen konnten wir allerdings nicht. Denn ein ruheloser Mann mit schwarzem Vollbart schreckte uns immer wieder aus dem Halbschlaf auf. Unter der blauen Gasflamme, die das Stiegenhaus schwach beleuchtete, ging er gemessenen Schrittes, die goldene Taschenuhr in der Hand, geräuschlos auf und ab, auf und ab, wie ein Panther im Käfig. Und in regelmäßigen Abständen rief er, mit verhaltener, düsterer Stimme, ins Schlüsselloch hinein: „Muti! Mach auf!“ ... „Muti! Mach auf!“

Es dämmerte schon, und wir waren vor Kälte wieder ganz wach, als aus der Wohnung eine sonderbare Antwort kam. Es klang wie der verlorene Schrei eines Esels: „I-j-a-ah?“

Gleich darauf ging die Tür auf, und mein Bruder, schlaftrunken, aber völlig angekleidet, bekam eine furchtbare Ohrfeige. Unser Gast sprang dazwischen und drückte ihn schützend an sich.

Helmut war über der Bibel eingeschlafen. Auswendig konnte er übrigens sein Kapitel, wie sich alsbald herausstellte, nicht, oder wenn, so war es das Stottern der Angst, das ihn verhinderte, es herzusagen. Für Herrn Varnschein war das Versagen des Jungen ein Beweis mehr, daß er verstockt, faul und unfolgsam war. Er mußte sich eine neue Strafe ausdenken. Es fiel ihm sichtlich schwer, aber es gelang ihm. Helmut sollte in der kommenden Nacht in den großen eichenen Kleiderschrank gesperrt werden. Tante Lene protestierte leidenschaftlich. Sie reise auf der Stelle ab, wenn das geschehe, erklärte die schöne Frau, bebend vor Zorn und Entrüstung.

Lange Beratungen folgten. Endlich wurde beschlossen, Helmut solle nach Schulende, im April, zur Tante nach Wiesbaden kommen, um dort, in der Buchhandlung ihres Mannes, in die Lehre zu gehen.

Mich stimmte dieser Beschluß sehr traurig. Helmut war

doch mein großer Bruder. Ich konnte mir ein Leben ohne ihn nicht vorstellen.

Die Tante war schon wieder abgefahren, als etwas geschah, was meine Trauer in einen Entschluß umwandelte. Hertha war aus der Schule heimgekommen; Helmut reichte ihr, wie immer, die Hand. Da legte sie die Hände ins Kreuz, spuckte aus und sagte schnippisch: „Dir gebe ich die Hand nicht mehr. Unser Katechet hat heute in der Religionsstunde gesagt: Die Protestanten kommen alle in die Hölle. Weil sie Ketzer sind. Das ist eine Todsünde. Und man darf sich mit ihnen nicht einlassen. Ausspucken muß man vor ihnen. Pfui!“

Mein Bruder antwortete ihr nicht. Stumm ging er auf den Gang hinaus. Ich folgte ihm. Und als ich Tränen über seine Wangen rinnen sah, stellte ich mich vor ihm auf die Zehen, damit ich die Arme um seinen Hals legen konnte, und sagte: „Mach dir nichts draus, Muti. Ich halte zu dir. In denen ihren Himmel will ich gar nicht. Lieber komme ich mit dir in die Hölle.“

Da und dort sahen wir noch Schneeflocken auf den Feldern, als wir beide wenige Monate später aus einem Waggonfenster des Zuges starrten, der uns nach Deutschland brachte.

Der ehrliche Dieb
oder
Die Macht der Begriffe

Ein einziges kleines Wort hat mich – ich war damals zehn Jahre alt – aus einem jungen Wilden in einen geständigen Missetäter verwandelt. Es hat mein Verhältnis zu fremdem Besitz grundlegend geändert.

Ich kannte damals längst die Zehn Gebote. Auch meine Zieheltern hatten mich gelehrt: Du sollst nicht stehlen. Ich sah es sogar ein, allerdings auf meine Weise: wenn ich etwas besaß, so legte ich größten Wert darauf, daß es mir nicht abhanden kam. Und diese natürliche Abneigung gegen Verlust empfanden offenbar alle Leute. Daher ihr Verbot.

Die Welt stellte sich mir damals einfach dar. Auf dem Lande aufgewachsen, wo Beeren und Pilze, Obst und Gemüse ebenso wie die Hühner und ihre Eier, die Kühe und ihre Milch offensichtlich von selber entstanden, hielt ich das Leben für ein einziges Tischleindeckdich. Die Erwachsenen waren so ungerecht, zu behaupten, alles auf dem Tischlein gehöre ihnen. Wenn die Kinder nicht ihre Angst vor Hunden und Strafen überwanden, mußten sie sich mit dem bißchen Obst abfinden, das die Erwachsenen ihnen zukommen ließen.

Wollte man sich nicht darein schicken, so mußte man schlau und vorsichtig zu Werke gehen. Man durfte sich auf keinen Fall erwischen lassen. Stehlen galt als ein noch schwereres Vergehen als lügen, zu spät kommen, etwas vergessen, verlegen oder verlieren. Was immer den Erwachsenen unbequem oder unliebsam erschien, war verboten. Ich richtete mich im allgemeinen nach ihren Verboten, um Ärger und Strafen zu vermeiden, aber ich hielt es keineswegs für ein Unrecht, sie zu übertreten.

Was das Stehlen anging, kam noch etwas völlig anderes hinzu. Die Welt meiner Wunschvorstellungen und Phantasien war für mich ein zwar wunderbarer, aber durchaus existenter Teil der Wirklichkeit. Ich war meiner als eines klar denkenden, scharf erwägenden, ja berechnenden Menschen bewußt, dessen Kleinheit ein Vorteil war, weil sie entwaffnete und zugleich die Überlegtheit des Handelns verbarg. Und doch muß eine Art Tagträumen damals noch sehr stark in mir gewesen sein. So stark, daß Tante Klara – wie sie mir später erzählt hat – es manchmal nicht übers Herz brachte, mich aufzuwecken, selbst wenn mein Traum nicht ungefährlich war.

Kam ich doch eines Tages in Salzburg zu ihr in die Küche, beide Arme voll beladen mit gelben Rüben, Bohnen, Birnen, Zwiebeln und Rettichen, aber auch mit Astern und Strohblumen. Das Erstaunen auf ihrem Gesicht beantwortete ich, indem ich ihr stolz und selig anvertraute, ich hätte das Schlaraffenland entdeckt. Sie fragte mit einem Anflug ungläubigen Lächelns: „Wo hast du es denn entdeckt, dein Schlaraffenland?"

„Auf einer Wiese hinterm Sandwirt", antwortete ich unbeirrt und fügte feierlich hinzu: „Aber du kannst es nicht finden. Nur ich kann es sehen, kein Mensch sonst." Davon war ich fest überzeugt, und dabei blieb es. Ich weiß nicht, wie oft noch ich meine Beute aus dem Schlaraffenland heimgebracht habe, genau erinnere ich mich jedoch daran, daß Tante Klara nichts unternahm, um mir die Freude an meinem geheimen Garten zu zerstören.

Dann aber kam ich eines Tages mit leeren Armen zurück. Das wundersame, unirdisch stille Gebäude ohne Bewohner und ohne Wachhund, mit verschlossenen Fensterläden und offener Tür zu dem Garten, der in ewigem Überfluß Früchte, Gemüse und Blumen darbot – jene in allen Farben des Herbstes prangende, betörend duftende Oase, die niemand außer mir hatte wahrnehmen können, hatte sich über Nacht in ein gewöhnliches Haus verwandelt, vor dessen Eingang ein Mann in Hemdsärmeln gähnte. Das Gemüse und die Blumen hinter dem Gitter hatten keine Ähnlichkeit mit den Üppigkeiten, die ich im Schlaraffenland vorgefunden hatte. Aber ich war nicht enttäuscht. Ich machte gelassen kehrt, denn ich verstand: ein Zauber hatte aufgehört zu wirken.

Als ich kurz darauf nach Wiesbaden übersiedelte, wußte ich auch dort dafür zu sorgen, daß es mir, nunmehr schon ohne allen Zauber, nie an Obst fehlte. In einem Heuschuppen versteckt lag meine Apfelernte, die ich nächtens, nach sorgfältiger Auswahl des Baumes am Vortag, eingebracht hatte. Sie hielt bis tief in den Winter vor und war so reichlich, daß ich auch meine Freunde versorgen konnte.

Aber Früchte der Natur waren nun nicht mehr alles, was ich begehrte. Mitschüler hatten Taschenmesser und Portemonnaie, ja sogar eine Uhr oder ein Fahrrad. Lauter Sachen, die nicht an Bäumen hingen oder im Walde wuchsen. Wo konnte ich sie finden?

Ich dachte nach, beharrlich und systematisch, bis ich auf die Antwort stieß. Wo andre was verlieren oder in der Aufregung liegenlassen, dort mußt du suchen, sagte ich mir. Der Bahnhof, der Obstmarkt, die Postämter und belebte Haltestellen der Pferdebahn wurden nun zu meinen Wiesen, zu meinen Obstgärten und Wäldern. Ich suchte und fand. In den Papierkörben und auf den Schreibpulten der Post fand ich ungebrauchte Briefmarken, Bleistifte, Federhalter, vor den Fahrkartenschaltern und an Droschkenhalteplätzen erspähte ich Münzen am Boden, auf Wartesaal- und Parkbänken ein Buch oder ein Päckchen mit Bonbons. Am ergiebigsten war die Reitallee nach Biebrich. Die reichen Leute pflegten in aller Frühe ihren Morgenritt zu machen. Also ging ich vor Schulbeginn los, den Blick auf den lockeren braunen Torf des Reitwegs geheftet, und sammelte ein: einen goldenen Füllbleistift, Theaterkarten, Ziernadeln, einmal sogar ein mit Perlmutter ausgelegtes Opernglas, am häufigsten Seidentücher und schöne Knöpfe. Was ich nicht selber behalten wollte, machte ich in der Schule zu Geld. Oder ich tauschte es gegen Briefmarken für meine Sammlung ein.

Mit dem Geld kaufte ich vornehmlich Ölsardinenbrötchen oder Bücher; dem ging jedesmal ein seelischer Kampf voraus.

Und dann fand ich wieder eine Art Schlaraffenland. Es war der Kolonialwarenladen des Herrn Heinrich Wald, meines dritten Ziehvaters. Rosinen, Schokolade, getrocknete Pflaumen und Zigaretten gingen nicht nur mir, sondern auch meinen Schulkameraden nie mehr aus. Und wenn Herr Wald glaubte, in mir eine unbezahlte Arbeitskraft gefunden zu haben, so irrte er. Er hätte seine Ladenkasse ordentlicher führen müssen, um die kleinen Beträge zu vermissen, die ich an mich abführte. Und gar seine Buchhaltung! Er verkaufte vielen Kunden auf Kredit. Jeden solchen Verkauf schrieb er in ein schmales grünes Buch und machte einen energischen Strich darunter. Und da ich das Austragen der Ware, das Einsammeln der leeren Flaschen und das Aufnehmen von Bestellungen zu seiner Zufriedenheit besorgte, betraute Herr Wald mich auch mit dem Inkasso. Von Zeit zu Zeit schickte er mich mit Auszügen herum. Wenn ich mit ihm abrechnete, strich er die bezahlten Posten in dem grünen Buch senkrecht durch. Bald nahm ich ihm noch mehr Arbeit ab: das Schreiben von Auszügen und das Streichen ausgeglichener Beträge. Als Entgelt behielt ich die kassierten Summen. Es wurde nie bemerkt, denn ich tat es mit Maß und Zurückhaltung.

Eines Sonntagmorgens aber verließ mich mein Sinn für das Mögliche. Ich betrat die Küche der Frau Wolf, einer besonders guten Kundin – ihr Mann war Portier im „Nassauischen Hof", einem der ersten Hotels in Wiesbaden –, um ihre Bestellungen in mein Auftragsbüchlein einzutragen und leere Bierflaschen mitzunehmen. Als Frau Wolf die Flaschen aus dem Keller holte, steckte ich rasch ein goldenes Zwanzigmarkstück ein, das mir beim Betreten der Küche von einem Wandbrettchen her entgegengeblinkt hatte. So viel Geld auf einmal hatte ich noch nie besessen; zum erstenmal in meinem Leben fühlte ich mich reich.

Mein fünfzehnjähriger Bruder hatte sich um diese Zeit

entschlossen, nicht Buchhändler zu werden, sondern Kunstmaler. Er bat mich an jenem Sonntag, ihm Modell zu sitzen.

In meinen besten Sachen, einem weißen Matrosenanzug mit blaugestreiftem Kragen und rotem Anker am rechten Ärmel, saß ich vor meinem Bruder auf einem Tisch. Er spähte wie ein Scharfschütze auf mich, wobei er die Bleistiftspitze als eine Art Visier verwandte, und mir schien, er radierte mehr, als er zeichnete. Eine feierliche Erregung durchströmte mich. Wie ein Auserwählter kam ich mir vor. Daß ich gezeichnet wurde, war eine Ehre, und daß ich reich war, empfand ich als eine Bestätigung meines Erkorenseins. Während die großen blauen Augen meines Bruders mich immer wieder aufs Korn nahmen und an meiner Gestalt auf und ab wanderten, war ich, obwohl ich mich nicht rühren durfte, vollkommen glücklich. Das einzige, was ich bewegte, waren meine Finger in der rechten Tasche des kurzen Höschens. Sie spielten heimlich und ohne Unterlaß mit dem schon ganz heiß gewordenen Goldstück, wobei durch meinen starr geradeaus blickenden Kopf die Bilder der Dinge zogen, die ich mir kaufen würde; am deutlichsten ein Stern und eine Palme auf Briefmarken von Liberia.

Es klingelte. Ich wußte, wer kam.

Mit flüsternder Stimme sprach Frau Wolf auf Frau Wald ein.

Ich wurde hinausgerufen. Befragt, erklärte ich freundlich und ruhig, nichts von einem Goldstück zu wissen. Frau Wolf aber bestand darauf: es sei der Lohn für ihr Dienstmädchen gewesen, sie habe es in der Sekunde, als ich kam, auf den Sims gelegt, und als ich weg war, habe es nicht mehr dagelegen. Alle Ritzen in den Dielen habe sie abgeleuchtet, in alle Ecken geschaut, sie könne sich das Verschwinden nicht erklären. Frau Wald untersuchte meine Taschen. Ich hob bereitwillig meine Arme; das Goldstück hielt ich zwischen Ring- und Mittelfinger der rechten Hand geklemmt, während ich den Handrücken leicht nach vorne drehte. Frau Wald fand nichts. Frau Wolf wurde verlegen. Ich erbot mich, ihr suchen zu helfen, sie dankte, entschuldigte sich wegen der Verdächtigung und verabschiedete sich. Ich gab ihr die Hand. Meine linke. In der andern lag noch das Goldstück. Als Frau Wald die mir ungewohnte Bewegung sah, griff sie blitzschnell nach meiner lässig hängenden Rechten – und das Unglück war geschehen.

„Es gehört mir! Es ist mein Geld!“ rief ich, entsetzt, mich meines Schatzes beraubt zu sehen, und lief zu meinem Bruder zurück, während Frau Wald sich umständlich bei Frau Wolf, der hochgeschätzten Kundin, entschuldigte und sie zur Tür geleitete.

Was aber war mit meinem Bruder? Ich hörte vor Schreck zu protestieren auf, so traurig und entsetzt blickte er auf mich, während ihm Tränen in die Augen traten. „Mein Gott, warum weinst du denn?“ sprach ich auf ihn ein. „Du hast doch keinen Grund zum Weinen. Dir haben sie doch nichts weggenommen, und dich werden sie nicht strafen.“

Er fuhr mich an: „Was du getan hast! Ja, begreifst du denn nicht? Das ist doch entsetzlich. Weil du so schlecht bist, weine ich. Weil du ein Dieb bist, ein Verbrecher!“

Trotz stieg in mir hoch. „Wieso? Wie kannst du so was von mir behaupten? Hab ich dir was weggenommen? Mir haben sie mein Goldstück genommen, und du, statt daß du zu mir hältst, beschimpfst du mich. Das ist ungerecht, das ist gemein von dir!“

„Dein Goldstück? Spinnst du? Es gehört doch der Frau Wolf und nicht dir. Wenn man was stiehlt, gehört es einem doch nicht“, behauptete mein Bruder.

Ich wurde noch verstockter. „Das sagst du. Und ich sage dir: heute früh hat es ihr gehört, nachher mir, und jetzt gehört es wieder ihr. Wieso darf ich es nicht nehmen, und sie dürfen es mir nehmen? Obwohl sie doch schon alles haben. Was ist denn das für eine Gerechtigkeit? Nein, wenn sie was haben, gehört es ihnen. Und wenn ich was habe, gehört es mir. Das ist doch vollkommen klar.“

Mein Bruder suchte nach Worten, so unbegreiflich war ihm mein Gedankengang. „Ja, aber ... denk doch selber nach. Das ist doch was ganz anderes. Siehst du denn nicht den Unterschied? Sie haben dir das Geld doch nicht gestohlen. Sie haben es dir genommen, weil es dir nicht gehört. Der Frau Wolf gehört es aber.“

Ich unterbrach ihn. Bitter kam es aus mir heraus: „Nur weil sie es mir aus der Hand gerissen haben, gehört's ihr wieder. Das ist ja die Gemeinheit. Weil sie groß sind und stärker. Ich, ich habe es einfach eingesteckt und nicht geraubt. Das ist der Unterschied.“

„Nein, du hast es nicht einfach eingesteckt“, sagte Helmut. „Du hast es heimlich genommen, wie ein richtiger Dieb, als sie es nicht sehen konnte. Du mußt zugeben: dazu gehört kein Mut. Das war wie eine niederträchtige Feigheit von dir.“

Ein Schlag vor die Stirn hätte mich nicht härter und unvorbereiteter treffen können als dieses eine Wort: Feigheit. Wieso habe ich das nicht selbst erkannt? Warum hat mir das nie jemand gesagt? Stehlen ist feig. Man tut es ja hinter dem Rücken der Leute. Helmut hat recht: ich bin ein Feigling.

Ich brach in ein verzweifeltes Weinen aus. Das waren keine Tränen der Wut und des Trotzes mehr. Meine Eigenliebe, meine Achtung vor mir selbst, alles, was es an Stolz und Würdebewußtsein in mir gab, war erschüttert, das schöne Bild, meine hohe Meinung von mir war besudelt. Abstoßend, wurmartig kam ich mir vor. Es war zwar keines der Zehn Gebote, aber es war ein ungeschriebenes, heiliges Gesetz unter uns Buben: „Du sollst nicht feig sein!“ Ich wußte, das hieß vieles: Du sollst nicht spucken, nicht treten, keinem Steine nachwerfen und niemand verraten. Jetzt aber sah ich mit grausamer Klarheit, daß es auch und vor allem bedeutete: Du sollst nicht stehlen.

Ich umklammerte meinen Bruder und flehte ihn an: „Bitte, bitte, verzeih mir. Ich bin kein Feigling. Ich hab's nur nicht gewußt. Aber ich sehe es ein, du hast recht. Wie schrecklich! Ach, jetzt verachtest du mich, weil du mich für einen Feigling hältst. Aber ich bin keiner! Nein! Glaub mir's, ich bin keiner!“

Frau Wald kam ins Zimmer. Ihr pausbäckiges Gesicht

war rot vor Zorn und Scham. Sie packte mich und schlug maß- und ziellos auf mich ein.

Auf Schläge reagierte ich sonst stets mit jähzornigem Widerstand und tiefbeleidigt. Nicht so diesmal. Ich duckte mich und wimmerte: „Frau Wald, liebe Frau Wald. Bitte, darf ich was sagen. Ich bin nicht feige. Denken Sie das nicht von mir. Ich bin's wirklich nicht. Ich habe nur nicht gewußt, daß Stehlen eine Feigheit ist. Aber mein Bruder hat es mir gesagt. Jetzt sehe ich es ein. Jetzt weiß ich es. Ich hätte das Geld bestimmt nicht genommen, wenn ich es gewußt hätte. Bitte, bitte, glauben Sie es mir!"

Herr Wald, die Schnurrbartbinde um und eine Nagelfeile in der Hand, kam aus dem Badezimmer. Er hielt sich für einen schönen Mann, und der Sonntagvormittag gehörte der Pflege seiner Erscheinung. Mein Gejammer hatte ihn aus dieser Tätigkeit gerissen.

„Was hat er denn angestellt?" fragte er seine noch immer auf mich einschlagende Frau und zwirbelte ungehalten seinen Spitzbart.

Ich ließ sie nicht zu Worte kommen. „Herr Wald", rief ich, todernst, „ich bin kein Feigling! Es hat mir nur niemand gesagt, daß es eine Feigheit ist, wenn man was stiehlt, weil man es hinter dem Rücken tut. Ich habe der Frau Portier Wolf das Zwanzigmarkstück für ihr Dienstmädchen gestohlen. Ihnen habe ich aber viel mehr gestohlen. Auch hinterm Rücken. Darum haben Sie es nicht gemerkt. Aber ich gestehe es. Sie sollen nicht glauben, und überhaupt niemand soll glauben, daß ich ein Feigling bin."

Und nun beichtete ich bis in die kleinste Einzelheit alle meine Waren- und Gelddiebstähle. Nichts, kein bißchen Schmutz wollte ich auf mir sitzenlassen. Nur der Mut, die Folgen hinzunehmen, mochte meine Feigheit ausmerzen. Ich holte das grüne Buch aus dem Laden und zeigte, welche Posten ich durchgestrichen und mir behalten hatte. Ich brachte den Rest meines Geldes sowie versteckte Zigaretten und Backpflaumen herbei, übergab alles Herrn Wald und sagte: „Jetzt wissen Sie, was ich getan habe. Bestrafen Sie mich. Es geschieht mir recht. Aber, bitte, glauben Sie mir: nie wieder werde ich jemand hinter seinem Rücken was wegnehmen. Nicht einen Pfennig. Denn das ist feige. Und Feigling bin ich keiner.“ Noch immer rannen mir Tränen aus den Augen. So schmerzlich war ich von mir selbst enttäuscht.

Herr und Frau Wald hatten sich gesetzt und blickten auf mich wie auf ein seltsames Tier. Der leidenschaftliche Eifer, mit dem ich meine Vergehen enthüllt hatte, machte sie sprachlos. Herr Wald starrte immer wieder in das Postenbuch, unsicher, als könne er nun auch seinen eigenen Ausbuchungen nicht mehr recht trauen.

Mein Bruder aber nahm sein Taschentuch und wischte mir die Tränen aus dem Gesicht. Dann faßte er meine Hand und sagte: „Komm, geh zur Frau Wolf und sag ihr alles. Ich gehe mit dir.“

Nachdem Frau Wolf erst nur meinen Bruder in die Wohnung gelassen, mich dann aber hereingerufen und meine Beteuerungen geduldig angehört hatte, gab sie uns Kaffee und Kuchen.

Dann begleitete sie uns und bat Herrn und Frau Wald, mich nicht zu bestrafen.

Vogel Rock
oder
Mein sechster Vater

Ein Waisenkind zu sein hat seine Vorteile. Es bringt einem Kind vielerlei Mitleid ein, ehrliches und verzuckertes. Bis auf den heutigen Tag glaube ich, angebrachter, als mich zu bemitleiden, wäre es gewesen, mich zu beneiden. Man verstehe mich richtig: ich habe selber einen Sohn und wünsche ihm nicht, er wäre als Waise aufgewachsen. Als Knabe war ich aber unvoreingenommener als heute. Daß ich alle paar Jahre zu anderen Leuten „in Pension“ kam, empfand ich niemals als Härte oder Bitternis, ganz im Gegenteil, heute noch denke ich an die zwölf Familien, bei denen ich aufgewachsen bin, mit Anhänglichkeit zurück. Fremde Menschen hatten nichts Beängstigendes oder Unheimliches für mich, ein neues Milieu bedeutete unerforschtes Land, und ich betrat es mit begeisterter Neugierde – zugleich mit dem Sicherheitsgefühl des Reisenden, der das Billett zur Weiterfahrt in seiner Tasche weiß. Tante Lene, mein Vormund, die Schwester meiner Mutter, war nämlich so überzeugt davon, ein Kind bei fremden Leuten müsse unglücklich sein, daß sie es nicht übers Herz gebracht hätte, mich zum Bleiben zu zwingen, wenn ich nicht mehr bleiben wollte.

Sie pflegte mich mit ihren schönen Augen dann anzusehen wie ein aus dem Nest gefallenes Vögelchen, bis sie einen Seufzer tat (der, gemischt mit ihrem wunderbaren Parfüm, mich tief beglückte), um dann mit der Resolutheit einer Geschäftsfrau – sie besaß ein Hutgeschäft – ein Stück Papier zu nehmen und ein Inserat aufzusetzen, etwa:

> Für reizenden, intelligenten Jungen (Waise)
> suche Elternhaus gegen bescheidene Vergütung.

Bis Antworten eintrafen, wohnte ich bei meiner Tante. Am liebsten hätte sie mich immer bei sich gehabt; aber ihr Mann haßte uns Kinder, denn er gehörte jenen Kreisen an, die Armut für eine Schande, ja für ein Verbrechen hielten. Und unsere Eltern waren so „gewissenlos“ gewesen, uns keinen Pfennig, nicht einmal eine Versicherung zu hinterlassen. Wäre es nach diesem „angeheirateten Onkel“ gegangen, hätte man mich und meine Geschwister in eine Zwangserziehungsanstalt gesteckt. Seine Roheit steigerte aber nur die Zärtlichkeit meiner Tante.

Mit all der Bedrücktheit im Busen, die sie ganz zu Unrecht auch in meinem Herzen vermutete, stieg sie wieder einmal, die Mappe mit den Annoncenzuschriften in der einen, mich an der andern Hand, treppauf, treppab, um jene Fremden zu inspizieren, die an einem Waisenkind monatlich ein paar Mark zu verdienen gewillt waren. Mir fiel es nicht schwer, mich zu entscheiden – der Geruch in der Wohnung war mein Barometer. Die Tante dagegen mußte in ihrer Gewissenhaftigkeit alles genau erfahren: vom Beruf und Einkommen der Leute bis zur Beschaffenheit des Bettes, in dem ich hinfort schlafen sollte. Rätselhafterweise widersprachen die Auskünfte meiner Stupsnase und die ihres strengen, inquisitiven Verstandes (sie nannte ihn mit mir unbegreiflichem Stolz „gesunden Menschenverstand“) einander nie. Ich liebte sie, aber zugleich empfand ich sie als komisch – wie alle Erwachsenen. Es stand schon lange für mich fest, daß mit den großen Leuten etwas nicht in Ordnung war. Sie gaben ununterbrochen Lehren, nach denen sie sich selbst nicht richteten. Sie rauchten und tranken – und waren entsetzt, wenn wir es nachmachten. Sie priesen die Milch und tranken sie nicht. Wir mußten immer höflich anhören, was sie sagten, uns aber ließen sie fast nie zu Ende reden. Sie bestanden darauf, daß man nicht lügen dürfe, und sagten die Wahrheit in der Regel nur hinter dem Rücken der Leute. Und was das lächerlichste war: sie glaubten, wir Kinder merkten es nicht. Sie bildeten sich sogar ein, wir verstünden es nicht, wenn sie sich mit leiser, vertraulicher Stimme über uns unterhielten. Später erlebte ich diese sonderbare Unterstellung im Theater: wenn ein Schauspieler sich die Hand an eine Backe legte und laut ins Publikum flüsterte, galt es als ausgemacht: die anderen Schauspieler hörten ihn nicht. Ein ähnliches Theater spielten die Erwachsenen vor uns Kindern.

So war es auch, als die Frau des Ingenieurs Rock, eine große, grobknochige Fünfzigerin, meiner Tante unangenehm laut versicherte, daß sie es nicht nötig habe, einen Jungen in Pension zu nehmen. Ihr Mann sei Ingenieur, das Haus (es war ein fünfstöckiger, mit Gipsriesen und -engeln verzierter Backsteinbau) gehöre ihr, aber ihre zwei Kinder seien nun fast erwachsen, und es wäre daher für sie eine Freude, einem jungen Bürschchen die Mutter zu ersetzen. Dann entfernte sie sich ein paar Schritte und entrüstete sich weniger laut – überzeugt, daß ich kein Wort verstünde – darüber, daß sie für zwanzig Mark im Monat außer für Kost und Pension auch noch für Schulbücher, Kleidung, Arzt und Medizin aufkommen sollte. Vernünftigerweise hätte meine Tante auch die Frage aufwerfen müssen, wer meine Begräbniskosten zu bezahlen habe. Aber sie kannte ja Herrn Rock und sein Geheimnis nicht. Sonst wäre sie sofort wieder gegangen.

Der Ingenieur Rock hatte einen Vollbart. Unter meinen zwölf Vätern hatten vier einen Vollbart. Diese vier liebte ich mehr als die acht anderen. Unter den Vollbärtigen ist Herr Rock mir – nach Herrn Varnschein – der liebste gewesen. Seine Frau nannte ihn Fritz, ich sagte zu ihm einige Tage lang Herr Rock, dann Onkel Rock.

Er war allein zu Hause, als ich, einige Stunden nachdem die beiden Frauen handelseinig geworden waren, einen Rucksack und einen Karton mit meinen Sachen schleppend, über die Schwelle seiner Wohnung trat. Ein magerer, großer, gebeugter Mann mit störrischem Haar und einem struppigen Vollbart, der mit dem Schnurrbart wie verwachsen war, trat mir entgegen. Er war rothaarig. Das eigentümlich dunkle Rot war von grauen Strähnen durchzogen. Er machte nicht einmal die Wohnungstür hinter uns zu, sondern sprach sogleich auf mich ein. „Du bist also unser neuer Junge“, sagte er freundlich, nahm meine kleine in seine große, verarbeitete Hand und ließ sie eine ganze Weile nicht mehr los.

„Bist du tapfer?“ war seine erste Frage. Für mich war das keine Frage. Tapferkeit war die einzige Tugend, an die ich mit wahrer Inbrunst glaubte. Als ich ohne Zögern mit Ja antwortete, strahlte der alte Mann und sagte: „Ich wußte es ja gleich, als ich dir aufmachte.“ Mir war feierlich zumute, etwa so, als sei ich dem Rübezahl oder dem Kaiser Barbarossa begegnet. Dieser Eindruck wurde verstärkt durch ein großes schwarzes Stierhorn, das Herr Rock in der Hand und mit dem weiten Ende vor meinen Mund hielt, wenn ich sprach, während er sich das dünne Ende ins Ohr steckte. Er war also schwerhörig. Wieso das seine Bedeutung für mich erhöhte, kann ich mir nicht erklären; vielleicht, weil er aus seiner Schwerhörigkeit große Vorteile zu ziehen wußte. Zunächst bemerkte ich nur einen: er allein bestimmte, wann man zu sprechen hatte – dann, und nur dann, wenn er das Horn ans Ohr nahm.

Ehe er das wieder für angebracht hielt, begann er zu erzählen. Er sei der Erfinder des Flugapparates. Es gebe noch einige andere, er sei aber der erste gewesen, und seine Konstruktion sei die aussichtsreichste. Ob ich willens sei, mit ihm zu fliegen. Ich täte damit nicht nur ihm einen ungeheuren Gefallen, sondern ich machte mich damit um die ganze Menschheit verdient. Aus Gründen des Gleichgewichtes könne man nämlich nur zu zweit fliegen. Sein Aeroplan sei fix und fertig. Aber er finde den zweiten Passagier nicht, weil tapfere Menschen so selten seien. Auch glaubten die Leute neuerdings, den Luftschiffen gehöre die Zukunft.

Das glaubte in der Tat auch ich. Ich hatte die flexiblen Luftschiffe „Parseval“ und „Major Groß“ des öfteren fliegen sehen, und erst vor wenigen Monaten – ich glaube, es war im Frühjahr 1908 – hatte ich nach einer Nacht gespannten Wartens der silbernen Zigarre des Zeppelinluftschiffes entgegengejubelt, als es am strahlenden Morgenhimmel gegen Süden flog, um (so hieß es tags darauf in der Zeitung) bei Echterdingen in Flammen aufzugehen. Diese Flammen hatten die Flugbegeisterung in Millionen Deutschen entfacht. Auch in mir. Und ich war außer mir vor Freude, daß ich mit einemmal einem Flieger gegenüberstand, ja zu seinem Vertrauten wurde. Denn das erste Versprechen, das er mir abnahm, war: niemandem unser Vorhaben zu verraten. Am kommenden Sonntag könnten wir, falls das Wetter gut sei, aufsteigen. Ob ich dazu bereit sei.

„Ehrenwort!" sagte ich sofort zu ihm und drückte dabei seine Hand, so männlich ich nur konnte. Er beugte sich zu mir nieder und gab mir einen Kuß auf die Stirn. Dann begann er mit Heftigkeit zu beweisen, daß die Zukunft nicht dem gasgefüllten Luftschiff, sondern dem Flugapparat gehöre. Mitten in seiner Beweisführung wurde er rauh unterbrochen. In der Leidenschaft des Gesprächs hatten wir beide nicht bemerkt, daß Frau Rock eingetreten und Zeuge unseres Abkommens geworden war.

„Du Lump! Du verrückter Verbrecher! Du Mörder!" brüllte sie ihren Mann plötzlich an. „Nicht genug, daß du mich und die Kinder unglücklich gemacht hast, daß du für deine Hirngespinste mein Vermögen zum Fenster hinausgeschmissen hast, uns ruiniert hast, zu Bettlern gemacht – jetzt willst du diesen Jungen umbringen!" Und noch einmal, ganz langsam, wiederholte sie: „Du gewissenloser, du bodenlos gewissenloser Lump!" Ihre Adern waren in dem faltigen, von Zorn geröteten Gesicht blau angeschwollen.

Je mehr sie tobte, um so stolzer wurde ich. Sie machte mir erst so richtig klar, bei was für einem gefährlichen Unternehmen ich mitmachen durfte. Mit Sorge blickte ich auf Herrn Rock, ob er am Ende aus Angst vor seiner Frau unsern Plan aufgeben würde. Herr Rock aber sah sie mit der ruhigen Neugier an, mit der man ein Naturschauspiel verfolgt. Diese Gelassenheit machte mich sprachlos, bis ich erkannte, daß es sich um einen weiteren Vorteil handelte, den er aus seiner Schwerhörigkeit zog: er hatte das Horn vom Ohr genommen. Ob er nun wußte oder nicht, warum seine Frau schimpfte, er konnte jedenfalls so tun, als verstünde er sie nicht. Und nach einer Weile zog er sich in majestätischer Unberührtheit aus dem Vorraum zurück.

Ich bemerkte plötzlich, daß mich der Rucksack drückte, und wäre ihn gern losgeworden. Frau Rock aber schimpfte und schimpfte weiter, obwohl der, dem es galt, verschwunden war. Allmählich verwandelte sich ihre Wut in Wehmut, ihre Entrüstung in Erinnerung. War Herr Rock glücklich darüber, in mir den Langgesuchten gefunden zu haben, der seinem Flugapparat die Balance erleichtern würde, so war seine Frau offenbar nicht minder froh, endlich einen Zuhörer für alles gefunden zu haben, was sie bedrückte. So erfuhr ich vom Geschick einer Erfindersgattin, die aus einer reichen Bauerntochter zu einer versorgten, verbitterten Frau geworden war, deren Mann als Narr galt und die ein Alter in Armut und Verachtung vor sich liegen sah. Es war wie eine Beichte. Was sie vielleicht keinem Erwachsenen anvertraut hätte, eröffnete sie einem Zwölfjährigen, den sie kaum kannte.

Lange war es her, Ende der siebziger Jahre, als Fritz, damals ein Student auf der Technischen Hochschule, seine Ferien im Westerwald auf dem Gehöft ihrer Eltern verbrachte. Sie hatte sich in ihn verliebt und an seine Größe geglaubt. Denn schon zu jener Zeit, als praktisch noch kein Mensch das Fliegen für möglich hielt, hatte er von früh bis spät an kleinen Modellen herumgebastelt, sie wie eine Uhr aufgezogen und in der guten Stube ihres Elternhauses herumbrummen lassen, sehr zum Ärger ihrer Mutter, weil der Plafond vom Anstoßen der kleinen kreisenden Apparate zerkratzt wurde. Ihr Vater aber sei überzeugt davon gewesen, dem jungen Manne gehöre die Zukunft. Und sie wisse heute noch nicht, wie alles zugegangen war – jedenfalls gab der Alte seine Tochter und sein ganzes Vermögen dazu dem „jungen Habenichts mit den verrückten Ideen“, als den ihre selige Mutter ihn bezeichnete.

Ob er sie damals wirklich liebte oder ob es ihm von Anfang an nur um ihr Geld zu tun gewesen war – das habe sie nie herausgefunden, sagte Frau Rock mit veränderter, gebrochener Stimme und fing zu weinen an. Das Haus sei das einzige, fuhr sie unter leisem Schluchzen fort, was ihnen geblieben sei. Aber es lägen vier Hypotheken darauf (ich konnte mir nichts darunter vorstellen), und die Mieteinkünfte deckten gerade die Zinsen. Raten an die Motorenfabrik seien überfällig, die Tochter habe das Gesangstudium aufgeben müssen und sei nun Köchin in einem Lehrerseminar, der Sohn studiere auf ein Stipendium, beide Kinder sprächen von ihrem Vater nur als von dem „alten Narren", und das bißchen Pensionsgeld für mich käme wie ein Segen vom Himmel. Sie beschwor mich, nicht in das Flugzeug zu steigen, es sei schon ein paarmal zusammengekracht, kaum daß es vom Boden hochgekommen war. Beide Trommelfelle seien ihrem Mann durch das Motorengeknatter geplatzt, aber er sei unbelehrbar. Er verbohre sich nach jedem Unglück nur noch mehr in seine fixe Idee. Unlängst habe er sich sogar einen Motor nach eigenen Plänen bauen lassen, die ganze vierte Hypothek sei draufgegangen und habe nicht einmal gereicht. Ich sei doch ein vernünftiger Junge; wenn mir was passierte, brächte ich doch nicht nur mich und ihren Mann ins Unglück, sondern auch sie und ihre Kinder.

Das hätte sie besser nicht gesagt. Es verriet mir, daß sie ihren Mann nicht liebte, daß sie nicht an ihn glaubte, daß sie nicht aus Sorge um ihn oder um mich protestierte, sondern aus Angst um die Folgen für sie. Und war ich vorher auf Herrn Rock und seinen genialen Wagemut nur stolz gewesen, so sah ich den Mann jetzt inmitten der völligen Lieblosigkeit, die ihn umgab. Ich verspürte seinen Kuß noch einmal, nun aber nicht mehr als Siegel unseres Geheimnisses, sondern als Ausdruck der Bewegtheit, die einen unerkannten Märtyrer ergriffen hatte, als das Schicksal ihm ein Wesen in die Tür schneite, das ihm nicht mit Verachtung begegnete. Ich wäre am liebsten in die Wohnung gerannt, um den Kuß dieses unglücklichen Mannes zu erwidern. Aber ich ließ es mir nicht anmerken.

Mir war klar: hier gab es zwei feindliche Lager. Ich durfte nichts tun, was Frau Rock veranlassen konnte, meine Tante zu warnen. Recht manierlich sagte ich daher: „Entschuldigen Sie, Frau Rock. Sagen Sie doch bitte Ihrem Mann, er soll mir mein Versprechen zurückgeben. Denn wenn er das nicht tut, müßte ich es meiner Tante sagen, und dann würde sie mich sicher wieder von Ihnen wegholen." Das will sie doch nicht, denn sie braucht ja das Geld, dachte ich bei mir.

Herr Rock gab mir beim Abendessen das Ehrenwort zurück. Sobald ich Gelegenheit hatte, ihn allein zu sprechen, beteuerte ich, es habe sich nichts geändert. Er lachte verschmitzt. Daran habe er nie gezweifelt – das habe er aus meinen Augen gelesen.

Ich schlug ihm vor, ihn am Sonntag hinter der Kirche zu treffen, er solle später als ich aus dem Hause gehen, damit seine Frau nichts merke.

Es war ein strahlender Herbstmorgen. Schon vor der Kirche hatte Herr Rock mich eingeholt. Jetzt war er nicht mehr der gebückte Mann, als der er mir drei Tage zuvor entgegengetreten war. Er hatte seinen besten Anzug an, ging so rasch, daß ich mich anstrengen mußte, ihm zu folgen, und sein Bart wehte im Winde, der von dem Hügel kam, den wir hinanschritten.

Fast auf der Kuppe stand ein Schuppen. Herr Rock sperrte ein schweres Vorhängeschloß auf, dann hob er die Eisenstange von den Flügeltüren und zog den Apparat ins Morgenlicht.

Ich hatte noch niemals einen Aeroplan gesehen, Abbildungen vielleicht – aber was jetzt vor mir stand, war ganz anders. Ich hatte etwas Flügelhaftes, Flaches, eine Art riesige Fledermaus erwartet. Das aber war ein dreistöckiges Bambusgerippe auf sechs Fahrradrädern, die Herr Rock sorgfältig aufpumpte, während ich vergeblich zu begreifen versuchte, warum drei Flügelflächen übereinanderlagen und wie wir in die Gondelkörbe hineinkommen sollten, die, jeder mit vier Seilen an die Bambuskreuzungen geknüpft, hintereinander in der oberen Hälfte des Gerüstes hingen. Das ganze Gebilde war etwa so hoch wie lang.

Herr Rock merkte mein Befremden und setzte mir auseinander, daß der Motor und die Tragflächen das Wesentliche seien; hätte er Material, kräftiger, aber ebenso leicht wie Bambus, so würde eine einzige Tragfläche genügen, sie müßte nur entsprechend größer sein. Die Länge des Apparates sei im Prinzip überhaupt entbehrlich, sie diene nur der Anbringung der Räder und der Steuer. Später werde man vielleicht mit einem einzigen Rad auskommen und die Steuerung an die Tragflächen anbauen. Das seien Fragen der Erfahrung. Theoretisch sei das Fliegen infolge der Erfindung des Motors und des Propellers ein gelöstes Problem, es handle sich jetzt eigentlich nur noch um die Praxis. Und die wäre auch schon viel weiter entwickelt, wenn es mehr Menschen wie mich gäbe, Menschen, denen die Wissenschaft und die Zukunft der Menschheit mehr bedeute als ihr eigenes, sowieso vergängliches Leben. Leider seien die Menschen seiner Generation moralische Krüppel, ganz und gar nicht den Errungenschaften ihrer Technik gewachsen. Es sei wahrscheinlich der neuen, meiner Generation vorbehalten, zu verwirklichen, was die seine bereits hätte verwirklichen können, wäre sie nicht so erbärmlich und kleingläubig.

Sonderbar: jetzt kamen mir Zweifel. Solange ich nur unter dem Eindruck seiner Worte stand, erschien Herr Rock mir verehrungswürdig. Angesichts dieses gebrechlichen Gestells aber, dessen Formen so zufällig aussahen, dessen Gestäbe mir viel zu zart erschien im Vergleich mit dem plumpen schwarzen Motor, der unter der vorderen Gondel eingebaut war, angesichts dieser Räder, die eigentlich für eine ganz andere, viel einfachere Aufgabe bestimmt waren, verlor er seine Überzeugungskraft. Doch ich wollte es ihn nicht merken lassen. Mein Wort war bindend, und wenn es das Leben kosten sollte. Das stand fest.

Herr Rock hakte eine Strickleiter an die Querstäbe der mittleren Tragfläche, wir kletterten hinauf, und er hob mich in die hintere Gondel. „Siehst du“, sagte er und zog dabei an einem der Seile, „selbst wenn wir nieder müßten, könnte uns nicht viel passieren. Die Seile sind aus starkem Gummi und würden die Gondeln zurückreißen, bevor sie auf dem Boden aufprallen.“ Das leuchtete mir ein.

Herr Rock stieg wieder hinunter, um den Motor anzuwerfen. Es dauerte eine Ewigkeit, bis er endlich unter ohrenbetäubendem Geknatter lief. Ganz erschöpft kletterte Herr Rock zu mir herauf und zog die Strickleiter ein.

„Los!“ brüllte er ... und wir rasten den Abhang hinab, rascher und rascher, und plötzlich – ich hatte gerade erst bemerkt, daß der Boden sich unter uns entfernte, und der jubelnde Gedanke durchdrang mich: wir fliegen! –, plötzlich verstummte der Motor. Einige Sekunden noch schwebten wir in unheimlicher Geschwindigkeit und Lautlosigkeit dahin, dann schwankte der Hügel, und der Apparat krachte auf den Rasen. Knirschen und Knacken zerriß mir die Ohren, und aus den umgestürzten Gondeln heraus krochen wir durch das zerbrochene Gestänge – beide unverletzt, nur ein wenig zerkratzt. Wie hoch wir gewesen waren, hätte ich nicht sagen können; vielleicht so hoch wie ein Baum oder ein Haus.

Ich war auf einen Verzweiflungsausbruch gefaßt. Herr Rock aber sagte: „Du kannst mir gratulieren. Es konnte gar nicht besser ausgehen. Wären wir aus größerer Höhe abgestürzt, so wären wir jetzt tot. Und wäre nichts passiert, so hätte ich auch nicht mehr erfahren als das, was ich sowieso weiß und was jetzt auch du bestätigen kannst: meine Erfindung ist geglückt. Das großartige aber ist, daß wir gerade im richtigen Augenblick niedergingen. Ich muß dir nämlich ein Geständnis machen, mein Junge: Was ich dir da erzählt habe, daß ich dich wegen der Balance brauche, das ist alles Unsinn. Da hätte ich ja auch einen Sandsack nehmen können. Sei mir deswegen nicht böse – aber ich durfte es dir vorher nicht sagen, um dein Zeugnis nicht zu beeinflussen. Jetzt antworte mir: Sind wir geflogen?“

„Ja, Herr Rock!“ schrie ich in sein Horn.

„Und warum sind wir abgestürzt?“

„Weil der Motor zu laufen aufgehört hat, Herr Rock.“

„Wunderbar! Du bist ein prachtvolles Kerlchen!" rief er. „Weil der Motor zu laufen aufgehört hat. Vergiß das ja nicht." Er hob mich hoch und tanzte wie ein Derwisch um den zertrümmerten Apparat. „Weil der Motor ausgesetzt hat. Das ist es. Das hast du ganz richtig beobachtet. Bist du bereit, es zu beschwören? Vor Gericht, meine ich."

Ich war betroffen. Was hatte denn das Gericht damit zu tun?

„Hör zu, Kleiner", begann Herr Rock mir das Ganze zu erklären. „Du brauchst keine Angst vor dem Gericht zu haben. Es handelt sich um eine rein geschäftliche Angelegenheit. Ich sagte dir doch schon: das Fliegen ist nur noch eine Sache des Motors. Wenn in einem Automobil der Motor aussetzt, so ist das kein Unglück. Man steigt aus und wirft ihn wieder an. Passiert das aber in der Luft, so ist man ein Kind des Todes. Es handelt sich also nur darum, einen Motor zu bekommen, der nicht aussetzt; dann kann man fliegen, solange das Benzin ausreicht. Ich habe mit der Rheinischen Motorenfabrik einen Vertrag: wenn mein Motor im Fluge aussetzt, bekomme ich kostenlos das neueste Motorenmodell, das es gibt, als Ersatz. Mein Motor ist zwei Jahre alt. Die heutigen Modelle sind zehnmal so verläßlich. Natürlich würde die Fabrik meinem eigenen Zeugnis widersprechen. So ein Motor kostet ja ungeheuer viel Geld. Sicherlich haben sie sich auf die Klausel nur eingelassen, weil sie dachten, ich kann ja doch keinen Zeugen beibringen. Du aber kannst beschwören, daß du alles beobachtet hast, unbeeinflußt, ohne daß ich dir vorher ein Wort von dem Vertrag gesagt habe. Also bekomme ich das allerneueste Modell. Und dann – dann sollst du sehen, wie wir fliegen!"

Er legte mir beide Hände auf die Schultern und fragte mit vor Glück zitternder Stimme: „Begreifst du jetzt, mein Junge, was für einen Dienst du der Menschheit geleistet hast?"

Und ob ich es begriff! Heiter schleppten wir den Motor und das zerknickte Gerüst in den Schuppen. Dann schritten wir der Stadt zu wie Sieger.

Es kam zu einem Prozeß mit der Motorenfabrik. Monatelang zog sich der Schriftwechsel hin. Schließlich beraumte das Gericht einen Lokaltermin an, um sich selbst ein Bild vom Tatbestand zu machen.

An einem Novembermorgen stieg ich mit Onkel Rock wieder den Hügel hinan, auf dem der Schuppen stand. Ein kalter Wind blies, aber der Himmel strahlte so blau wie am Tage unseres Fluges.

Wir waren nur noch ein paar hundert Meter vom Ziel entfernt. Auf einem andern Feldweg, fast noch im Tal, sahen wir eine Menschengruppe bergan steigen. Vermutlich die Herren vom Gericht oder die Vertreter der Motorenfabrik. Da stieß Herr Rock plötzlich einen ganz fremdartigen Schrei aus, schrill und langgezogen wie das Kreischen von Rädern in einer Kurve, und begann bergauf zu laufen. Ich rannte hinter ihm her, und da erst sah ich den Schuppen: brennend an allen Ecken. Dichter schwarzer Rauch drang durch Dach und Gebälk.

Noch ehe ich ihn eingeholt hatte, brach der alte Mann am Wegrand nieder, preßte beide Hände gegen die Schläfen und brüllte dumpf: „Die Hunde! Die Halunken! Angezündet, damit sich nichts mehr beweisen läßt.“ Dann sprang er auf und schüttelte, den Brand im Rücken, beide Fäuste gegen die im Morgendunst liegende Stadt.

Ich sah die Gruppe dunkel gekleideter Herren auf halber Höhe stehenbleiben. Nach einer Weile machten sie kehrt.

Lange wagte ich nicht, Onkel Rock anzusprechen. Er starrte reglos auf den Schuppen. Das Feuer brannte noch immer. Das Dach sackte ein. Schließlich war nur noch ein schwelender Haufen von Balken übrig. Es mochte eine Stunde vergangen sein, als ich zaghaft versuchte, den unglücklichen alten Mann zur Rückkehr zu bewegen. Er nahm sein Horn nicht ans Ohr. Ich bekam keine Antwort. Statt dessen traf mich der Blick eines völlig Fremden. Ich wußte nicht einmal, ob er mich überhaupt wahrnahm.

Da fühlte ich mich schrecklich verloren auf dem frostigen, kahlen Hügel. Das bittere Gefühl völliger Ohnmacht und sonderbarerweise ein Schuldbewußtsein, als hätte mein Unglaube etwas mit dem Brand zu tun, befiel mich. Langsam und traurig ging ich allein nach Hause. Ich glaubte nicht mehr an das Fliegen.

Seitdem wich ich Onkel Rock aus. Er schien es übrigens nicht zu bemerken. Stumm saß er von früh bis abends an seinem Rollschreibtisch, den immer dicker werdende Aktenbündel bedeckten, wahrscheinlich Eingaben an das Gericht. Auf dem Stierhorn setzte sich Staub an.

Ein Streit zwischen mir und seiner ins Haus zurückgekehrten Tochter war der Anlaß – fast ein Jahr war inzwischen vergangen –, daß ich wieder einmal mit meiner Tante, Antworten auf ein Inserat in der Hand, treppauf, treppab stieg, bis wir einen neuen Ziehvater gefunden hatten. Diesmal einen Bankbeamten.

Fünfzehn Jahre später kam ich zufällig zurück in die Stadt meines ersten Fluges. Was mag aus den Rocks geworden sein? Ich versuchte, in dem Haus etwas vom Verbleib der Familie zu erfahren. Keine der vielen Parteien kannte auch nur den Namen.

Vor dem Hause sprach ich mit dem Portier, den ich zuvor nicht angetroffen hatte. Auch ihm war der Name fremd. Gerade als er noch einmal nachdenklich wiederholte: „Rock? Friedrich Rock? Nein, den Namen hab ich nie gehört", kam ein Mann am Haus vorbei, blieb stehen und sagte: „Versteh ich richtig? Sie suchen einen Herrn Rock?" Er wandte sich an den Portier: „Sagen Sie mal, der Alte, der da oben bei Ihnen in der Dachkammer haust, nennt der sich nicht Ingenieur Rock?"

„Hm ... der, meinen Sie? Ja, der hat schon da gewohnt, als ich das Haus übernahm. Ich kenn ihn nicht, zahlt ja keine Miete. Aber die Bank, der das Haus gehört, will ihn nicht raussetzen. Schon möglich, daß er Rock heißt." Und mit geringschätziger Vertraulichkeit gab er mir den Rat: „Steigen Sie doch mal rauf unters Dach und versuchen Sie Ihr Glück."

Ich fand eine Bodentür, roh aus ungehobelten Brettern

gezimmert, davor lagen einige vertrocknete gelbe Rüben und zerknülltes Papier. Aber es öffnete niemand. Nach einigen Minuten unschlüssigen Wartens – ich war gerade im Begriff, die steile Bodentreppe wieder hinunterzusteigen – hörte ich schweres Atmen, und dann sah ich ihn mühsam heraufkommen, den unbekannten Flieger meiner Knabenjahre. Abgerissen, dürr, zerzaust, wie ein alter, kranker Vogel sah er aus. Haar und Bart waren ungepflegt, von einem schmutzigen Gelbweiß, und die erloschenen Augen tränten. Er trug noch immer das Stierhorn. Es hing an einem Bindfaden über seiner Schulter, aber jetzt erschien es mir klein und armselig. Ich trat auf ihn zu und streckte ihm die Hand entgegen. „Kennen Sie mich noch, Herr Rock?"

Er nahm meine Hand nicht, wich einen Schritt zurück und begann zu zittern. Aber dann brach ein unsagbares Strahlen aus seinen Augen; er stürzte auf mich zu, umarmte mich mit einem Ungestüm, das mich erschrecken machte, und lallte in monotoner Verzückung: „Mein Zeuge! Mein Zeuge! Gott im Himmel, ich danke dir! Endlich kann ich es diesen Hunden geben. Jetzt gewinne ich meinen Prozeß! Und dann werden wir – glaube es mir, mein Junge –, dann werden wir endlich fliegen!"

„Aber Herr Rock", sprach ich laut in sein Ohr, „wovon reden Sie denn? Prozessieren Sie etwa noch immer? Wozu denn? Fliegen – fliegen kann man doch schon längst."

„Du lügst!" heulte er auf. „Du hältst es mit diesen Gaunern. Willst mich betrügen, damit ich aufhöre, um mein Recht zu kämpfen. Aber warte nur!" Und mit einem Satz hatte er mich angesprungen, um meinen Hals zu würgen.

Er war schwach wie ein Kind. Als er spürte, wie leicht ich mich seiner erwehrte, ließ er von mir ab, kauerte sich auf die Treppe und stierte vor sich hin – reglos, als wäre ich nicht zugegen, mit demselben Blick, mit dem er an jenem Novembermorgen in die Flammen gestarrt hatte …

Ich setzte mich neben ihn. Und ich sagte nicht Herr Rock, auch nicht Onkel Rock. „Lieber Vater Rock", sagte ich leise und streichelte dabei seinen struppigen Kopf, „du hast den

Prozeß ja gewonnen. Wir haben die Luft erobert. Wir können fliegen. Dank dir und allen, die Hohn und Einsamkeit ertragen haben, weil sie daran glaubten, daß der Mensch zu fliegen vermag. Du hast dich geopfert. Bist abgestürzt und bist schwer verwundet worden. Den Sieg aber verdanken wir auch dir."

Sei es, daß er mir die Worte vom Munde abzulesen wußte, sei es, daß mein Streicheln ihn verspüren ließ, was ich zu ihm sagte – er umschloß meine Hand mit seinen knotigen, welken Fingern, so wie damals, als er mich fragte, ob ich tapfer sei, und ein Lächeln der Erinnerung verschmolz mit den Tränen auf seinem Gesicht.

Ein Schüler Michelangelos
oder
Das Ehrenwort

Der Geruch von Firnis und Ölfarbe, wie er in Malerateliers vorherrscht, hat mich von jeher angezogen, er hat vielleicht sogar dazu beigetragen, daß ich unter Malern meine besten Freunde gefunden habe. Es ist bei ihnen, als wehe Weihrauch durch eine Tischlerwerkstatt, eine Atmosphäre von Arbeit und Beschaulichkeit erzeugend.

Diesem intensiven, Neugier erweckenden Geruch begegnete ich zum erstenmal in der Wohnung des Bankbeamten Theobald Schramm, des Hauptkassierers der Nassauischen Hypothekenbank in Wiesbaden. Der Geruch hätte meine Tante davon abhalten müssen, mich bei der Familie Schramm einzuquartieren, er hätte ihr sagen müssen, daß das Solide und Normale, das ihr als so wichtig für meine Erziehung galt, bei diesen Leuten nicht zu Hause war. Der Klang der Worte Bank und Kassierer bestach sie jedoch und übertönte die Warnungssignale ihrer Nase. Sie war überzeugt, für mich endlich den denkbar besten Ersatz für das gefunden zu haben, was sie für unersetzlich hielt, für das Elternhaus.

Sie hatte insofern recht, als Herr und Frau Schramm aus Innsbruck stammten und ich bei ihnen zum ersten Male seit meinem Abschied von Salzburg wieder die vertraute Mundart vernahm, die ich selbst noch nicht ganz abgelegt hatte. Nur Anton, ihr etwa vierzehnjähriger Sohn, sprach die mich sehr abstoßende nassauische Mundart, was mich jedoch nicht hinderte, mich mit ihm, wenn auch nicht über Nacht, anzufreunden.

Frau Schramm war wie ihre Wohnung: klein, sauber und adrett. Mit ihrem Sohn wurde sie leicht ungeduldig. Zu mir verhielt sie sich höflich, in der ersten Zeit sogar schüchtern, so, als sei ich ein „möblierter Herr", nicht aber dreizehn Jahre alt. Zu ihrem um einen Kopf größeren Mann sah sie gehorsam und bewundernd auf.

Auch ich bewunderte Herrn Schramm. Ein edles Geheimnis schien ihn zu umgeben. In seiner Gegenwart wurde ich still, ja andächtig; nicht nur, weil er fast niemals sprach und sich ungemein würdevoll und vornehm bewegte und kleidete, auch nicht nur, weil alles an ihm so schwarz war: die volle Welle seines Haares, die großen Augen, der rechtwinklig gestutzte, seidenweiche lange Vollbart und sogar der zarte Pelz, der sich unter steifen Manschetten hervor an den Rükken seiner blassen, schlanken Hände schmiegte, sondern vor allem, weil Herr Schramm mit eben diesen Händen, ohne jemals die Manschetten abzulegen, Abend für Abend und den ganzen Sonntag lang, stehend und in tiefer Versunkenheit, Ölbilder auf große Leinwände malte.

Vor jedem Pinselstrich blickte er forschend auf ein farbiges Bild in einem Buche, das geöffnet auf einem hohen Hokker seitlich vor der Staffelei lag. Es war ein großes Buch über die Wandgemälde Michelangelos.

Herr Schramm malte ein Bild nach dem andern aus diesem Buche ab. Aber er beendete keines der Gemälde, holte vielmehr von Zeit zu Zeit dieses oder jenes wieder hervor und vervollständigte es. Sogar jenes Bild stellte er oft auf die Staffelei zurück, das er wohl für sein gelungenstes hielt, denn er hatte es über dem Sofa aufgehängt.

Die Kopien fielen, was die Figuren anging, sehr ähnlich aus. Nicht hingegen die Farben. Während die Abbildungen in dem Buche blasse, fast nur angedeutete Farben hatten, waren Herrn Schramms Gemälde dunkel wie er selbst, und es leuchtete grün und rot darin auf wie in Kirchenfenstern. Auch sahen die Menschen auf seinen Bildern schlanker und hagerer aus als auf den Vorlagen.

Einmal faßte ich Mut und unterbrach ihn beim Malen. Ich fragte ihn, warum er alles so veränderte. Er schien aus einem Halbschlaf zu erwachen und sah mich an, als wunderte er sich darüber, daß ich sprechen konnte. Doch seine Antwort war recht freundlich, nicht so hoheitsvoll, wie er aussah. Nachdem er den Malstock vorsichtig an die Staffelei gelehnt hatte, sagte er: „Du bist neugierig. Das ist gut. Verstehen wirst du nicht, was ich dir jetzt sage, aber vielleicht verstehst du es später einmal. Also merke es dir. Die Bilder haben nicht immer so ausgesehen wie in dem Buch da. Sie sind verblaßt durch die Jahrhunderte. Und außerdem sind es unvollkommene Reproduktionen, sie sind perspektivisch verzerrt. Die Originale wurden nämlich auf einen gewölbten Kirchenplafond gemalt. Davor versagt die photographische Technik. Ist dir das klar?"

Ich nickte.

„Warum glaubst du denn", fuhr er fort, leise, aber stolz, „daß ich sie alle noch einmal male, diese Bilder? Damit man sie endlich richtig und aus der Nähe sehen kann und in ihren ursprünglichen, wunderbar leuchtenden Farben. Michelangelo, das weißt du doch, das war der gewaltigste Künstler aller Zeiten. Und ich bin sein einziger Schüler."

Ich hätte ihn gerne gefragt, woher er wisse, welche Farben die Bilder ursprünglich gehabt haben, aber er nahm den Malstock wieder zur Hand und hob den Pinsel. Ich verstand: er wünschte keine weitere Unterhaltung.

Hingegen duldete er es seit diesem Gespräch, wenn ich stumm und aus gebührendem Abstand den Fortschritt seines Werkes verfolgte.

So vergingen Wochen, vielleicht Monate. Bis eines Abends Herr Schramm nicht mehr nach Hause kam.

Seine Frau war zunächst nicht beunruhigt. Es war in letzter Zeit mehrmals vorgekommen, daß ihr Mann Überstunden machen mußte. Auch an diesem Morgen hatte er vorm Weggehen gesagt, wir sollten nicht mit dem Abendessen auf ihn warten. Anton wohnte damals nicht mehr daheim. Er war seit kurzem in der Lehre im Strandcafé Biebrich, er sollte Konditor werden. So mußte ich wieder einmal allein mit Frau Schramm essen. Mir sagte das gar nicht zu, denn sie hielt für ihren Mann übertrieben große Portionen zurück, und ich bekam um so weniger. Halb hungrig ging ich zu Bett.

Mitten aus dem tiefsten Schlaf weckte mich Frau Schramm und bat mich, aufzustehen. Was sie tun solle, fragte sie, ihr Mann sei noch immer nicht da, es müsse ihm etwas passiert sein. Ob ich sie nicht zur Bank begleiten wollte, sich nach ihm zu erkundigen. Ich versuchte, sie davon zu überzeugen, daß Banken zur Nachtzeit geschlossen sind. Es gelang mir nicht.

Auf dem Weg durch die dunklen, leeren Straßen ergriff Frau Schramm meine Hand. Die ihre war ganz kalt.

„Sie werden sich einen Schnupfen holen, Frau Schramm", sagte ich in der Hoffnung, sie würde noch umkehren. Denn ich spürte nur das eine Verlangen, zurückzukriechen in mein warmes Bett und den abgerissenen Schlaf fortzuspinnen. Aber sie ging nicht darauf ein.

„Sag nicht immer Frau Schramm zu mir", erwiderte sie, „sag Frau Liesl zu mir." Sie drückte meine Hand dabei plötzlich und heftig. Da wußte ich auf einmal, und der Gedanke machte mich ganz wach: Das ist eine verzagte, hilflose Frau. Sie braucht mich. Ich muß sie beschützen. Ich gab mir Mühe, kräftige, männliche Schritte zu machen.

Schon auf das erste schüchterne Klopfen hin öffnete der Nachtwächter der Nassauischen Hypothekenbank das schwere Eichentor und leuchtete uns mit einer Windlampe ins Gesicht. Er wußte nichts vom Verbleib des Herrn Hauptkassierers. Auch von Überstunden wußte er nichts. Er stellte sogar sehr bestimmt in Abrede, daß Herr Schramm an früheren Tagen länger im Dienst geblieben sei als die anderen Beamten. Er sah dabei Frau Schramm seltsam an und sagte „Frauchen" zu ihr, was mir gar nicht gefiel.

Auf dem Heimweg sprachen wir wenig. Frau Schramm schien zu ahnen, daß die Auskunft des Wächters auch in mir vagen Verdacht erweckt hatte; sie wollte es sich aber nicht anmerken lassen. Erst als sie mir gute Nacht sagte, tat sie einen Seufzer und drückte meinen Kopf zwischen ihre kleinen Brüste. Ich lag noch lange wach.

Am Tag darauf fand ich, von der Schule heimgekommen, kein Essen vor. Frau Schramm saß am Tisch und weinte. Sie weinte leise, hemmungslos und ohne Ende. Ich wagte nicht, nach dem Grund zu fragen, stand nur neben ihr und streichelte ihre zuckenden Schultern. Der Kopf lag auf der Holzplatte, als sei er so schwer geworden, daß sie ihn nicht mehr heben konnte.

Vielleicht ist er überfahren worden, ging es mir durch den Sinn, oder vielleicht ist er tot, der Herr Schramm. Die Frau hörte zu weinen auf. Sie wischte sich Tränen und Haare aus dem Gesicht. Dann sah sie mir in die Augen, stumm und ganz lange. Es machte mich verlegen. Ich gewahrte zum erstenmal, daß ihre Augen hellgrau waren wie Steingut.

Endlich begann sie zu sprechen: „Wirst du nicht schlecht von mir denken? Wo wir uns doch kaum kennen. Wirst du nicht weggehen von mir, wenn ich dir sage: die Polizei war da? Vor einer Stunde waren sie da und wollten ihn verhaften. Er ist durchgegangen – mit der Kassiererin und dem ganzen Geld durchgegangen. Sie fahnden nach ihm, haben sie gesagt.“ Und nach einer Pause schrie sie, als sähe sie es bereits geschehen: „Weißt du, was das bedeutet? Sie sperren ihn ein, den Armen! Ach, dieses Weib, dieses miserable! Wie ich sie hasse!“

„Kennen Sie sie denn, Frau Schramm?“ fragte ich.

Sie sah mich verständnislos an. „Ich? Die Person soll ich kennen? Wie kommst du auf einen solchen Gedanken? Keine Spur!“

„Ich meinte nur, weil Sie so von ihr reden“, erklärte ich. „Vielleicht tun Sie ihr unrecht. Es ist doch möglich, daß diese Frau den Herrn Schramm liebt. Sie lieben ihn doch auch, Frau Liesl, nicht wahr?“

Frau Schramm lächelte weh und nachsichtig. „Das verstehst du nicht, du bist halt noch ein Kind“, sagte sie.

Ich aber ärgerte mich und dachte bei mir: Wenn sie ihn liebt, dann ist es recht. Wenn aber die andere Frau ihn liebt, dann ist es schlecht. Wo ist denn da die Logik? Wahrscheinlich ist sie nur eifersüchtig. Wie kindisch!

Frau Schramm wollte Anton wissen lassen, was mit dem Vater geschehen war. Wir machten uns fertig, um nach Biebrich zu fahren. Aber noch ehe wir aufbrachen, öffnete sich die Tür.

Es war Anton. Großspurig kam er hereinspaziert. Er ließ der Mutter keine Zeit zum Staunen, begann vielmehr sofort zu schimpfen: „Eine ganz gemeine Bande ist das in dem Strandcafé. Denkt euch, rausgeschmissen haben sie mich. Wegen ein paar ranziger Krapfen. Als ob unsereiner nicht auch einen Magen hätte. Nichts wie den ganzen Tag Kessel putzen lassen sie dich. Das könnte denen so passen. Das nennen sie Lehre! Nichts wie Ausnutzung! Na, ich hätte es sowieso nicht mehr lange in dem Loch ausgehalten."

Seine Mutter war wütend. „Du also auch!" schrie sie ihn an. „Ein gewöhnlicher Verbrecher bist du, wie dein Vater. Geh mir aus den Augen! Ohrfeigen verdienst du, links und rechts!"

Ich klärte Anton über das Vorgefallene auf. Er wurde rot, und mir schien, er war dankbar, daß ich so wie immer zu ihm sprach und ihn nichts von Verachtung oder Geringschätzung wegen der Tat des Vaters spüren ließ.

Ich empfand wirklich nichts dergleichen. Frau Schramms Vorwürfe erschienen mir ungerecht. Gewiß hielt ich es für sträflich, ja für ungeheuerlich, mit dem Geld der Bank durchzubrennen. Aber Herr Schramm war natürlich eine Ausnahme. Er konnte kein Verbrecher sein. Das sah man ihm doch an. Wer weiß, vielleicht sah die Kassiererin einer der wunderbaren nackten Frauen auf seinen Bildern ähnlich, dann hatte er es eben tun müssen, dann war eine unwiderstehliche Macht im Spiel. Oder er wollte vielleicht nach Rom reisen, um die Wandgemälde Michelangelos wirklich und aus der Nähe zu sehen und ihre Farben genau zu erforschen. Diese Gemälde waren für ihn doch das Größte auf der Welt. Frau Schramm schien das nicht zu verstehen. Sie tat mir natürlich aufrichtig leid, und doch – ich ahnte, daß ein Mann, der von nichts anderem träumte als von so Gewaltigem, daß er es eines Tages nicht mehr aushalten konnte in dieser kleinen Wohnung mit dieser zierlichen Frau und bei dem eintönigen Dienst in der Bank. Ich kam mir beinahe schlecht vor, weil es mir nicht gelingen wollte, Herrn Schramm schlecht zu finden.

Frau Schramm wurde noch ein paarmal zur Polizei bestellt. Aber ihr Mann blieb verschollen und wurde, wie mir schien, bald vergessen; sogar von seiner Frau.

Obwohl Anton drei Jahre älter war als ich, war nicht er es, sondern ich, der nun sozusagen den Platz des Familienoberhaupts einnahm. Das kam daher, daß beide, Mutter und Sohn, in mir ihren Vertrauten sahen, während sie einander wenig zu sagen hatten. Zudem war Frau Schramms einziges Einkommen mein Pensionsgeld. Da das für mich allein nicht einmal genug war, verschwanden allmählich ihre Broschen und Ringe, sie verkaufte auch einen Teil der Einrichtung, der Bücherschrank lichtete sich, und das Essen wurde immer magerer. Ich litt unter dem Mangel nicht sonderlich, wußte ich doch, daß nicht Geiz, sondern ein Verhängnis daran schuld war. Ich zerbrach mir vielmehr den Kopf darüber, was sich gegen Frau Schramms Not tun ließe.

Ich sprach mit Anton. Ob er nicht einsehe, daß es so nicht lange weitergehen könne, ob er nicht versuchen wolle, endlich selber Geld zu verdienen. Er lächelte unbeteiligt und schüttelte gelassen den Kopf.

Ebenso gelassen sah er mit an, wie nach und nach Wäsche, Teppiche und Möbelstücke aus dem Hause getragen wurden, wie die Mutter ihn von einer Lehrstelle zur andern schleppte und tagtäglich mit Vorwürfen überschüttete. Sie hatte noch zweimal eine Lehrstelle für ihn gefunden. Zuerst in einer Druckerei. Dort erklärte man schon nach einer Woche, er sei nicht aufmerksam und willig genug, und entließ ihn. Dann wurde er Pikkolo in einem Hotel am Neroberg. Dort hielt er sich etwas länger, und Frau Schramm begann Hoffnung zu schöpfen. Eines Tages aber flog er hinaus, weil er sich Trinkgelder behalten hatte, statt sie an den Oberkellner abzuführen.

Anton machte sich nichts daraus. Auch nichts aus den

Tränen und dem Geschrei seiner Mutter. Ich kannte den Grund dafür. Die ganze Welt pedantischer Drucker, habgieriger Oberkellner und verhärmter Mütter war für Anton kaum vorhanden; das waren für ihn nur lästige Schatten. Die wirkliche Welt, die suchte und fand er in Büchern. Anton war nur einseitig faul. Er las von früh bis spät. Er ließ sich dabei durch nichts stören, und schon gar nicht durch jene Erwachsenen, die seiner Ansicht nach – unter dem Vorwand, einen „brauchbaren Menschen“ aus ihm machen zu wollen – nur im Sinn hatten, ihn auszunutzen. Er hatte nicht die Absicht, brauchbar zu sein oder zu werden. Er las. Und er las nur eines einzigen Autors unzählige Werke: die des sächsischen Abenteuererzählers Karl May. Dessen Helden und ihre kühnen Taten nahmen ihn so gefangen, daß er darüber fast das Essen vergaß. Trotzdem sah er kräftig und frisch aus, wenn auch nicht heiter. Seine Stirne lag stets in Falten, und von seinem großen, kugeligen Kopf stand stachlig das dunkle Haar ab, so als wehrte es sich gegen die Umwelt.

Auch ich las damals mit Leidenschaft. Dramen, Märchen, Gedichte, Romane hielten mich bis in den Morgen hinein wach, und ich vernachlässigte darüber die Schule. Nick Carter aber, Buffalo Bill und alle die Helden jener bunten Zehnpfennighefte, mit denen die Schüler einen wilden Tauschhandel trieben, verachtete ich; und kaum weniger Karl May.

Anton versuchte, mich zu seinem Meister zu bekehren. Ich begann ihm zuliebe einen Band zu lesen. Aber alles wirkte auf mich ausgedacht und unglaubhaft, aufschneiderisch und roh. Ich las das Buch nicht zu Ende.

Anton hingegen schlug die Bücher, zu denen ich ihn bekehren wollte, nicht einmal auf. Sein Lehrer, sein Führer und Gott war der Alte in der Villa Old Shatterhand in Radebeul bei Dresden; er kannte und duldete keine anderen Götter neben ihm.

Wir verachteten einander. Ich hielt Anton für dumm, trivial und kindisch; er mich für überspannt, eingebildet, unmännlich. Trotzdem entwickelte sich zwischen uns eine Art Freundschaft. Er hatte niemand anders, dem er mit seiner Begeisterung für die Meisterschüsse und Wunderpferde seiner hochherzigen Helden kommen durfte, und ich fand die Gespräche, sogar den Streit mit ihm, immerhin unterhaltsamer als die sich endlos wiederholenden Klagen seiner Mutter über das Leben im allgemeinen und den mißratenen Sohn im besonderen.

Doch eines Tages gab es diese Wahl für mich nicht mehr. Es begann so: Anton verlangte von mir das Ehrenwort, nichts von dem zu verraten, was er mir nun eröffnen wolle. Ich verlangte, vorher von ihm zu erfahren, um was es sich handelte. Er aber blieb fest: erst müsse ich ihm mein Ehrenwort geben, unter allen Umständen zu schweigen, dann werde er mich einweihen. So gab ich es ihm schließlich. Er nahm es geradezu feierlich entgegen. Sodann machte er mich, wie er behauptete, zum einzigen Mitwisser seines geheimen Plans.

Er hatte vor durchzubrennen. Zunächst, über Frankreich, nach Algier zur Fremdenlegion. Sobald er von seinem Sold genügend erspart und die Sprache erlernt hätte, wollte er, als Beduine verkleidet, desertieren und sich nach Kurdistan durchschlagen. Und dann wollte er, Schritt für Schritt, Ort für Ort, alle Wege und Pfade durchwandern, die Karl May in seinem Buch „Durchs wilde Kurdistan“ zurückgelegt hatte.

Meinen Einwand, er werde doch, auch wenn er dieselbe Route nehme, nie und nimmer dieselben Abenteuer erleben wie Karl May, und selbst wenn er sie erlebte, so könne er sie nicht bestehen, denn er besitze doch nicht seine Kräfte, seinen Spürsinn und seine unglaubliche Waffenmeisterschaft – diesen Einwand tat er überlegen ab. Die Kurden seien noch immer so wild wie früher, und die Fremdenlegion bilde die gewiegtesten und verwegensten Kämpfer heran. Überdies sei er bereits ein Meister im Messerwerfen.

Das traf zu. Las Anton nicht, so pflegte er Messer verschiedenster Größe auf diese und jene Weise – aus der hohlen und von der flachen Hand, in den Spiegel blickend von rückwärts über die Schulter oder laufend, die Klingenspitze zwischen Daumen und Zeigefinger geklemmt – in beliebige Türen unserer Wohnung zu schleudern. Einige Füllungen waren schon halb zersplittert. Ich machte dabei gerne und getreu mit, erwarb aber bei weitem nicht seine Fertigkeit.

Mir war nicht klar, warum Anton mich in sein Geheimnis einweihte. Falls er seine sinnlose Idee tatsächlich durchführte, konnte es ihm doch nur gefährlich werden, einen Mitwisser zurückzulassen. Er verstand mich nicht gleich, glaubte sogar allen Ernstes, ich wünschte mich ihm anzuschließen. Als ich andeutete, man könne ihm, falls ich ihn verpetzte, auf die Spur kommen, lachte er dummschlau und sagte: „Darum hab ich mir doch erst dein Ehrenwort geben lassen."

Und er behielt recht. Als er am Tage darauf – es war ein Sonntag – morgens das Haus verließ und nicht mehr wiederkam, hatte ich bald Gelegenheit, zu bereuen, ihm mein Ehrenwort gegeben zu haben. Nicht nur machte es mir unmöglich, Frau Schramm über den Verbleib ihres Sohnes aufzuklären oder sie wenigstens auf die richtige Spur zu lenken, es zwang mich sogar, ihr gegenüber fortwährend Komödie zu spielen und so zu tun, als teilte ich ihre Ahnungslosigkeit, ihre Sorge und ihren Kummer.

Bis gegen Abend hatte sich Frau Schramm über das Verschwinden ihres Sohnes kaum beunruhigt. Erst als die Nacht hereinbrach, als es Mitternacht wurde und Anton noch immer nicht nach Hause kam, bemächtigte sich ihrer eine zunehmende Angst. Sie blieb bis zum Morgen wach, fragte mich immer und immer wieder aus, ob er sich mir gegenüber denn gar nicht habe anmerken lassen, was er vorhabe, und hielt mich beharrlich davon ab, zu Bett zu gehen.

Ich hätte sie mit ein paar Worten beruhigen, wenn auch nicht trösten können. Aber ich durfte es nicht. Das Ehrenwort verbot es mir; es zwang mich zur Ehrlosigkeit. Ich empfand mein Schauspielern, das Eingehen auf ihre tausend Mutmaßungen über Antons Verbleib als eine wahre Schurkerei – ihr aber zu sagen, was ich wußte, das Ehrenwort zu brechen, und wenn auch nur indirekt durch Andeutungen, das war für meine Begriffe ein noch größeres Verbrechen. Ich sah keinen Ausweg.

Und wiederum, wie einige Monate zuvor auf der Suche nach ihrem Mann, begleitete ich, statt zur Schule zu gehen, Frau Schramm, deren einziger Halt und männlicher Schutz ich nun war, nach Antons früheren Arbeitsstätten: zum Buchdrucker, nach dem Hotel am Neroberg und schließlich nach Biebrich ins Strandcafé. Es waren stundenlange Wege, doppelt lang für mich, da ich im voraus wußte, daß wir sie umsonst gingen.

In Biebrich, wo wiederum Kopfschütteln und Achselzukken die Antwort auf ihre Fragen war, bemächtigte sich der Frau angesichts des herbstlich trüben Rheinstromes die Befürchtung, ihr Junge habe sich das Leben genommen. Trotz meiner hartnäckigen Versuche, sie davon abzubringen, blieb sie dabei, er sei ins Wasser gegangen. Ich mußte mit ihr das Ufer des von der Dämmerung verschleierten Stromes gründlich nach der Leiche des armen Anton absuchen, den ich, einen Karl-May-Band auf den Knien, springlebendig in einem Zug durch Frankreich rollen wußte.

Mir war zum Fluchen und zum Lachen zumute, und ich gab mir insgeheim das Ehrenwort, nie und niemand mehr in meinem Leben eins zu geben.

Wir hatten seit dem Morgen nichts gegessen. Frau Schramm verspürte vor Unruhe offenbar keinen Hunger. Ich aber, der keinen Anlaß hatte, unruhig zu sein, litt empfindlich unter dem Hunger. Ich wagte nicht, Frau Schramm in ihrem Kummer damit zu belästigen. Erst als wir vor unserem Hause angelangt waren, erinnerte ich sie daran, daß wir oben kein Brot mehr hatten.

Der Bäcker fragte beim Zahlen, ob er die sechs Mark abziehen dürfe, um die sie ihren Anton am Sonntag früh geschickt habe. Nur für einen Augenblick verschlug es Frau Schramm den Atem, dann sagte sie: „Richtig. Entschuldigen Sie, ich hätte beinahe darauf vergessen."

Kaum auf der Straße, deutete ich an, das Ausleihen des Geldes spräche eher für einen Ausflug oder so etwas als für Selbstmord.

Frau Schramm widersprach: „Das wäre ja eine Gemeinheit. In meinem Namen Geld ausborgen, nur, um sich zu vergnügen, wo er genau weiß, wie es bei uns steht – nein, so schlecht ist Anton nicht, das würde er seiner Mutter nicht antun. Nein, nein – ich sage dir, er hat sich einen Revolver um das Geld gekauft."

„Am Sonntag sind doch die Waffenläden nicht offen", wandtc ich ein, „und überhaupt, wer wird einem Buben einen Revolver verkaufen? Das ist strafbar."

Frau Schramm brach in Tränen aus. Sie weinte so heftig, als bestünde kein Zweifel mehr an Antons tragischem Ende.

Auf der Treppe blieb sie stehen. „Was meinst du", fragte sie, „sollten wir nicht zur Polizei gehen?"

Dort gibt es wieder nichts zu essen, ging es mir durch den Kopf, und wenn ich die Polizei anlügen muß wegen des Ehrenworts, die merken das sicher. Überhaupt: je später sie nach ihm suchen, um so weiter ist er weg. Ich antwortete: „Wozu wollen Sie zur Polizei? Lebt Anton, so kann ihm das nur schaden. Es ist immer gut, wenn man nichts mit der Polizei zu tun gehabt hat. Und lebt er nicht – ich halte es für ausgeschlossen, er hat sich bestimmt nichts angetan – aber wenn es so wäre, dann könnte die Polizei auch nichts daran ändern."

Das leuchtete Frau Schramm ein. „Schauen wir in der Wohnung nach", schlug sie vor, „vielleicht hat er wo einen Abschiedsbrief hingelegt."

Ich hatte darauf nichts zu erwidern. Wir stiegen schweigend die Treppen weiter.

Und dann blieb uns beiden der Mund offen, denn vor der Wohnungstür standen zwei Gendarmen und zwischen ihnen, klein und vergnügt, Anton. „Da bringen wir den Ausreißer zurück", sagte der eine Gendarm. Und der andere redete lachend auf Anton ein: „Daß mir das nicht noch einmal vorkommt. Das nächste Mal wanderst du ins Loch!"

Frau Schramm bedeckte ihren Sohn mit Küssen. Er ließ ihre Zärtlichkeit wie eine Belästigung über sich ergehen.

Mich überfiel eine Befürchtung: Was, wenn er nicht geheimhält, daß ich von allem gewußt habe, wenn er mich verrät? Würde Frau Schramm mich nicht für alles verantwortlich halten, was sie durchgemacht hat? Schön würde ich dann dastehen: scheinheilig, als ein Lügner!

Anton verriet mich nicht. Schon nach wenigen Minuten begann die Mutter, ihn mit Vorwürfen zu überschütten. Er hörte nicht hin, sondern erging sich in selbstzufriedenen Schilderungen seiner Flucht.

Er hatte ein Billett bis Höchst am Main, der nächsten Schnellzugstation, genommen, war aber weitergefahren und hatte sich schlafend gestellt. Kurz vor Mannheim rüttelte ein Kontrolleur ihn wach. Er jammerte, er sei über das Ziel hinausgefahren, und ließ sich kaum davon abhalten, die Notbremse zu ziehen. Auf der Station verließ er den Zug und stieg in einen andern. In Kaiserslautern fiel er der Polizei in die Hände.

„Das nächste Mal mache ich es schlauer. Ich hätte mich nicht auf eine leere Bank in den Anlagen setzen dürfen. Das fällt auf in der Nacht. Man muß sich eine Bank aussuchen, auf der ein Mädchen sitzt", belehrte er mich mit fachmännischem Stolz.

Wenige Wochen später machte er es tatsächlich schlauer. Er wurde nicht wieder zu Hause abgeliefert.

Nach Jahren habe ich zufällig noch einmal von Anton Schramm gehört. Er war nur bis nach Wien ins wilde Kurdistan vorgedrungen. Dort soll er eine Zeitlang als Kellner gearbeitet haben und später von der reichsdeutschen Auskunftei „Schimmelpfennig" angestellt worden sein.

Bald nach Antons zweitem Verschwinden, das sie resigniert hinnahm, denn sie sah ein, daß sie unfähig war, ihn zu halten, eröffnete mir Frau Schramm, mein Vormund müsse sich nach neuen Zieheltern für mich umsehen, sie kehre zurück nach Innsbruck zu ihren Eltern.

Sie verkaufte die restlichen Möbel und den Hausrat. Nur für die vom einzigen Schüler Michelangelos geschaffenen Werke vermochte sie keinen Käufer zu finden. Die Trödler behaupteten, sie seien zu groß für Wohnungen. Auch mißfiel ihnen, daß sie ungerahmt waren. Ich hätte gerne eins der Bilder als Andenken behalten, aber ich wußte nicht, wo meine Tante mich unterbringen würde. So blieben die Gemälde, von Staub beschlagen, in den leeren Räumen zurück, als Frau Schramm, unter zusammengeschnürten Decken und Kissen und Federbetten fast verschwindend, den Weg zum Bahnhof antrat. Ein Dienstmann und ich trugen ihr die Koffer. Es fiel nasser Schnee.

Der Schaffner ging den Zug entlang und forderte zum Einsteigen auf – da nahm sie meinen Kopf in ihre Hände und flüsterte mir ins Ohr: „Gib mir dein Ehrenwort, daß du es niemand sagen wirst!" Und ohne mir Zeit zum Protestieren zu lassen, fuhr sie aufgeregt fort: „Ich reise gar nicht nach Innsbruck. Ich reise nach Florenz in Italien. Sag es aber um Gottes willen niemand. Ich fahre zu ihm, zu Theobald. Er ist so einsam und hilflos, der Arme. Stell dir vor: das gemeine Weib ist mit seinem ganzen Geld durchgegangen. Auf und davon. Ach, du weißt ja nicht, wie glücklich ich bin."

Ich war nicht glücklich. Ich wäre gern mitgefahren. Ich wußte, der Geruch nach Ölbildern, der noch in der leeren Wohnung geschwebt hatte, würde mir abgehen. Aber ich war froh, daß ich Frau Schramm das Ehrenwort, zu schweigen, nicht gegeben hatte.

Ein Sommernachmittag am Rhein

Mein Schulfreund Poths, der Primus unsrer Untertertia, hatte damals noch fünf Jahre zu leben. 1914 ist er an der Westfront gefallen.

Aber begegnet war ihm der Tod, und auch mir, schon im tiefsten Frieden. An einem schwülen Ferientag war er uns in doppelter, widerspruchsvoller Gestalt entgegengetreten.

Wir waren nach Schierstein am Rhein geradelt und wollten dort ein Ruderboot mieten. Ein Wind, wie er Gewittern vorangeht, schlug die Boote nervös gegeneinander. Der Verleiher, ein alter Rheinschiffer, warnte uns. Es sei ein Nordwest, der blase schräg gegen den Strom und mache daher besonders unberechenbare, störrische Wellen. Erst auf unser festes Versprechen hin, nicht aus dem Hafen auf den offenen Strom hinauszurudern, holte er mit seiner Hakenstange ein Boot, es war ein zinnoberroter, schlanker Zweisitzer, an den Steg und kettete es los. Dann hob er seinen Feldstecher wieder an die furchige Stirn und bewegte den grauen Kopf hin und her, regelmäßig und gemessen, wie das Pendel eines Chronometers; er suchte den Wasserstreifen ab, der den Hafen vom Strom schied.

Dieser Streifen sah aus wie eine weiße Stufe. Das Wasser schien draußen höher zu sein als im Hafen. Wir steuerten stracks auf die Stufe zu, um aus der Nähe zu sehen, was diesen sonderbaren Eindruck hervorrief. Der Wind traf uns von der Seite, es war kein angenehmes Rudern. Die Besorgtheit des Alten erschien uns jedoch übertrieben. Sicher unterschätzte er unsere Muskeln. Wir ließen sie mit Stolz und Genuß arbeiten. Ehe wir die Wasserstufe erreicht hatten, erkannten wir, daß es gar keine Stufe war, vielmehr die in der

Perspektive zusammengeschobenen und daher aus der Ferne mauerartig erscheinenden weißen Kämme der Wellen, die in den stilleren Hafen abströmten.

Wir hätten nun wenden sollen. Aber keiner wollte vor dem andern ängstlich erscheinen, indem er an das Versprechen erinnerte. Einige Sekunden lang kamen wir nicht von der Stelle. Dann hatten wir den Druck des einströmenden Wassers überwunden, und der Strom hatte unser Boot erfaßt.

Das waren andere Wellen! Jetzt konnten wir uns beweisen. Es kam darauf an, jede einzelne der Sturzwellen im rechten Winkel zu schneiden, damit sie unser schmales Gefährt nicht zudeckte oder umwarf. Das zwang uns, alle Augenblicke die Richtung zu ändern, denn die Wellen drangen, wie mit Absicht, gleich einer Meute wütender Hunde aus verschiedenen Richtungen auf uns ein. Was das Rudern besonders schwierig machte, war der Umstand, daß die Ruder in unberechenbarer Weise aufs Wasser oder in die Luft stießen. Es war unmöglich, dabei Rhythmus zu halten. Poths saß vor mir. Er hatte den Takt zu bestimmen. Mir kam es aber vor, als geschähe das Gegenteil: als seien es die Ruder, die ihn nach vorne und nach rückwärts rissen und stießen, wie es ihnen behagte, wobei sie nicht selten mit den meinen zusammenschlugen. Ich rief ihm zu, er solle den Platz mit mir wechseln. Er schrie mir durch das Pfeifen und Zischen des Windes einzelne Worte zurück: „Unmöglich! Kentern. Sitzen bleiben!"

Da wußte ich, er hatte Angst, es war auf ihn, der größer war als ich und stärker, kein Verlaß. Ich biß die Zähne aufeinander und bohrte meinen Blick in den plötzlich ganz fremden Rücken vor mir. Der macht am Ende noch schlapp, ging es mir durch den Kopf. Einen Wellenspritzer aus den Augen wischend, bemerkte ich, daß meine Stirne klebrig war, so wie vorm Erbrechen. Und da wußte ich, daß eingetreten war, was nicht sein durfte: daß auch ich Angst hatte, Angst vor dem Tode.

Bist du Gottes Sohn, so hilf dir selbst! sprach ich mir Mut

zu. (Mir war unbegreiflich, wieso dieser großartige Satz eine Lästerung sein sollte.) Aber mit Schrecken erkannte ich, daß es mir nicht möglich war, mir selbst zu helfen, daß mein Leben von dem kleinmütigen Menschen da vor mir abhing wie das seine von mir.

Der Himmel war schwärzlichgelb geworden. Das Wasser hob sich eisengrau, beinahe hell dagegen ab. Doch war kein Trost in dieser Helligkeit. Gegen das Weiß der Möwen, die darüber hin pfeilten, erschien sie leichenfahl.

Goldenes Geäder zuckte im Gewölk auf, wo es am schwärzesten war. Poths schrie: „Ich kann nicht mehr!“ In diesem Augenblick sah ich sein rechtes Ruder aus der Metallgabel ins Wasser gleiten. Reflexartig bückte ich mich und griff ins Wasser. Ich hielt das Ruder in meiner Rechten. Der losgelassene Griff meines eigenen rechten Ruders schlug mir unter die Kinnlade. Da packte mich Jähzorn. Hatte doch dieser Poths die Hände zum Gebet erhoben, um laut in den Sturm hinein zu jammern.

„Du Memme“, schrie ich, „bet, wenn wir ersoffen sind! Jetzt ruderst du! Oder – ich schwöre es – ich schlag dir den Schädel ein!“ Tatsächlich hob ich die schwere Stange – die man im Sportjargon komischerweise Riemen nennt – drohend gegen ihn, während er sich nach mir umwandte, mich aus verstörten Augen demütig anblickte und keuchend sagte: „Ich glaubte, das Ruder sei verloren. Gib’s her.“

Ein kalter, mit Hagelkörnern durchsetzter Regen begann auf uns niederzuprasseln. Der Sturm ließ nach.

Wir hatten die Hafeneinfahrt beinahe schon wiedergewonnen, als der alte Schiffer, allein ein viel schwereres Boot rudernd, neben uns auftauchte. Er schimpfte: „Euch werde ich noch mal ein Boot geben.“ Es sollte böse klingen.

Kleinlaut ruderten wir an seiner Seite zur Anlegestelle zurück. Er war, gegen seine Art, gesprächig. Unserm Versprechen gleich nicht trauend, habe er das Boot nicht aus den Gläsern gelassen. Und als das auf und ab hüpfende rote Pünktchen auf einmal nicht mehr zu sehen war, sei er, damit rechnend, uns auffischen zu müssen, hinausgefahren. Wir dankten ihm manierlich und beteuerten, wir wüßten selber nicht, wie es kam, daß wir auf den Strom hinausgerieten. Er hob nur spöttisch seine buschigen Brauen.

Das Gewitter war vorüber. Auf Planken hingestreckt, sonnten wir uns und dachten an die überstandene Gefahr. Mein Kinn schmerzte mich, mehr aber die Erinnerung daran, wie rücksichtslos und rabiat die Angst mich gemacht hatte. Poths aber fand, ich hatte recht. Es gebe Augenblicke, wo nur noch Gewalt hilft. „Was weiß man", fügte er nachdenklich hinzu, „vielleicht mußte ich beten, damit du so wild wurdest." Das war für mich eine lächerliche Ausrede. „Jetzt sag nur noch, der Schiffer hat dein Gebet vernommen", höhnte ich. „Hör damit auf. Beten, das nenne ich kapitulieren."

Die offenen Blasen in unseren Händen ließen uns an nochmaliges Rudern nicht mehr denken. Auch die Absicht zu schwimmen gaben wir, mit dem Wasser noch nicht wieder versöhnt, auf. Wir beschlossen, in Badehosen einen Dauerlauf nach Biebrich und zurück zu machen. Nachdem wir unsre Kleidung an die Räder geschnallt und sie in einem Schuppen eingestellt hatten, setzten wir uns in Trab. Es kam keine Harmonie zwischen uns auf. Es war, als liefe ein unsichtbares, trennendes Drittes zwischen uns mit. Wir hatten einander als sehr armselig vor dem Tode kennengelernt. Wir konnten den Argwohn, dies sei unsre wahre Natur, nicht loswerden.

Unser Ziel war das vielbesuchte Strandcafé. Wir sollten das Ziel nicht erreichen. Etwa mittwegs, an einer einsamen Ufereinbuchtung, wo ein schmaler Steg durch hohes Schilf zum Strom hinausführte, sahen wir am Ende des Steges einen gestikulierenden Mann in städtischer Kleidung stehen. Nur eine Sekunde lang sahen wir ihn. Dann stürzte er sich kopfüber ins Wasser. Wir rasten den Steg entlang und sahen zu unsrer Verblüffung die zuckenden Beine des Mannes aus dem öligen Schlick ragen. Er steckte mit dem Kopf darin und konnte sich offenbar nicht mehr hocharbeiten. Wir holten ihn mit Mühe heraus. Er war nicht bewußtlos.

Wahrscheinlich hatte er die Luft angehalten. Als wir ihn auf den Steg zogen, wehrte er sich, stemmte sich aber gleichzeitig selber hinauf. Dann stand er da, Schlamm aus Mund und Nase prustend, ein schwarzer Riesenmolch mit einer Menschenstimme.

„Was fällt euch ein, ihr Rotzlöffel", fuhr er uns an, „ihr nichtsnutzigen Lümmel! Was mischt ihr euch in fremder Leute Angelegenheiten? Lebensretter, he? Vielleicht 'ne Medaille? Der Teufel hol euch! Habt ja keine Ahnung, was das für ein Leben ist. Ein Dreck ist's! Hat man sich glücklich und endlich aufgerafft, Schluß zu machen mit dem verdammten Blödsinn, kommen zwei so Lauserte daher ... Also die ganze Schweinerei noch einmal. Daß ihr euch nicht wieder untersteht, mich anzurühren!" Er hob die Hände wie zum Schlag, schrie: „Weg da, ihr Muttersöhnchen! Prost!" und sprang mit einem gewaltigen Satz zurück in das jauchige Wasser. Diesmal verschwanden auch die Beine im Nu.

Erschöpft und verschmiert, entrüstet ob des Übermaßes an Undank, insgeheim aber beschämt von der Ahnung, wie fragwürdig unsere Lust am Lebendigsein war und die Wichtigkeit, die wir ihm beimaßen, gingen wir einsilbig nach Schierstein zurück, stumpf gegen die Blicke der Frauen und Mädchen aus den gepflegten Gärten und Villen am Wege, Blicke, denen wir uns kurz zuvor so gerne ausgesetzt hatten.

Ob wir den Fall der Polizei melden sollten? Lächerlich. Was war denn so ein bunter, wichtigtuerischer Schutzmann, verglichen mit der hohntriefenden Verzweiflung jenes Selbstmörders?

Auf der Heimfahrt wurde uns das Treten sauer – als hätte sich, um fortan unser Begleiter zu bleiben, ein schwarzer, riesenhafter Molch aufs Hinterrad geschwungen. Wir wagten beide nicht, zurückzublicken. Wir wollten uns nicht klar darüber werden, ob es die Angst vor dem Sterben war, die uns im Nacken saß, oder die Furcht vor dem Leben.

Das Steinerne Meer

Mitten im Königssee bei Berchtesgaden, der sich lang und schmal, glasgrün, zwischen hohen Bergwänden hinzieht, liegt auf einer Landzunge das Kloster St. Bartholomä. Den Sand, auf dem es steht, hat ein fadendünner, Hunderte von Metern herabstürzender Wasserfall in Jahrtausenden aus der Felswand gewaschen und in den See hinabgerissen.

Wer im Hochsommer am Nachmittag auf der Spitze der kleinen Halbinsel steht, den wird noch das Sonnenlicht treffen, während Kapelle, Klosterwirtschaft und Felswand bereits in jenem zu frühen Schatten liegen, der selbst an heißen Tagen frösteln und an Vergänglichkeit denken macht.

An einem solchen Tage des wegen seiner Hitzewelle denkwürdigen Sommers 1911 konnte ein Beobachter mit scharfem Feldstecher ein Etwas langsam die Felswand erklimmen sehen, das er für eine Ziege oder Gemse halten mochte.

Es war indessen ein fünfzehnjähriger Gymnasiast. Einen schweren Rucksack auf dem Rücken, stieg er flink und bedächtig, seinen Beinen und Armen vertrauend, einen Jägersteig hinan.

Er ahnte vielleicht, doch er wußte nicht, daß er als ein anderer ins Tal hinabsteigen würde.

Hätte er sich gefragt, warum er, wozu den Aufstieg beschlossen hatte und ganz allein – die Antwort wäre zu verschiedenen Zeiten nicht die gleiche gewesen. Am Morgen, in Salzburg, wo er bei Angehörigen die Ferien verbrachte, hätte er wohl geantwortet: Ich will mehr leisten, Gewagteres als andere meines Alters. Nur auf mich gestellt, will ich das „Steinerne Meer" bezwingen und zurückkehren, braunrot von der Höhensonne, mit seltenen Blumen am Bergstock, so daß die Vorübergehenden, zumal die Mädchen, sich nach mir umsehen werden mit staunend ungläubigen Blicken.

Als ihm seine jüngere Schwester auf St. Bartholomä zum Abschied die Hand gab – nachdem sie gegen den Durst einige Äpfel in seinen Rucksack gesteckt hatte – und ihn fragte, ob er nicht doch lieber mit ihr umkehren wolle, sie werde in ständiger Sorge um ihn sein, schenkte er ihren Worten keine Beachtung. Nur eine Sekunde lang hatte er geschwankt und sich dann zur Ordnung gerufen: Beschlossen ist beschlossen.

Und jetzt, mitten auf der Wand, hielt er plötzlich im Klettern inne. Er fühlte die Adern im Halse pochen. Ein Wurzelstück, an dem er sich hochgezogen hatte, war gerissen. Und in der Sekunde, in der er, einen Felszacken ergreifend, den Sturz verhütete, hatte er sich aufklatschen sehen tief unten auf der Seeplatte. Er fror, und er zögerte ernsthaft weiterzuklettern. Erst nachdem er die Schande vorzeitiger Heimkehr und dazu die Gefahr eines Abstiegs, das offene Maul des Sees stets unter sich, erwogen hatte, entschied er, den Aufstieg fortzusetzen.

Nach wenigen Schritten hatte er die alte Sicherheit wiedergewonnen. Nur dem kühlen Atem des Windes, der die feuchten Schleier des Wasserfalls herüberwehte, war er nicht freund. Auf dem Plateau, dem er zustrebte, das wußte er, lag noch Sonnenschein. Und so maß er, als sei er geborgen, wenn er sie bezwungen hätte, fast bei jedem Schritt die Strecke der Felswand, die ihn noch von oben trennte.

Endlich trafen ihn die Strahlen der späten Sonne. Farnkraut, fast so hoch wie er, zerlegte das Licht in geschliffene Bündel, die er mühelos durchschritt.

Als er den grünen Saum hinter sich gelassen und ins Grau der Felsen vorgedrungen war, nahm er den Rucksack ab und gab sich dem Genuß doppelter Freiheit hin – er war vom Druck der Last befreit und frei, von eigenen Entschlüssen, einsam und allein, und nur von ihnen abzuhängen. Tief unten in der Dämmerung lag die Klosterwirtschaft. Dort wußte er in winzigen Räumen winzige Wesen, Pfeife rauchend, essend und redend: Menschen. Auch er war solch ein Mensch. Aber er hatte keine Wände um und über sich. In die ungeheure Grenzenlosigkeit des Alls gestellt, ihr zugehörig, fühlte er sich groß wie sie und wunderbar verloren, anvertraut. Selbst die eigene Stimme, da es niemand gab, der sie vernommen hätte, war ihm neu und fremd. Er sang.

Er sang Melodien und Worte, die es nicht gab, die, kaum entstanden, schon entschwanden. Ihr Klang verhallte über dem Gefels und sickerte ins wesenlose Blau. Er mußte singen, um das Empfinden des Nichtvorhandenseins inmitten stummer Urwelt zu widerlegen. Seine helle Stimme kämpfte. Es war nicht Furcht, nicht Müdigkeit, die er bezwingen wollte. Es war die Dunkelheit in ihm. Ein trauervolles Fragen, bang vor Glück und Qual, auch ein Pflichtgefühl, als ob die Leere um ihn Füllung forderte, klang aus seiner Stimme.

Er verlor den Kampf. Während seine Knie und Füße, geduldige Tiere, ihn ohne Sträuben vorwärts trugen und seine Augen ihnen sklavisch dienten, vor jedem Schritt nach einer Stelle spähend, die dem Fuße Halt bot, während die Last, die seine Schultern preßte, an seinem Rücken festwuchs, so daß er sie vergaß, erstarb sein Lied.

Es blieb die Leere. Sie wuchs in die Unendlichkeit, als sich die Sonne – noch eben hatte sie ihn geblendet – hinter das ferne, dunkelviolette Profil eines Berges schob. Bald darauf verließ ihr letzter Glanz die gegenüberliegenden Gipfel. Jetzt war nur noch kühles Grau um ihn. Jenseits von Licht und Dunkel, von Traum und Hoffnung, in unergründlicher Gleichgültigkeit, reglos seit Ewigkeiten und in alle Ewigkeit, türmten sich steinerne Wellen rings bis zum Horizont.

Sein Herz und seine Füße stockten. Die Zeit stand still. Ob es sie jemals gegeben hat? Vielleicht war dies hier Anfang und Ende, die einzige Wirklichkeit, und das Leben nur ein Schein, ein Trug, wie das Alpenglühen. Vielleicht war es diese zeitlose, ziellose Wirklichkeit, die ihn mit solcher Macht gelockt und ihn gezwungen hatte, Bruder und Schwestern, alle seine Lieben unten im Tal zu verlassen? Seit er zum ersten Male den Namen „Das Steinerne Meer“ gehört hatte, stand es nicht schon seit damals für ihn fest, daß dieses Meer ihn rief? Es hatte ihn herausgefordert, wie jeden, der das Wort vernimmt. Dem Rufe nicht zu folgen hieß: in der Ebene bleiben fürs ganze Leben.

Er hatte sich dem gefährlichen Ruf gestellt. Nun stand er da. Stand auf dem Friedhof aller Friedhöfe, klein und müde, von niemand bemerkt, ein Steinchen unter Steinen, nicht einmal ein Steinchen, denn sein Gerippe wird zerfallen – Steine dauern.

Leben die Steine? fragte es in ihm.

Er legte die Hand auf ein Felsenstück. Es war noch beinahe warm von der Sonne. Er fühlte die rauhe Härte wie die trockene, gütig-runzlige Haut eines alten Bauern. Er grübelte: Vielleicht ist der Stein ein Wesen? Vielleicht ist die ganze Erde ein Wesen, das ein Dasein andrer Art lebt, wo Worte wie Geburt, Tod und Zeit – die der Mensch für Menschen geschaffen hat – nicht existieren und ganz ohne Sinn wären? Die Nägel der Knabenhand fuhren sacht über die kristallinische Oberfläche. Ob der Stein es spürte? Seinen Namen, Granit, kannte er von der Schule her. Er sagte sich, es müsse etwas wie ein Wille sein, was diese unzähligen glimmernden Teilchen so grimmig zusammenhielt. Vielleicht hält der gleiche Wille alle Körper, auch die menschlichen, wenn die auch nicht so fest, zusammen? Vielleicht liege ich hier, inmitten steinerner Klötze, ein Verwandter unter Verwandten, wohlgeborgen, wahrhaft zu Hause? Der Gedanke verließ ihn nicht mehr. Einfach so liegenbleiben. Nimmer sich rühren. Ein Zittern durchlief den jungen Körper. Er schlief ein.

Ihm war, als lastete seit langem ein mahnend forschender Blick auf ihm. Blinzelnd öffnete er die Augen und sah dem Mond ins Gesicht. Er suchte seine linke Hand, um sicher zu sein, daß er nicht träumte. Da durchzuckte ihn das Erinnern, wo er war, gleichzeitig mit dem leisen Triumphgefühl, noch zu leben.

Doch nicht allein er schien zum Leben erwacht zu sein. Rings um ihn lagen seltsame Tiere auf der Lauer. Das Mondlicht schuf, indem es das Gestein in Weiß und bläuliches Schwarz zerschnitt, scharfe Konturen unheimlicher Wesen, die in feindseliger Stummheit auf einen Punkt starrten, auf ihn, den Menschen in ihrer Mitte, wie um zu sagen: Was willst du hier? Weg! Du gehörst nicht zu uns.

Er hätte sich fürchten müssen, umzingelt von Katzen-, Eulen- und Einhornblicken, und er hätte sich sehr gefürchtet, auch vor der hypnotischen Neugier des Mondes, wäre nicht, warm und ihm zugetan, der Sternhimmel über ihm gewesen. So schwach, ja unmerklich das Strahlen der Sterne war, rührend und schüchtern neben dem anmaßenden Mond und der Plumpheit und Nähe seiner Gespenstermeute, dem Jungen erschien jedes der blinkenden Pünktchen, vielleicht gerade wegen seiner Winzigkeit, wie ein Verbündeter, wie ein gleichgesinntes, schützendes Auge.

Er wußte natürlich vom Unterricht her, daß die Sterne riesige Welten jenseits der unsern sind, so gut er wußte, daß keine drohenden Untiere ihn umlagerten. Doch diese Art Wissen hatte geringe Macht über ihn. Er wollte erfahren, enträtseln, was sich hinter all diesem – dem Käfer, der gerade über seine Hand kriecht, dem Schwesterlein, dessen Schlaf, wie Ebbe und Flut, jetzt die weiße Decke hebt und senkt, hinter dem verhaltenen Trotz der gewaltigen Berge und dem Zwinkern der viel gewaltigeren Sterne –, was sich in alldem oder dahinter verbarg, wollte er wissen. Ob ein Gemeinsames in ihm und in allem um ihn wirkte, ob es ein Ziel gab, Aufgabe zugleich und Gesetz, das Dinge und Menschen gleich verpflichtete. Oder ob es umgekehrt war: daß der Mensch der Mittelpunkt aller Dinge, sein Gesetz der einzige Maßstab, seine Geschichte der Sinn der Entwicklung und die Welt samt Bergen, Tieren und Sternen ohne den Menschen tot wäre, da sie durch ihn erst Schönheit und Sinn, Wert und Unwert erhielt.

Während er dastand, das Gesicht im Nachthimmel badend, einen lallend leisen Monolog an die Gestirne richtend, dämmerte ihm, es müsse ein Drittes geben.

Die Antwort auf jene beiden Fragen war ihm vertraut; die eine hieß: Es gibt den Kosmos, die Erde, ein Pünktchen darin, und den Menschen, ein Stäubchen auf ihr; Teile eines Ganzen und von unsichtbarer Kraft gelenkt – die Alten nennen sie Gott, die Jungen Natur.

Das erschien ihm alles sehr logisch. Zu logisch!

Die andere Antwort besagte: Es gibt nur den Menschen, sein Wahrnehmen und Beobachten, Vorstellung, Traum und Phantasie, sein Denken, seine Erkenntnis- und Willenskraft. Gäbe es den Menschen nicht, fiele er weg – es bliebe das Nichts. Eine Welt ohne Menschen sei unvorstellbar, unmöglich. Er, mit seinen jenseits von Zeit und Raum wurzelnden und wirkenden Fähigkeiten, sei die einzige Wirklichkeit.

Auch das erschien ihm nicht unmöglich, wenn auch unlogisch. Und dennoch: etwas ließ ihn unbefriedigt, etwas war falsch an beiden Antworten. Etwas fehlte.

Dieses Etwas, dieses Dritte – er nannte es das Eigentliche – zu finden, das, wurde ihm klar, war seine Aufgabe, ein geheimes, schwer zu erfüllendes Gebot, ein Vermächtnis, von dem nur er wußte, vielleicht ein Verhängnis, vor dem es kein Entrinnen gab.

Doch, es gab ein Entrinnen, das war ihm bekannt: der Einsamkeit aus dem Wege zu gehen, gehorsam, lärmend und unbekümmert teilzunehmen am Treiben der Tal-Ameisen, den Blick nach unten gerichtet, stets auf Vorteil und Vorsicht bedacht. Aber er verabscheute das Gehen ausgetretener Wege. Er wollte der Trivialität entrinnen; in erhabener, adelnder Alpeneinsamkeit wollte er sich selbst begegnen.

Er begann zu frösteln. Er gab es auf, die Sterne zu befragen. In seinen Lodenmantel gehüllt, Knie und Arme an den Rumpf gepreßt, um weniger Wärme zu verlieren, kauerte er, am Rucksack lehnend, Klümpchen unter silbrigen Klumpen, im Grenzenlosen. Längst hatte der Mond seine Macht und die Steinwelt den bösen Zauber verloren. Er achtete ihrer kaum noch. Er lauschte in seine Brust hinein und spähte in sein Hirn. Sein Inneres erschien ihm unerforschter als das Firmament. „Die Sterne in dir mußt du fragen", diesen Satz, den er vielleicht irgendwo gelesen hatte, sprach er, als sei er eine magische Formel, leise vor sich hin. Von ihnen erwartete er zu erfahren, was jenes rätselhafte Eigentümliche war, das ihn trieb und lockte.

„Die Sterne in ihm" waren sehr verschiedener Größe und ungleichen Ranges. Es waren Worte wie: gütig, vornehm, ehrlich, tapfer, weise; es waren die Namen großer Forscher, Helden, Künstler, Denker – von Lehrern gehört oder in Büchern gefunden; es war das Schweißtuch der heiligen Veronika und der schlanke Leib Evas, den Lucas Cranach auf schwarzen Grund gemalt hat. Es waren feierliche Orgelakkorde, die Wehmut der Geige, die Klage des Cellos. Was ihm je in seinem Knabenleben als wunderbar und beispielhaft, durch Schönheit, Trauer und Geheimnis dem nüchternen Tag entrückt erschienen war, das waren seine Sterne. Es bedeutete für ihn Trost und Schmerz zugleich, daß er diesen Himmel in sich wußte. Trost, weil es ihn gab, Schmerz, weil er sich unter seinem strahlenden Gewölbe nichtig fühlte.

Im Rücken des Knaben wurde ein fahler Streifen zwischen den Gipfeln heller und heller, während er, Dunkelheit in sich und vor sich, wieder in Schlaf fiel.

Der Mond war schon vorher untergegangen.

Das Brummen einer Hummel weckte den jungen Wanderer. Er sprang auf, rieb sich die Augen und blickte lusterfüllt auf das im Sonnenlicht leise singende Felsengewoge. Dann sah er sich prüfend um, wo er sich unbeobachtet erleichtern könne, und obwohl ihm nicht entging, wie sinnlos es war, in dieser völligen Einsamkeit fremde Blicke zu scheuen, stieg er in eine Mulde.

Nachher, den entblößten Oberkörper der Sonne und dem frischen Wind darbietend, aß er im Stehen schwarzes Brot, Salami und getrocknete Aprikosen, auch Marillen genannt, und trank abschließend aus einer Flasche gesäuerten Tee.

Bevor er aufbrach, blickte er im Kreise um sich und

grüßte die Bergspitzen am Rande des Plateaus wie gute Bekannte. Sie sahen verändert aus, niedriger, geselliger und weniger majestätisch als aus der Ebene – der Untersberg, der Watzmann, der Große und der Kleine Göll, die Schönfeldspitze und in der Ferne rechts der Hochkönig, links der Hundskopf.

Er schritt guten Mutes auf die Schönfeldspitze zu, nachdem er die Karte verstaut und den Rucksack auf den Rükken geschwungen hatte. Das Hemd zog er durch die Tragriemen; noch brannte die Sonne nicht.

Er erinnerte sich überdeutlich des nächtlichen Grübelns, aber fast wie eines Traumes. Jetzt war er wach. Das hohe Farnkraut fiel ihm ein, auf das er am Vortag gestoßen war. Er hatte in der Naturkunde gelernt, es sei eine prähistorische, voreiszeitliche Pflanze, die sich durch Sporen fortpflanzt, eigentlich eine Wasser-, genauer eine Art amphibische Pflanze, die, wie die Krokodile und Salamander, aus der Periode stammte, da das Wasser noch weite Strecken heutigen Festlandes bedeckte. Wer weiß, vielleicht stammt die Bezeichnung „Das Steinerne Meer" aus Urerinnerungen an jene Zeiten. Er heftete beim Gehen den Blick aufmerksamer auf den Boden. Vielleicht fand er Muschelreste oder ähnliches, dann wäre seine Vermutung bestätigt.

Aus einiger Entfernung blitzte ihn ein Stein an. Neugierig ging er näher und bückte sich. Es war ein Kristall, gelblichweiß, nicht groß, von vielen kleinen umgeben. Er brach den Fund mit dem Bergstock los und wog ihn stolz in der Hand. Da wird man Augen machen! Die glatten, klaren, scharfkantigen Gebilde, sechseckig, schlank und oben schräg gespitzt, waren kaum Steine. Sie waren auch keine Pflanzen – obwohl es aussah, als seien die kandiszuckerartigen Stäbe aus dem Sockel gewachsen, auf dem sie schräg aneinandergepreßt standen. Wie Materie gewordene Mathematik, dachte er.

Mathematik? Er stutzte. Ist Mathematik nicht Menschenwerk? In der Natur, sagte der Zeichenlehrer, gibt es nicht einmal eine gerade Linie. Was ist dann dieses hier? Sollten auch Steine ein Bewußtsein haben, konstruieren können, ein

Ziel verfolgen? Weiß dieser eine Kristall, daß er größer und schöner ist als die andern? Und sind Form und Größe sein Verdienst, hat er um sie gekämpft, nach ihnen gestrebt? Sieht es nicht aus, als strebten alle diese geschliffenen Stacheln hinweg vom plumpen, gestaltlosen Grund? Nicht alle in die gleiche Richtung, aber alle weg aus der Tiefe, aus der Dunkelheit. Wozu diese spiegelnden Flächen? Diese Klarheit und Reinheit? Wohin treiben diese an Gotik erinnernden schlanken Spitzen? Wonach streben sie? Was ist das Ziel?

Wäre es Nacht gewesen, so wäre er der unruhigen Fragen nicht müde geworden. Jetzt dagegen nahm er sich vor, den Naturkundelehrer damit zu beunruhigen und in Verlegenheit zu bringen, steckte den Fund in den Rucksack und nahm einen Apfel heraus. Daraus wird nie ein Apfelbaum, dachte er mit leichtem Bedauern, als er das Kerngehäuse von sich warf.

Sein Vorrat an Gedanken und Gefühlen war erschöpft. Es wurde ihm das Gewicht der schwergenagelten Bergschuhe bewußt. Und fast gleichzeitig stellten sich diese und jene unfreundlichen Empfindungen ein. Die Ballen in den Schuhen taten weh. Der Rucksack drückte wie mit Fäusten in seinen Rücken. Schweiß juckte da und dort und brannte zwischen den Schenkeln und in den Handflächen. Die Zunge klebte im Mund, sie wurde bald trocken wie ein Wollknäuel. Und als er das Hemd anzog, um sich gegen die Sonne, die fast senkrecht herniederschoß, zu schützen, merkte er, daß es zu spät war. Die Haut, die der Riemen bedeckt hatte, lag als weißer Streifen tief im himbeerroten Fleisch der Schultern. Das war ihm nichts Neues. Er wußte: die Schmerzen würden nicht lange auf sich warten lassen.

Noch weniger ließ auf sich warten, was er als viel schlimmer empfand als diese körperlichen Mißlichkeiten: die Langeweile. Den Versuch, sich mit der Vorstellung zu trösten, wie die im Tal wohl staunen würden, wenn sie ihn hier in der Sonnenglut unverdrossen dahinstapfen sähen, gab er bald auf. Und dann blieb nichts. Die Angst, daß dieser weglose

Weg nie enden werde, die Ahnung der Sinnlosigkeit seiner das Herz pochen machenden Anstrengung, dazu die höhnische Gewißheit, daß es nicht einmal Zeugen der stumpfen Beharrlichkeit gab, mit der er durchführte, was niemand verlangte und was niemandem nützte – und eine Müdigkeit, so grau und grenzenlos wie das in der Sonne siedende Steinmeer –, das alles lag umschlossen in dem einen Wort: Langeweile. Kein Sträuben half ihm, er mußte sich, wenn auch noch so ungern, eingestehen: auf die Dauer war es ohne Menschen langweilig. Gewiß, die Natur sprach zu ihm, aber sie sprach in Rätseln. Und bald begann sie sich zu wiederholen, um schließlich ganz zu verstummen, weil er es aufgegeben hatte, sie zu befragen, überdrüssig der Antworten, die neue Fragen waren ...

So begegnete er mir: ein erschöpfter, trotziger Junge. Sonst, wenn ich ihn traf, bemerkte er es gewöhnlich nicht, oder er wollte es nicht bemerken. Jetzt aber, kleinmütig und allein, konnte er mir nicht ausweichen. Ich stellte ihn.

„Genug!" sagte ich zu ihm. „Geh heim! Gib zu, der Plan war kindisch und eitel."

Er antwortete nicht. Aber die Entschlossenheit, mit der er nach der Schönfeldspitze blickte, war nicht mißzuverstehen.

Ich versuchte es freundlicher. „Ich weiß, du hörst mir nicht gern zu. Du fürchtest dich vor mir. Hast Angst, ich könnte dir mit Vorschriften die Freiheit rauben. Du hast nicht unrecht. Das heißt, rauben will ich sie dir nicht, in ein Ziel will ich sie verlegen."

Der Junge lachte höhnisch auf. „Das kenne ich. Von den Herren Lehrern. Auch du willst es mir nicht gönnen, daß ich ein Waisenkind bin, fröhlich, weil ohne Eltern, die einen fesseln, die einen zwingen, in ihrem Trotte mitzutrotten, glücklich, weil es keine Zäune für mich gibt, keine Furcht vor Fremdem, Unbekanntem. Du willst mich zähmen. Aber ich bin wild und will es bleiben. Hier in der Urnatur bin ich zu Hause, nicht in den Parks der Zwerge!"

Das wiederum war mir nichts Neues. Ich hatte schon öfters, aber immer ohne Erfolg, versucht, ihn davon zu überzeugen, daß ohne Verantwortlichkeit leben nicht Freiheit sei. Nur ungern redete ich auf ihn ein, denn, wenn ich sie auch nicht billigte, ich liebte seine Schwererziehbarkeit. „Glaubst du wirklich, daß du an Größe zunimmst“, fragte ich, „indem du jene fliehst, die du als Zwerge bezeichnest? Der Wasserträger steigt hundertmal im Jahr zu den Schutzhütten hinauf. Willst du einer werden?“

„Nichts will ich werden! Sein will ich! So, wie ich bin. Denn so gefalle ich mir.“

„Mir nicht. Nur dem Augenblick leben, das dürfen Kinder. Du aber bist fünfzehn Jahre alt. Denkst schon an Mädchen. Fragst nach dem Sinn des Daseins. Zielst über dich und über den Tag hinaus.“

Der Junge wurde freundlicher. Es schmeichelte ihm, seine Mannesregungen und Grübeleien bejaht zu hören. „Was schimpfst du mich denn dann?“ fragte er. „Das lockt mich ja gerade hierher in die unzähmbare Natur, wo tausend Jahre nichts sind, wo nur das Eigentliche gilt.“

Ich unterbrach ihn. „Nein! Hier oben gilt es nicht. Wenn überhaupt, so wirst du es nur unter Menschen finden. Die Natur kennt nicht einmal Freundschaft. Und das Eigentliche ist viel mehr als Freundschaft, aber doch etwas Ähnliches, nur daß es weiterwirkt, über alle Zeiten hinweg, daß es nicht vergeht, solange es Menschen gibt. Obwohl die wenigsten davon wissen, ist es das Eigentliche, das sie erst zu Menschen macht. Es webt ihr Geschlecht zu einer Einheit, die gegen und über die ganze Welt gesetzt ist, samt ihren Sternen und Jahrmillionen, ihren Ozeanen und steinernen Meeren. Auch kannst du es niemals allein finden. Nur in Gemeinschaft findest du es. Nein – finden ist nicht das richtige Wort. Denn es ist sein Wesen, daß es nicht existiert. Gerade darum ist es unvernichtbar, die Wurzel aller Wurzeln, weil es fortwährend aufs neue erzeugt wird: durch den Menschen, und nur durch ihn, indem er sich als Mensch unter Menschen bewährt.“

Der Knabe hatte gläubig zugehört. Mein letztes Wort aber erregte seinen Unwillen.

„Ihr müßt euch bewähren! Das sagt auch der Oberlehrer Mager. Hübsch brav sein und ein Streber, heißt das. Laß mich in Ruhe mit den tüchtigen Erwachsenen. Ich kenne sie. Häßlich sind sie, und Heuchler dazu."

„So? Und wie verhält sich das mit deinen Sternen, den Künstlern, den Helden und Denkern? Waren das keine Erwachsenen? Haben sie auf dem Steinernen Meer gewirkt oder zwischen Oberlehrern und Strebern?"

Er gab nicht nach. „Das ist mir gleich. Ich bin lieber hier", erwiderte er ärgerlich. „Du willst mich ins Tal zurückholen. Und ich sage dir, ich will nicht. Jetzt erst recht nicht."

„Wenn du so sprichst, dann muß ich Zwang anwenden."

Er lenkte sofort ein. Er wußte, ich war der Stärkere. „Laß mir noch dieses eine Mal meinen Willen", schlug er vor, mit einer Stimme, die harmlos klingen sollte. „Nur noch auf die Schönfeldspitze, den Hochkönig und den Hundskopf laß mich! Es ist meine letzte Ferienwoche."

Ich antwortete ihm nicht. Ob er es spürte, daß es keinen Aufschub gab? Anmerken ließ er es sich nicht. Er begann den mühevollen Aufstieg, verschlossen, unnachgiebig. Er wollte recht behalten.

Oben angelangt, schräg gegen den eisigen Wind gestemmt, ließ er den Blick über die Wolken und Berggipfel zu seinen Füßen schweifen. Dann, aus einem Übermaß von banger Erwartung und Abschiedsgram – denn er fühlte mich im Rücken, Entscheidung heischend –, sandte er einen langen Schrei ins beginnende Nebeltreiben, einen Schrei, den nur ich vernahm und den ich nie mehr vergessen sollte.

Behutsam schloß ich ihm den Mund, bis er nicht mehr atmete. Dann nahm ich Leib und Seele des Knaben, seine Kleidung, den Rucksack mitsamt dem schweren Kristall, den Hut und den Bergstock und stieg rasch zu Tal.

Den Angehörigen entging es, daß der Jüngling, der am Abend braungebrannt, aber nicht blumengeschmückt, mit den Bergschuhen fest auftretend, ins Zimmer kam, kein Knabe mehr war.

Nur in dem langen, forschenden Blick der kleinen Schwester spürte ich Verdacht. Und ich sann noch lange, ehe ich einschlief, ob ich recht getan …

Zweiter Teil

Ein unwahrscheinliches Wiedersehen

[illegible]

Als ich [illegible]
seit [illegible]
können [illegible]
mehr [illegible]
tauchen [illegible]
viele [illegible]
SA-[illegible]
geschr[illegible]
men [illegible]
mand a[illegible]
Oder [illegible]
schalte[illegible]

Nicht [illegible]
setzt. [illegible]
freiwill[illegible]
und [illegible]
braune[illegible]
Leipzig [illegible]
wurde [illegible]
[illegible]
Die re[illegible]
auf. [illegible]
wir ras[illegible]
zur Sp[illegible]
überha[illegible]
Weiter[illegible]
angeta[illegible]

In [illegible]
gesch[illegible]

„Choroscho"

Als ich im März 1933 Deutschland verließ, hatte ich schon seit einigen Wochen meine Wohnung nicht mehr betreten können. Seit dem Reichstagsbrand wagte ich auch nicht mehr, wie bis dahin, bei Genossen oder Freunden unterzutauchen. Ich hätte sie allzusehr gefährdet. Oder sie mich, viele mußten ja selbst Tag und Nacht damit rechnen, von SA-Leuten aus der Wohnung geprügelt, in ein „Sturmlokal" geschleppt und zur weiteren Mißhandlung bei der Geheimen Staatspolizei abgeliefert zu werden. Grüßte einen jemand auf der Straße, so erschrak man. War der ahnungslos? Oder hatte er – nichts zu befürchten? Hatte er sich gleichgeschaltet?

Nicht nur die Wohnung und die Verlagsräume waren besetzt. Auch Geld von der Bank zu holen hätte bedeutet, sich freiwillig zu ergeben. Auf der Bahn, an den Kartenschaltern und auf den Bahnsteigen, überall lauerten Burschen im braunen oder schwarzen Hemd. Mein Billett – zunächst bis Leipzig, damit der Eindruck einer Geschäftsreise erweckt wurde – hatte meine Frau gekauft. Ich nahm mir eine Bahnsteigkarte und begleitete sie zum Zug, Blumen in der Hand. Die reichte ich ihr kurz vor der Abfahrt zur Wagentür hinauf. Erst als die Räder sich zu drehen begannen, tauschten wir rasch die Plätze. Sie winkte jemand anders nach, ehe sie zur Sperre zurückging. Gepäck hatte ich keins. Ich besaß überhaupt nur noch, was ich anhatte, und das Geld für die Weiterfahrt nach Salzburg. Doch die Zeit war nicht dazu angetan, verlorenen Dingen nachzutrauern.

In dem Maß, wie das Bild der Heimat durch das, was dort geschah, immer mehr beschmutzt wurde, begriff ich: nach unserer Rückkehr wird Deutschland nicht mehr sein, was es war, als wir es verließen.

Mein Leben vor 1933 gehörte bald einer fernen Vergangenheit an. Die Fäden, die mich damit hätten verbinden können – alte Korrespondenz, Bilder und Manuskripte –, waren in Hände gefallen, die den Revolver entsicherten, wenn von Kultur die Rede war. Gemessen an dem, was diese Hände fremden Völkern und, nicht nur zuletzt, dem eigenen antaten, zählte mein Verlust selbstverständlich nicht ... Und doch – wie habe ich mich gefreut, als ich 1949, nach meiner Rückkehr aus Amerika, wieder vor mir liegen sah, was ich nicht sonderlich behütet hatte, als ich es noch besaß: mein Tagebuch aus den Jahren 1913/14 und ein Schulheft mit Gedichten und Aphorismen. Aber mehr noch beglückten mich die Umstände, denen ich das Wiedersehen mit diesen Zeugnissen meiner ersten Schritte in die Literatur verdankte.

Eine junge Genossin, mit der mich eine alte Freundschaft verband, hatte sich, als sie hörte, meine Wohnung in Wannsee sei besetzt worden, dorthin gewagt, um für mich wenigstens einiges von Wert herauszuholen. Sie erklärte den SA-Männern, ich sei ihr Geld für Manuskriptabschriften schuldig geblieben, man solle ihr, da ich ja wohl nicht mehr im Land sei, die Schreibmaschine oder sonst etwas, das sie brauchen könne, als Entschädigung aushändigen. Die Kerle lachten nur – die Besucherin war so blond und blauäugig, daß sie keinen Verdacht schöpften. Sie ließen sie zwar nicht in die Wohnung, aber sie durfte sich „ein paar eigene Sachen“ aus einer Dachkammer holen, in der getippt zu haben sie behauptete. Ich hatte dort eine Art Privatarchiv. Rasch stopfte sie das Tagebuch und das Schulheft sowie einige Bücher und Broschüren, die ich in den zwanziger Jahren im Malik-Verlag veröffentlicht hatte, in ihre Einkaufstasche und verschwand. Daheim, in ihrem Siedlungshäuschen, mauerte sie die Sachen ein. Und sie blieben unentdeckt, obgleich die Gestapo einige Male Haussuchung bei ihr machte.

1943, als meine Freundin eines Tages mit dem Fahrrad von der Arbeit heimkam, sah sie mit Schrecken auf dem Schutthaufen, der noch am Morgen ihr Häuschen gewesen war, die Schriften und Bücher liegen – beschmutzt, aber unbeschädigt –, die sie zehn Jahre zuvor eingemauert hatte. Sie war seitdem ohne Nachricht von mir, wußte nicht einmal, ob ich noch lebte, aber es stand für sie fest: das mußte von den Bombentrümmern verschwinden, sofort, ehe die Gestapo kam. Sie trug rasch alles zusammen, schwang sich aufs Rad, fuhr zu einer politisch ahnungslosen Kollegin und bat sie darum, die Sachen vorläufig aufzuheben. Im Wäscheschrank fand sich Platz dafür.

Meine Freundin war nach Dresden gezogen. Nach Kriegsende hatte sie meine Adresse ausfindig gemacht und mir in ihrem ersten Brief von dem Vorfall berichtet. Auf meine Bitte hin suchte sie ihre Bekannte in Berlin auf. Dort lagen die Schriften tatsächlich noch auf ihrem Platz im Wäscheschrank, aber sie waren mit einem großen Blatt Papier bedeckt. Und das erklärte sich so:

In den letzten Kriegstagen hatte eine russische Truppe den Berliner Vorort besetzt, wo jene Bekannte wohnte. Die Bewohner mußten aus den Häusern heraus und auf der Straße warten, bis ihre Behausungen nach Waffen und Soldaten durchsucht waren, die darin versteckt sein mochten. Alle rechneten damit, daß die Rotarmisten mitnähmen, was sie lange entbehrt hatten oder was ihnen gefiel. Um so erstaunter war die Bekannte meiner Freundin, als sie in die Wohnung zurückkam. Es sah aus, als sei das, was die deutschen Soldaten im ersten Weltkrieg requirieren nannten und im zweiten organisieren, überhaupt nicht geschehen. War so etwas möglich? Die Frau begann genauer nachzuschauen. In der Küche, im Schrank, in der Kommode – alles war unberührt. Als sie aber die Wäscheschublade aufzog, in der noch immer meine Aufzeichnungen, Bücher und Hefte lagen, las sie auf dem erwähnten Blatt folgende mit großen Buchstaben geschriebenen Zeilen:

Malik-Verlag
choroscho
nix angerührt!

Wer hätte nicht schon den neugierigen Wunsch empfunden, einige Jahrzehnte nach dem Tode noch einmal auf die Erde blicken zu dürfen, um zu erfahren, wie das Leben inzwischen weitergegangen ist. Mir war, als ich die Seiten mit meiner noch recht schülerhaften Schrift durchblätterte, zumute, als sei mir das Umgekehrte und doch etwas Ähnliches gewährt worden: ich verdankte meiner Freundin das Glück, auf die eigene Jugend zurückblicken zu können, wie in einen Spiegel, den ich längst zerschlagen wähnte.

Aus dem Tagebuch des Primaners W. H.*

9. 4. 1913

Ich führe dieses Tagebuch, weil es mir Freude macht, meine Gedanken, Gefühle, Beobachtungen und Erlebnisse in Sätze zu fassen, dann, weil es mir später ermöglichen wird, mir meine geänderten Meinungen und Ausdrucksweisen zu vergegenwärtigen, meine Entwicklung zu verfolgen. Der Hauptzweck dieses Tagebuches sei aber der, zu lernen, Wesentliches von Unwesentlichem zu trennen.

12. 4. 1913

Nun ist mein siebzehnter Geburtstag vorüber. Ich weiß nicht, woher es kommt, daß ich an meinem Geburtstage eine außerordentliche Empfänglichkeit für Gefühlseindrücke habe und ein ungemeines Bedürfnis empfinde, zu lieben und geliebt zu werden. Vielleicht regt sich die Kindesliebe, die ich früher Varnscheins entgegenbrachte, besonders an einem Geburtstage. Ich will damit nicht sagen, daß Tante Lene und die anderen, die mir später zum Geburtstag Freude bereiteten, dies mit weniger Liebe getan haben, doch fehlte bei ihnen die fast philiströse Feiertagsstimmung und die Verwöhnung, die bei Varnscheins die Hauptsache machten. Auch konnte ich mich den Liebesbezeigungen nicht mehr so kindlich froh hingeben seit dem Tage, da ich Salzburg verließ und mit Begriffen wie „allein“, „selbständig“, „vernünftig“ meine Gefühlsregungen lenkte. Bis auf den heutigen Tag faßt mich jedoch eine Art Schmerz oder Trauer, ganz leise, wenn mein Geburtstag ist. Seit meinem

* Die gewählten Stücke umfassen etwa ein Achtel des Manuskripts; einige sind gekürzt.

zehnten Geburtstag konnte ich nie mehr so uneingeschränkt froh sein wie zuvor. Denn jedesmal kam ein kleiner Zwischenfall, der mir weh tat, wenn auch unmerklich für andere. Am meisten weh tat mir wohl, wenn etwas unternommen wurde nicht zu meiner Freude, sondern zu der eines anderen. Das ist sehr egoistisch, doch nicht unnatürlich. An meinem dreizehnten Geburtstag trug sich folgendes zu:

Helmut war aus München zu Besuch. Ich wohnte bei Tante Lene. Mein Geburtstag fiel auf den Ostersonntag, und ich freute mich daher doppelt darauf. Tante hatte mir versprochen, bei schönem Wetter einen Ausflug zu machen. Das Wetter war herrlich. Doch mein Ausflugstraum blieb leider nur ein Traum. Die Schwägerin meiner Tante mit ihren vier langweiligen und blöden Kindern kam gleich nach dem Essen. Das ärgerte mich natürlich, denn ich wußte aus Erfahrung, daß meine Geburtstagspläne Gefahr liefen, durchgestrichen zu werden. Mein Gesicht sah wahrscheinlich nicht wie Sonnenschein aus, und Tante Lene, die sowieso ärgerlich über den Besuch war, wurde über mich dazu ärgerlich, und das tat mir sehr weh. Denn ich verlangte in meinem Bedürfnis, nicht ignoriert zu werden, die Anteilnahme meiner Tante, nicht ihren Groll. Ich kämpfte mit den Tränen.

Jetzt setzte die Tragik ein. Gemäß den elenden Heußschen Familiengesetzen sollte das nächste Lokal aufgesucht werden, in dem man „gut säße". Das war der „Wartturm", eine halbe Minute von unserem Hause weg. Ich saß in traurigen Gedanken im Zimmer. Helmut auch, und ich erzählte ihm, daß *das* nun mein Geburtstag sei, auf den ich mich schon so lange gefreut habe. Wie ich gleich sah, fühlte Helmut mit mir und verstand mich. Tante kam in die Türe und machte mir, nicht gerade freundlich, klar, daß ich schon längst hätte vorgehen können und nicht immer der letzte sein müsse. Das fast böse Anreden konnte ich nicht mehr vertragen: ich brach in Schluchzen aus. Jetzt wurde Tante arg böse und fing mich meines Eigennutzes und meiner Unzufriedenheit wegen zu schelten an. Da griff Helmut für mich ein. Er ließ sich in seiner Leidenschaftlichkeit entschieden zu weit hinreißen und warf der Tante Mangel an Gefühl, Verständnis und vielleicht sogar Gemüt vor. So übertrieben und kühn diese Worte auch waren, sie hatten, vielleicht gerade deshalb, die Wirkung, daß Tante, wohl erstaunt, solche Worte aus dem Munde eines nicht Achtzehnjährigen zu hören, mir zuletzt einen Kuß gab und sagte, daß sie die Anwesenheit der Gäste auch sehr unangenehm empfinde und sie mir ja so gerne Freude machen würde, wenn sie das könnte. Sie bat mich, ihr durch mein Betragen nicht noch mehr Kummer zu bereiten, sie sei doch nun einmal verpflichtet, Verwandte ihres Mannes freundlich aufzunehmen. Damit war wieder Sonnenschein. Tante tat mir so leid, weil sie Komödie spielen mußte. Helmuts Fürsprache jedoch knüpfte das Band nur noch fester, das uns schon damals in allem einte.

19. 4. 1913
Ich glaube, daß Psychologie und Philosophie, Ethik und Ästhetik meiner Veranlagung wohl angepaßt sind, doch sehe ich in ihnen einzig und allein das Mittel zum Zweck, ihnen fehlt der unmittelbare Ausdruck der Schönheit. Und das weiß ich, ich suchte stets das Schöne, das ist das Reine, Adlige, Gesunde.

Wenn ich arbeite, das heißt schreibe, dann bin ich glücklich. Heute morgen erfuhr ich in der Schule, welche Riesenmengen von Arbeiten Hans Sachs geschrieben hat. Wenn ich auch weit von dem Wunsche entfernt bin, ihm das nachzumachen, so erfüllt es mich doch mit Zweifel, fast mit Ohnmacht, wenn ich mir entgegenhalte, daß ich eigentlich noch gar nichts geschrieben habe.

Ich las „Am Wege" von Hermann Bang. Äußerlich bewundere ich den Aufbau. Der Roman ist die Spanne zwischen zwei Ebben. Am Anfang Ebbe. Wenn Huus Katharina küßt, Flut, zuletzt wieder Ebbe. Eine Schlichtheit liegt in dem Werk, die ich noch nirgends gefunden habe. Ich weinte, obwohl die Tragik, die mich dazu trieb, mit keinem Wort ausgedrückt ist. Der Leser selbst schafft sie, und dadurch wird das Buch zum Erlebnis. Wem es aber nicht dazu wird, für den ist es sterbenslangweilig. Noch etwas Großes ist in dem Buche, es zeigt, daß auch der kleinste Mensch ein großer Mensch sein kann, daß ein Funken Größe in der kleinsten Seele glimmt. Wenn diese Seele nicht durch Niedrigkeit verrammelt ist, dann steht stets eine Tür dem Winde offen, der den Funken zur Feuersbrunst oder, wie in Bangs Buche, zu einer geräuschlosen, aber um so gieriger leckenden Flamme anfacht. Pessimistisch wie dieses Buch auch ist, in der soeben genannten Erkenntnis liegt ungemeiner Optimismus, vielleicht ungewollt.

24. 4. 1913
Gestern schwamm ich zum ersten Male in diesem Jahre im Rhein. Es war sehr kalt, 10 bis 12 °C. Ich hielt es daher nur etwa 3 bis 5 Minuten aus. In der Sonne war es sehr warm. Ich rudere sehr gern, weil es stark macht und ich mich gerne körperlich anstrenge, besonders ohne Kleidung.

13. 5. 1913
Der Hauptmangel an meinen Gedichten ist, daß ich keinen einheitlichen Aufbau zustande bringe, vielmehr zu oft zu Stellen und Gedanken zurückkehre, die ich schon vorher gebracht habe. Dies zeigt, daß ich irgendeinen Gedanken beim ersten Aussprechen nicht völlig erschöpfen konnte. Ein anderer Fehler ist vielleicht der, daß ich zuviel in Bildern rede, in diesem einzelnen Falle besonders von Licht, Sonne und Leben. Auch muß ich versuchen, alles einfacher, naiver, weniger schwulstig zu bringen, nur das Allernotwendigste.

Nicht eher sind Alice und ich berechtigt, uns gegenseitig zu sagen, daß wir uns lieben, als bis keiner mehr dem anderen etwas verheimlicht (es sei denn aus Scham oder er wolle ihm Kummer ersparen) und keiner von uns sich freuen kann, ohne zu denken, freute sie (bzw. er) sich doch mit, keiner leiden kann, ohne zu wünschen, tröstete sie (bzw. er) mich doch. Dieses Verhältnis besteht zwischen Alice und mir von keiner Seite, also wäre es Schwäche von mir, ihr von Liebe zu reden. – Ich habe das sicherlich nicht sehr gut und deutlich ausgedrückt, das kommt daher, daß man nur das klar, also gut ausdrücken kann, worüber man völlige Klarheit besitzt.

24. 5. 1913

Ein Künstler, ein wahrer Künstler muß und kann dem größten Sumpf und der größten Verkommenheit Schönheit absehen, denn *„schön" ist kein relativer Begriff: das Charakteristische ist schön.* Aber ich möchte nie dem „Häßlichen" die Schönheit absehen und sie wiedergeben. Ich gebe wohl zu, daß dies so berechtigt ist wie das „Wandeln auf der Menschheit Höhen", verwerfe es also keinesfalls, will es aber dennoch nach Kräften vermeiden; oft nämlich wird der Beschauer nur das Häßliche an der Schönheit, nicht aber die Schönheit am Häßlichen sehen.

3. 6. 1913

Mit Staadt sprach ich über Ästhetik beim Essen. Mit Willi über das Wollen der Futuristen. Mit Herrn Becker drei viertel Stunden über den Satzteil: „... eine Bergspitze, die *unsern* blauen Himmel durchstößt."

Ich gehe beim Klassenausflug nicht mit aus folgenden Gründen: erstens, weil ich nicht gern Alkohol trinke und aus Erfahrung weiß, daß bei solch einer gemeinsamen Tour die wenigsten nüchtern bleiben. Zweitens kann man sich gar nicht gut unterhalten, denn wo mehr als zwei Pennäler zusammen sind, werden meist zotige Redensarten geführt. Und das ärgert mich immer hintan. Darum gehe ich lieber gleich nicht mit. Dann aber kann ich hier die freie Zeit benutzen, um ins Tagebuch zu schreiben. Außerdem spare ich auf die Art vier bis fünf Mark, die mir, richtig verwandt, mehr Freude machen als der Klassenausflug. Am Nachmittag will ich auch rudern gehen.

Jetzt zur Ästhetik des Essens. Staadt und ich sind uns einig, daß man von einem anständigen Menschen verlangen kann, daß er anständig ißt. Staadt meint nun, Fisch mit zwei Gabeln zu essen, Kartoffeln nicht zu schneiden, Spargel mit den Fingern zu essen seien unbedingte Lebensbedingungen eines brauchbaren Menschen. Es sei überall da, wo es anständige Leute gibt, anständig. Dem war ich zuwider. Was mich anbetrifft, werde ich Spargel nie mit den Fingern essen und die anderen Gäste anschmatzen und -spritzen und Sprotten und Bücklinge lieber mittels Messer ihrer Haut entledigen als mit der Gabel; das ist nebensächlich. Nun sagte ich aber, daß ich auf dem Lande, sagen wir in Bauerbach, es als ungehörig betrachte, beim Fischessen zwei Gabeln zu verlangen, wenn Messer und Gabel daliegen. Damit, das Gefühl habe ich wenigstens, tut man dem Bauer weh, man kehrt den gebildeten Städter heraus, und das ist unanständig.

Dann erzählte mir Staadt, er habe in Basel bei der Table d'hôte in einem der feinsten Hotels mitgespeist, da seien ihm gegenüber ein Schweizer und dessen Frau gesessen, die gar keine Manier zu essen hatten. Es handelte sich nun um die Frage: Kann das ein anständiger Mensch sein oder nicht? Ich bin der Meinung, vom Essen darf man nicht immer auf den Menschen schließen. Denn die gebräuchlichen Formen beim Essen sind nicht aus dem feinsten ästhetischen Gefühl erstanden, also können sie dem höchstentwickelten Menschen nicht angeboren sein, sie sind nur Früchte der Erziehung, die sagt aber nicht viel vom Menschen. Dann wird das gesellschaftsgemäße Essen durch die Achtung bedingt sein, die man der Gesellschaft entgegenbringt, die es vorschreibt; dem einen geht es sehr, dem andern gar nicht zu Herzen, wenn die Gesellschaft ihn scheel ansieht. Es ist nicht zu leugnen, daß allzu formloses Essen ein Mangel an Ästhetik ist. Doch muß ein anständiger Mensch nicht immer viel ästhetisches Gefühl besitzen. Unter einem anständigen Menschen verstehe ich einen Menschen, den man achten kann. Staadt meinte, ein Mensch, der nicht gelernt habe, formgemäß zu essen, könne es ja bei der Tafel absehen, wie andere diese oder jene Speise essen, also sei es eine unverzeihbare

Schuld, wenn er formlos esse. Ich meine, solch ein Absehen zeigt Höflichkeit, läßt aber Selbstbewußtsein und Rückenmark vermissen. Ein Mensch, der sich nicht viel um die anderen und ihre Angewohnheiten kümmert, hat immer eine gewisse Selbständigkeit, die zu loben ist. Das waren so unsere Theorien. Was jetzt den Schweizer samt Ehehälfte am Baseler Gästetisch betrifft, erzählt mir Staadt, daß jedermann ihn mit Abstoßung betrachtet habe und niemand ihn angesprochen habe außer ihm selbst. Ich entgegnete, es sei seine Pflicht und Schuldigkeit gewesen. Da erwiderte Staadt, es sei doch nicht seine Pflicht, noch dazu als Jüngster unter den Gästen, einen beliebigen Gast anzureden. Er konnte mir nicht folgen, als ich ihm zu erklären versuchte, daß das kein beliebiger Gast gewesen sei, sondern einer, von dem sich die anderen ohne Fug und Recht absonderten. Und Stillschweigen wäre Absonderung gewesen, also auch Ungerechtigkeit …

Vorgestern ging ich durch die Nikolaistraße und sah da ein schwarzes Mädchen mit dunklen Augen, etwa achtzehn Jahre alt, das schön war, aber einen ganz anderen Eindruck auf mich machte als alle bisherigen. Sonst, wenn ich ein schönes Mädchen sah, dachte ich mir: Kenntest du sie doch näher, um zu erfahren, ob sie liebenswert ist, und könntest du, wenn du sie nach längerem Kennen deiner Liebe wert hieltest, sie ganz besitzen und mit ihr glücklich lieben, nicht für Stunden, für immer. Das dachte ich nur halb, das fühlte ich nur unbewußt und nicht so klar. Wie anders war dies mit dem oben beschriebenen Mädchen. Bei ihr kam mir der Gedanke an näheres Kennenlernen illusionsverderbend vor. Ich mochte sie gar nicht kennen, nicht wissen, wer sie war. Daß sie anders war als die anderen, sah ich, und das genügte mir. Ich fühlte den jähen Wunsch nach ihr, einige Stunden mit ihr zusammen zu sein, nicht zu reden, nur zu küssen, zu lieben. Wie ein Gedanke, der nie ausgesprochen wird, wollte ich sie in mir besitzen, das Sprechen hätte Duft und Einsamkeit geraubt. Und dennoch war mein Begehren keine Wollust, vielleicht ungewollter Sinnentrieb. Ich hätte sie besitzen mögen, auf daß ich in meinem ganzen Leben gewußt hätte, es gibt ein Weib, das hat dir gehört, doch du kennst es nicht, das liebt dich, doch du weißt es nicht, du liebst sie und vermißt sie nicht. Ich wollte nie wieder etwas von ihr wissen, hören, sehen, nicht einmal, ob sie tot oder lebendig, glücklich oder nicht, edel oder verderbt ist. Nichts, sonst wäre sie Mensch geworden. Menschen will ich kennen, begreifen, achten, um sie lieben zu können, und verlange dasselbe von ihnen; doch dies Mädchen rief in mir das Verlangen wach, sie so zu besitzen, daß keine Erinnerung des Geistes, sondern ein Faden meines Nervengewebes das einzige sein sollte, das sie mir gab, etwas, das mich um Klänge reicher macht, das ich nicht kenne, kannte, niemals kennen werde und dennoch besitze.

18. 6. 1913
Gestern kaufte ich mir: E. T. A. Hoffmann, „Menschen und Nächte". Ich wollte es eigentlich Helmut schenken, doch gab ich ihm „Diotima" statt dessen. Heute las ich: Heinrich von Kleist, „Der zerbrochene Krug".

Gerhart Hauptmanns Festspiel „1813" wurde auf allerhöchsten Wunsch in Breslau entgegen vertraglichen Verpflichtungen nicht mehr aufgeführt. Josef Lauff, der Schmierer, wurde geadelt. Nettes Beispiel. Wütend machen können mich solche Urteile der gebildeten Welt wie: Rudolf Herzog, Stratz und Freiherr von Schlicht, von Ompteda und wie die Rudolfs und Freiherrn alle heißen, das seien Repräsentanten der modernen Literatur. Repräsentanten der gesellschaftlichen Geschmacklosigkeit und Hohlheit sind sie. Gerhart Hauptmann, den großen Dichter, darf jeder Berliner Redakteur und jeder Offizier bekritteln. Wie kann man dem deutschen Volk, dem Breslauer Festkomitee aber mit seinem Hurrapatriotismus auch zumuten, ein Festspiel ansehen zu wollen, das ein Puppentheater ist, und einen Blücher anzuhören, der „Hundsfott" zu sagen vergißt. Bei meiner königstreuen, salonfähigen Pensionsfamilie rufen meine gottes-(Verzeihung), hoheitslästerlichen Reden gesunde Entrüstung hervor. Der Kronprinz werde doch einmal Kaiser (unberufen), und es sei eine Taktlosigkeit, eine andere Meinung zu haben als der zukünftige Herrscher, nun sie noch gar zu äußern. Auch sei ich kaum siebzehn Jahre, da könnte man keine eigene Meinung haben, alles, was ich verfechte, habe ich gelesen (hätte ich es nur gelesen, aber die deutsche Ehrlichkeit läßt warten, nicht ohne Grund).

1. 7. 1913

Auf meinem Bücherbrett stehen genau 79 schöngeistige Bücher, die mir gefallen, die meine Freude und mein Stolz sind. Schlank und sicher stehen sie da in ihren schönen Einbänden und den selbstangefertigten Pergaminhüllen, die sie, wie ein Spötter behauptete, hermetisch verschließen. In allen anderen Dingen kann ich mich weder allzu großer Ordnung noch vorbildlicher Sauberkeit rühmen, doch meine Bücher behandele ich, als ob sie mein kostbarstes Gut auf Erden wären. In der Tat sind sie es. Früher konnte ich stundenlang ruhig bei meinen Briefmarken sitzen, ohne die Geduld zu verlieren, heute könnte ich stundenlang vor meinen Büchern sitzen und langsam von dem einen nach dem anderen blikken und so ihren Inhalt durch das Gewebe meiner Erinnerung hindurchschimmern lassen. Das macht uns die Bücher, die wir besitzen, lieb und unentbehrlich: wir lernen sie nicht kurz kennen, wie etwa einen Fremden im Zug, wir freunden uns an mit den Büchern, durch ihre stete Gegenwart wurzeln sie immer tiefer in unserem Herzen und in unseren Gewohnheiten, sie werden ein Teil von uns, man wählt zwischen ihnen, zieht heute dieses, morgen jenes vor, macht sich Vorwürfe, wenn man eins längere Zeit mißachtet hat. Man sieht auf ihr Äußeres. Es ist ja auch ein Kunstwerk, solch ein Buch mit seinen ruhigen Linien, hübschem Einband und unvergänglichen Lettern. Bisweilen zeichne ich die Typen oder die Verlagsvignette ab und streichle das Papier. Oder ich sitze über irgendeiner Stelle, die mir besonders gefällt, und stelle mir vor, wie der Verfasser am Tisch saß, nervös, diese und jene Wendung versuchte, Tee trank und wieder versuchte, aufstand und an den nächtlichen Himmel blickte, sinnend einer der letzten leeren, polternden Elektrischen nachsah, dann plötzlich aufzuckte und den Gedanken niederschrieb und erst aussetzte, bis er so dastand, wie ich ihn jetzt lese.

5. 7. 1913

Meine Wirtsfamilie rät mir, aus der Schule zu gehen, damit ich ungestörter arbeiten und mich gänzlich meinen schriftstellerischen Zielen widmen kann. Aber die Schule hat ja den Vorteil, daß sie einem denkenden Menschen so zuwider ist, daß er sich mit Energie und Eigenwillen, allein schon aus Widerspruchsgeist, derart ins Entgegengesetzte, also Nichtphiliströse und -geheuchelte, verbeißt, wo und wann er nur kann, wie er es ohne die Gegenkraft gar nicht vermöchte. Erst dann werde ich die Schule mit Befriedigung und ohne Zugeständnisse verlassen können, wenn ich sie bezwungen habe, wenn sie mir, nicht ich ihr, unterlegen ist. Bis dahin will und muß ich mich fügen, sonst bin ich ein Schwächling. Ich verhalte mich anderen unangenehmen Ereignissen und Einrichtungen gegenüber geradeso. Wenn ich allein einer Rotte Rowdys begegne, der ich's von weitem ansehen kann, daß sie mich anrempeln wird, sobald ich an ihr vorbeikomme, und deshalb einen anderen Weg einschlage, so werde ich mich niemals ganz gerechtfertigt und befriedigt fühlen. Viel größere Genugtuung verschafft es mir, wenn ich nicht ausweiche, sondern mit geballten Fäusten den einmal eingeschlagenen Weg weiter verfolge, gewillt, alles niederzuzwingen, was sich mir entgegenstellt. Zwar komme ich auch selber nicht mit heiler Haut davon, doch der errungene Sieg läßt alle Niederlagen vergessen. Und geradeso werde ich's mit der Schule machen, denn ich fühle mich ihr gewachsen, werde in dieser Komödie mitspielen bis zum Schluß.

27. 7. 1913 – Mannheim

Nun habe ich entdeckt, warum der Eindruck eines Menschen auf mich so sehr vom Aussehen seines Schuhwerks abhängig ist. Von allen Kleidungsstücken hat der Schuh das persönlichste Aussehen. Ich glaube kaum, daß zwei von verschiedenen Personen getragene Stiefel gleichen Fabrikates sich je ähneln werden. Das sah ich an den in Reih und Glied aufgestellten geputzten Schuhen heute morgen. Obwohl ich mich nie bis jetzt für die Fußbekleidung meiner Umgebung sonderlich interessiert hatte, sah ich jedem einzelnen Paar an, wem sie gehörten. Meine Stiefel kamen mir eben wie meine Stiefel vor. Aus den Falten der Schuhe meinen eigenen Charakter etwas objektiv zu erkennen und zu beurteilen gelang mir nicht. Anders bei den Schuhen anderer. Die Charakteristik lag hauptsächlich in der Bruchfalte über den Zehen und dem Glanzlicht auf der Kappe. Außerdem noch sehr deutlich im Lauf der Schnürbänder, dem Grundriß des Stiefels und der Sicher- oder Unsicherheit, mit der er auf dem Boden stand. Am besten, glaube ich, läßt sich das Alter der Träger bestimmen, auch wenn die Schuhe gleich groß sind. Dann Eigenschaften wie Naivität, Raffinesse, Linkischkeit und Geschicktheit, frech oder scheu. Ich habe noch nicht herausfinden können, welcher Gestalt die oder jene Falte und Form bei der oder jener Eigenschaft sein muß. Doch glaube ich, es muß hierin eine gewisse Gesetzmäßigkeit geben, von der ich aber keine Ahnung habe, die ich nur instinktiv benutze. Daraus ersieht man übrigens auch, wie außerordentlich charakteristisch für jeden Menschen sein Gang ist. Am Schritt eines Menschen merkt man es auch. Am Schuh tritt die Eigenart des Ganges besser hervor, da sie sich sozusagen von der ganzen Länge des Körpers auf den kleinen Raum des Schuhwerks überträgt und so konzentriert. Etwa wie die Kraft am kürzeren Hebelarm größer sein muß.

31. 7. 1913

Dem „Anfang" will ich über Bücher schreiben. Ihre hohe Bedeutung im heutigen Zeitalter, die schlechte Behandlung durch Käufer und Verkäufer, die Berechtigung, ja Notwendigkeit des persönlichen Besitzes, dann besonders über

Schulbücher, ihre Häßlichkeit und schreckliche Zusammenstellung, das unanständige Weglassen von „anstößigen" Worten, die uniformierten Klassiker- und fremdsprachigen Schülerausgaben (Velhagen & Klasing, Reclam, Bongs „Goldene Klassiker"), das langsame Lesen und Wortkauen und Auswendiglernen, die hirnverbrannte Stellungnahme der Lehrer gegen Dinge, die sie nicht kennen oder verstehen. Für und gegen die Leihbibliotheken. Zeitschriften zeichnen den Strom der Gegenwart, machen mit dem Neuesten bekannt. Erörtern zeitgenössische Meinungsverschiedenheiten, zeigen Bücher an und besprechen sie. Aus kleineren Beiträgen lernt man die verschiedensten Schriftsteller kennen und gewinnt einen gewissen Halt beim Kaufen und Beurteilen von Büchern. Ihr Erscheinen bildet sozusagen einen Lichtstrahl im gleichmäßigen Lauf der Tage, man lebt stets in Erwartung, Hoffnung.

29. 10. 1913

Ich mußte auf Tante Lenes Wunsch hin kündigen. Das ist mir nicht recht, wenn es mir auch die Möglichkeit gibt, neue Menschen kennenzulernen. Warum ich kündigen soll, ist mir nicht ganz klar, wahrscheinlich des Geldes wegen ...

Am 1. November ziehe ich aus. Ziehe ich nur aus? Verlasse ich nichts? Habe ich nur gewohnt wie etwa ein untergestelltes Möbelstück? Nein, in mir ist Trauer, ich fühle einen Abschied nahen, nicht einen Umzug. War ich nicht glücklich, gut und herzlich, wenn ich oft abends mit der Familie zusammensaß und über das und jenes redete, mich erhitzte, sah, wie die drei Frauen sich so anmutig Mühe gaben, mir zu folgen, mich nicht übereilt zu verurteilen, sich in mich einzuleben, mir nicht die Mutter „ersetzen" wollend, da sie das ja gar nicht vermocht hätten, wie sie vielmehr versuchten, sich Eifer gaben, mir mehr als gleichgültige Menschen zu sein, meine Achtung und Liebe zu gewinnen. Man achtete mich. Und das verlangen wir jungen Menschen ja vor allem anderen, und das ist es, was man uns immer und immer vorenthält. Das macht uns ja allen, die wir noch an irgendeinen ideellen Wert in uns glauben, die Schule so zur Qual, daß wir nicht geachtet werden, daß wir zu Dienern erzogen werden (verdammt sei Goethe um dieser Forderung willen) anstatt zu stolzen, freiblütigen Göttern. Das ist es ja, was gerade wertvollen Söhnen den Vater zum schlimmsten Feind werden läßt. Nie spielten die Frauen, mit denen ich noch vor einer Stunde über schöne und wehmütige Dinge und Gedanken redete, die Überlegenen oder auch nur Älteren mir gegenüber aus, sie ließen sich gerne von mir belehren, tadeln und bekehren, sie wurden zu Kindern, so daß ich mich selber wieder als Kind fühlen konnte, ohne mich zu demütigen. Wie schön ist es, ein Kind zu sein, wenn man sich nicht verraten fühlt. Wie oft hat gerade Frau von Franquet und auch Frau von Baer mich mit ganz erstaunten Augen und offenem Munde angesehen, wenn ich ihnen von irgendeinem besonders billigen und zugleich schönen Buch erzählte. Dies war kein Staunen aus unwissenden Herzen. Nein, es war das Bedürfnis, nie indifferent gegen mich zu sein und das, was mich erregte, auch zu ihrem Erlebnis werden zu lassen. Wenn sie es zu plump taten, so daß ich den guten Willen, mir irgendwie wert zu werden, leicht erkennen konnte, wer würde darum sich nicht hingezogen fühlen und ein gewisses seelisches Band empfinden?

Heute, da ich in ein paar Tagen all dies Zartgefühl und Teilnehmen sicher verlieren werde, heute erst wird mir die Schönheit all dieser Handlungen klar und das Wohltuende, das sie meiner Seele waren. Ich bin nicht zum Asketen geboren, und wenn ich auch oft das Bedürfnis habe, ganz, ganz allein und ungekannt zu leben, ganz, ganz verkannt und auf mich angewiesen zu sein, so geschieht das im Vertrauen auf meine Kraft, es ohne Klage auszuhalten, aber meine wahre Sehnsucht, meine Sehnsucht, an der ich mich nicht prüfe und stähle, sondern labe, ist die nach Gemeinschaft, Verständnis und Liebe. Ich habe in den drei Frauen nicht nur die Familie, sondern die Kameradinnen gefunden, die ich unbedingt brauchte, um geistig weiterzuschreiten. Und diese Kameradinnen verliere ich, weil Tante Lene es für nötig hält, daß ich künftighin unter Kontrolle lebe, daß mein Kommen und Gehen nicht willkürlich ist, daß ich „Familienanschluß" habe und daß ich nicht auf einer Mansarde, sondern im selben Abschluß wie meine Pensionsleute wohne. Dies schmerzt mich. Mehr schmerzt mich, daß Tante Lene nicht fühlen kann, welches Unrecht und Leid sie mir antut. Tante ist überzeugt, daß sie zu meinem Besten handelt, und ich bin überzeugt, daß sie es will und vermeint. Doch ist es hart für mich, zu sehen, wie die Kluft zwischen mir und ihr immer unüberbrückbarer wird. Ich war ihr Liebling, und auf mich setzte sie Hoffnungen, die ich ihr nicht erfüllen werde, nicht darf und nicht kann. Sie spricht in ihrem Brief davon, daß „Seelenadel" das Wichtigste am Menschen ist. Sie weiß nicht, was das ist. Sie fühlt es, aber sie kann es nicht fassen. Tante Lenes Verstand ist im Geld derb und hart geworden. Tante Lene fühlt unbedingt, daß wir recht haben, Helmut und ich, sobald sie aber Entschlüsse faßt, Briefe schreibt oder mit uns redet, kommt ihr Verstand und vergewaltigt ihr Fühlen. Tante Lenes Intellekt ist unwiderruflich unser Feind. Aber auch der ihrige. Unsere Mutter in ihr, die Liebe und das Gefühl des Hingezogenseins, ist krank und kleinlaut. „Verbittert" nennt man das im alltäglichen Leben. Darum ist und wird es auch immer mein Bestreben bleiben, ihr Gefühl zu nähren mittels liebevoller Briefe, die sie die geistige Kluft zwischen uns nicht fühlen lassen. Mit Vernunftgründen wird Tante zu keinem Meinungswechsel zu veranlassen sein. Vielmehr würde man durch sie nur ihre materiellen „gutbürgerlichen" Vernunftgründe bestärken und ihre schönen und liebenswerten Eigenschaften verletzen.

30. 10. 1913

Als ich heute meinem Klassenlehrer, Oberlehrer Mager, den bevorstehenden Wohnungswechsel mitteilte, fragte er mich, ob ich ein Zerwürfnis mit der Familie von Franquet gehabt habe, und als ich ihm sagte, ich schiede im besten Frieden und zöge nur aus, weil mein Vormund nicht will, daß ich in einer Mansarde wohne, sagte er mit dem Brustton der Billigung: „Ja, das finde ich auch ganz richtig, das taugt nichts, auf einer Mansarde zu wohnen. Da schlafen doch allerhand Dienstmädchen nebenan, nicht wahr?“ Als ich dies bejahte: „Na, dann ist's ja gut, daß Sie jetzt ein Zimmer mit Abschluß bekommen.“ Ich weiß gar nicht, was sich diese Menschen eigentlich vorstellen. Die glauben scheinbar, ein Dienstmädchen nebenan könne mich um die Keuschheit bringen und ein Zimmer hinter dem Abschluß könnte mich daran hindern, sie aufzugeben.

31. 10. 1913
Vor einer Viertelstunde war Willi hier. Wir saßen ohne Lampe zusammen auf dem Bett, im leeren Zimmer, denn die Bücher und meine Habseligkeiten sind nach dem neuen Zimmer geschafft worden. Wir saßen da und konnten nur tastend erkennen, daß die Wände kahl und das Bücherregal leer war. Ich glaube, nicht nur mich überkam ein Weh bei dem Gedanken, zum letzten Male hier gesessen zu haben, geredet, gelesen, geträumt und geschrieben zu haben. Die Wände sind kahl, sage ich. Warum sind sie mir so gar nicht fremd und kalt? Weil sie nie mit Bildern behängt waren. Nur hier und da ein unscheinbares Bildchen an der weißgetünchten, aber blau aussehenden Wand, die klein ist und zugleich unbeschränkt wie ein Wölkchen am Himmel. Ich glaube, daß gerade die fast kahlen Wände mir das Zimmer so lieb und persönlich gemacht haben. Es läßt sich nicht beschreiben, wie keusch sie sind, ich könnte sie küssen. Sie sind so kindlich schamlos, appetitlich und unausfüllbar. Es ist reinste Wahrheit, wenn ich sage, daß ich diese Wände mit mehr Innigkeit angeblickt, träumend bewundert habe als irgendein Bild. Und erst die schiefe Wand. Sie macht so frauenhaft schelmisch und temperamentvoll einen Strich durch die Rechnung. Ganz hinten, wo sie den Fußboden trifft, wo das Dienstmädchen nie recht auskehrt, da ist sie wie Tausendundeine Nacht oder wie die Spielschublade meiner Kinderjahre in den hintersten, unausschöpflichsten Ecken. Am mei-

sten werde ich vielleicht den dreibeinigen Stuhl vermissen mit den Armlehnen. Dem danke ich's vor allem, daß ich das Sitzen bis in die Nacht hinein so gut vertragen konnte, denn alle halben Stunden gestattete er mir, den Rücken anzulehnen und die Arme auf die seitliche Lehne zu legen. So saß ich dann da, die Ellenbogen aufgelegt, die Finger verschlungen, und schlief halb, halb dachte und fühlte und wartete ich. Wenn ich dann nach einigen Minuten wieder zu lesen oder zu schreiben anfing, so war es mir, als sei ich frisch ausgeschlafen.

Ich bin glücklich, bin es, obwohl ich so ungern weg will. Denn gerade diese Notwendigkeit, die meine Unzufriedenheit hervorruft, zeigt mir, wie glücklich und verstanden ich in den letzten sieben Monaten gewesen bin.

12. 11. 1913

Heute morgen in der Mathematikstunde sagte ich zu Dr. Dörrie, die Schule sei ein Zuchthaus. Darauf erwiderte er, ganz so schlimm sei es doch nicht. Er habe sich auch aus der Schule gesehnt, als er so alt war wie wir, doch heute seien ihm jene Zeiten die schönsten, die er je genossen habe. Was für eine schöne Erinnerung sei es doch, zu wissen, daß es einem immer gelungen ist, die Lehrer zu täuschen, und man im Grunde immer schlauer gewesen ist als der Lehrer. Wir sollten uns seiner Worte erinnern, wenn wir dereinst älter sind. Er könne uns prophezeien, daß in zehn Jahren sich keiner mehr so glücklich fühle wie heute. Jetzt sei alles für uns vielversprechend und lebendig, doch nur zu bald sei alles dies vorüber, und plötzlich tauche der Satz in uns auf: „On frappe à la porte. Qui est-ce? C'est la mort."* (Eine Stimme unter den Schülern: „C'est la femme"**, allgemeines Gelächter.)

Ich habe meinem Lehrer nichts erwidert, sosehr es mir auf der Zunge lag. Erst jetzt will ich die schuldige Antwort geben:

* Es klopft an die Tür. Wer ist es? Es ist der Tod.
** Es ist die Frau.

Jawohl, wir sind unglücklich, und dennoch werden wir uns nach zehn Jahren nach diesen Zeiten zurücksehnen, die uns heute nicht rasch genug verfließen. Aber wir sehnen uns sicher nicht nach unseren Lehrern. Nach unserem Unglücklichsein werden wir begehren und nach unserer Jugend. Aber nicht nach unserer Knechtschaft. Warum wollen Sie uns daran hindern, unsern Geist der Empörung zu nähren und unsern Kampf zu führen? Wir wollen Neues, Lebendiges. Das Tote ist arm. Darum, lieber Doktor Dörrie, sollen Sie uns unser Unzufriedensein nicht verübeln und es zu unterdrücken suchen. Wenn unsere Schulen schon so schlecht sind, daß sie nur Unglück zeitigen, so lassen Sie uns wenigstens das Recht, uns zu wehren. Die Gegenwart verhunzen Sie uns, und in der Zukunft wird uns nichts bleiben als das Bewußtsein, daß wir einst so jung und groß waren, kämpfen zu können. Oder wollen Sie vielleicht bestreiten, daß wir nur dann uns betätigen können, auf etwas stolz sein können, irgendeinen Wert haben, wenn wir uns auflehnen, wenn wir uns über unser Elend nichts weismachen, wenn wir Revolutionäre sind bis zum letzten? Versuchen Sie, sich unsere Lage vorzustellen ohne die resignierte Pose des Erfahrenen und den Galgenhumor des Verlorenen: Welche Reichtümer stiehlt uns die Schule, was für bleierne Gewichte hängt man uns dafür an Herz und Geist! Wir brennen darauf, selbständig, stark, verantwortungsreich zu sein, man, das heißt die Erfahrenen trauen einem nicht eine überlegene Fähigkeit zu, kein entwickeltes Temperament, weder seelisches noch triebmäßiges Zartgefühl. Wir sind Kinder, möchten Kinder sein, aber man behandelt uns wie Greise. Die Naivität ist es, die man uns auf der Schule gewaltsam austreiben will. Darum wird ein großer Teil von uns widersetzlichen jungen Gemütern später sein eigenes Tun verurteilen als Jugendeselei und Unfug. Und das ist traurig. Wir müssen dafür kämpfen, daß wir stets naiv bleiben, dann werden wir auch nicht so früh wie Sie, verehrter Herr Dörrie, die einzige Schönheit des Lebens in der Jugend erblicken, dann werden wir jugendlich bleiben und stets mit dem Werdenden leben, fühlen und beschäftigt sein, nicht mit dem Tod, der Vergänglichkeit und der Zwecklosigkeit unseres Seins.

Was nun Ihre schöne Erinnerung anbetrifft, daß es Ihnen stets gelungen ist, Ihre Lehrer zu überlisten, so muß ich zu Ihrem Vorteil annehmen, daß Sie darin keine positiv schöne Erinnerung erblicken, sondern höchstens eine humoristische. Und da wir uns zur Aufgabe gemacht haben, mit allen Kompromissen aufzuräumen, so dürfen wir diesen nicht schonen, weil er eine humorvolle Seite hat. So abgetötet ist unser Schamgefühl noch nicht, daß es uns ganz gleichgültig wäre, ob wir eine gute Note für eine selbständige oder für eine abgeschriebene Arbeit bekommen, und wenn uns das betreffende Unterrichtsfach noch so zuwider ist. Und das ist gut. Denn von dem Augenblick an, da uns nur noch das Ende unserer Handlungen interessiert, die Art und Weise, wie wir dazu gelangen, aber gleichgültig wird, von diesem Augenblick an sind wir der Behandlung und Erziehung wert, die uns heute schmählicherweise zuteil wird. Sie sehen also, lieber Dr. Dörrie, daß Ihre Einwände gegen unseren rebellischen, revolutionären Geist ungerechtfertigt, ja beschämend sind und daß Sie sie zurücknehmen müssen, wenn Sie sich die Achtung der Klasse nicht verscherzen wollen.

Das ist die Antwort, die ich meinem Mathematiklehrer hätte geben mögen. Aber es war mir nicht sogleich mundgerecht, auch würde er mich sowieso nicht ausreden lassen, wenn meine Worte ihm nicht mehr passen.

3. 12. 1913
Heute nachmittag habe ich von Else Lasker-Schüler die Antwort auf meinen Brief vom 30. bekommen. Ich habe kaum zu Mittag gegessen vor Freude.

1. 1. 1914
Morgens um halb zwei. Alle waren wir sehr müde, besonders auch Alice und ich, denn wir sind heute nachmittag rodeln gewesen. Dies war wunderschön. Wenn wir, eng aneinandergeschmiegt, die Köpfe weich nebeneinander auf die Schul-

tern gelegt, den Abhang heruntersausten und, unten angekommen, gar nicht vom Schlitten aufstehen wollten, dann hätte ich Alice, die mir immer so strahlend in die Augen schaute, in die Arme nehmen mögen. Und Alice war auch so froh, daß sie sich gar nicht von der Bahn trennen wollte und wir ausmachten, morgen, will sagen heute früh wieder rodeln zu gehen. Als ich nach Hause ging, habe ich zu allen Leuten „Prosit Neujahr" gesagt, ausgenommen gar zu unsympathische, die nach Bank und Schecks rochen. Und alle haben meinen Zuruf erwidert. Es war interessant zu beobachten, wie die einzelnen mit froher oder bedrückter oder gleichgültiger Betonung oder hoher oder tiefer, kräftiger oder scheuer Stimme antworteten. Besonders ein Mann von der Wach- und Schließgesellschaft schien mir sehr froh berührt, als er mein frisches „Prost Neujahr" neben sich vernahm. Das hat mir nachzudenken gegeben, wie hart es mir wäre, wenn ich später einmal zur Neujahrsstunde eine so unschöne Pflicht (auf deutsch Zwang) erfüllen müßte. Ich kann allmählich die große Unzufriedenheit der armen Klassen besser verstehen als früher. Nur ein Ehepaar gab auf meinen Zuruf keine Antwort. Der Mann schleppte die Frau wie eine Geiß am Strick, und die Frau dagegen sah aus, als ob sie einen kleinen Buben am Kragen nach Hause schubste, um ihn dort zu verhauen.

21. 1. 1914
Ich zweifle in der letzten Zeit so sehr – nicht an mir, sondern an der Kunst, an den Menschen, also auf Umwegen doch wieder an mir. Aber dieser Zweifel ist nicht mehr der kleine, lokale an meinem eigenen Können, meiner Begabung, Aufgabe, wie er mich im vergangenen Sommer so oft schwach, müde und traurig gemacht hat. Ich habe gelesen über das Leben des Franzosen Arthur Rimbaud. Es hat mich nicht mit Neid erfüllt oder mit Kleinmut und Unglauben an meinen Wert. Aber eine Frage drängt sich mir auf, die wie ein trüber Himmel alle meine Pläne grau färbt.

Warum, zu was sind Menschen, Tiere, Blumen, ist die Welt da?

Wenn irgendein gereifterer, gesetzter, nachdenklicher Mensch dies läse, so würde er sagen: Ja, das sind so die Fragen, die Zweifel, die den jugendlichen, alles erobern wollenden Brauseköpfen auf einmal das Blut geruhig und kühl und den Sinn kleinlaut und verschämt werden lassen. Das kennen wir, darüber kommt man weg. Man findet allmählich so seine Spezialbeschäftigungen und -veranlagungen heraus und läßt die Welt ihren Lauf nehmen, ohne sich graue Haare darüber wachsen zu lassen. Aber davor fürchte ich mich gerade. Ich halte es für die größte Sünde, willenlos in das Alter hineinzuleben, wo das Ganze zur Nebensache und Kleinigkeiten zur Hauptsache werden.

Ich frage mich, warum sagt man „wie schrecklich", wenn sich irgend jemand totschießt. Ich gehe so über die Straße, da geht ein Mann mit einem schäbigen Mantel und ausgetretenen Schuhen und schnauft resigniert durch den angereiften Schnurrbart. Der Mann ist vielleicht ein Straßenbahnschaffner oder ein Dichter oder sonst was. Warum schläft der Mann nicht, statt zu frieren? Weil er Geld braucht, um nicht zu verhungern. Warum dreht er den Gashahn nicht auf, dann verhungert er nicht und braucht auch nicht zu frieren und zu schnaufen? Weil er nicht Selbstmord begehen will. Die Frau und die Kinder. Die können ja auch den Gashahn öffnen. Warum nicht? Weil sie leben wollen. Das ist es. Wir *wollen* leben. Alles andere ist gleichgültig und eitel. Rimbaud sagt: „Es ist ein Glück, daß wir nur einmal leben, so sparen wir uns wenigstens nichts auf für später." Das ist auch meine Meinung. Und gerade diese ziemlich neu gewonnene Überzeugung macht mich so – ich darf nicht sagen, unglücklich – zaghaft, müde, reuig. Denn dann ist es geradeso berechtigt zu sagen: Es ist ein Glück, daß wir jede Stunde, jeden Augenblick nur einmal leben, so sparen wir uns nichts für den nächsten Tag auf. Aber wir sparen uns auf, hoffen – für die Zukunft.

Der Teufel soll die Zukunft holen. Ich gebe jetzt mein ganzes Leben fast auf Zinsen für später. Und wenn die Bank falliert – krieg ich nichts. Und wenn ich was krieg – weiß ich nichts damit anzufangen. Wenn der Verstand triumphiert über irgendein errungenes Ziel, so sieht das Herz das Ziel ganz woanders, so lehnt sich das Empfinden auf gegen den Begriff Ziel. Das ist meiner Meinung nach das Tragische an Rimbaud. Bei ihm waren Verstand und Gefühl so ebenbürtig stark, daß sie sich nicht vereinen konnten. Ihm war die produktive Kunst widerlich in dem Augenblick, da seine Seele nicht mehr abhängig sein wollte vom Verstand und umgekehrt. Es ist etwas Ungeniales in Rimbaud. Er war im Innersten nicht einseitig. Und das ist die Voraussetzung für ein Genie. Es gibt Menschen, in denen sozusagen zwei Genies stecken, die einander vertilgen. Darum konnte Rimbaud nur so lange Künstler im engeren Sinne sein, wie er jung war, solange sein Realitätssinn unentwickelt war. Später jedoch ist der erstarkt und verbot ihm das Schriftstellern, diese „sonderliche, lachhafte, widerliche" Gewohnheit, wie er sich ausdrückt. Er ist in einem naturalistischen Zeitalter geboren, und der materielle Sinn (in höchster Bedeutung) siegte in ihm, aber mit vielen Wunden. Wäre Rimbaud weniger groß gewesen, so wäre er halt ein abenteuerlicher Schwärmer geworden, der in seiner Jugend Verse machte. So ist er aber ein großer Unglücklicher geworden.

Ob ich darin Rimbaud ähnlich bin, weiß ich nicht. Ich weiß aber, wäre es so, dann würde ich kein in sich verblutender Rimbaud, sondern ein „Zersplitterter". Dann liefe in fünfzehn bis zwanzig Jahren in Deutschland ein Mann herum, der zwei Zimmer besäße: eins mit Büchern, Bildern, einer Geige und daneben eins mit Werken über Psychoanalyse, mit Mikroskop und Seziermesser und Schädeln und Präparaten. Und gleich, in welchem Zimmer ich säße, stets quälte mich das Gewissen damit, daß das andere leersteht, daß ich darin auch arbeiten könnte.

13. 2. 1914

Mir träumte, daß der Prinz von Theben gestorben sei. Alois schrieb es mir aus Berlin auf einer Zigarette. Ich war kaum traurig, so versteinert und alt kam ich mir vor. Als ob die

Zeit gestorben sei, die die meine ist, und als ob ich nun plötzlich reaktionär und überflüssig geworden wäre. Aber eine Arbeit wollte ich noch schreiben über Else Lasker-Schüler und sie darin der Ewigkeit vergewissern. Auch wollte ich eine Gesamtausgabe ihrer Werke machen, Helmut sollte einen ganz bunten, aber schwermütig glitzernden Umschlag machen. Ich las da auf einmal eine Visitenkarte, darauf stand:

Der Vater der
Prinzessin Tiba
... ein einfacher Mann.

Prinzessin Tiba war blumig und prangend gedruckt, das übrige dagegen sehr dünn. Es muß wohl eine Art Todesanzeige gewesen sein, denn es machte auf mich einen so traurigen, verlassenen Eindruck, daß ich meinte, der Vater liefere sich damit jeder Willkür der Menschen und ihres Urteils aus, als sei er zur lebendigen Mumie geworden. Aber schließlich war Jussuff doch nicht gestorben, sondern das Ganze beruhte auf einem Irrtum. Es muß irgendeine optische Täuschung mitgewirkt haben, soviel ich noch weiß, dank der Jussuff plötzlich verschwunden war.

16. 3. 1914
Soeben komme ich aus dem Theater: „Traumulus“ von Arno Holz. Sehr müde bin ich, und ich habe fast Kopfschmerzen vor Erschütterung. Aber ich finde, es wäre häßlich von mir, wenn ich mich jetzt ins Bett legte und schliefe, um nicht denken zu müssen über das, was ich fühlte. Wenn ich sage, ich will über das Theaterstück nachdenken, so heißt das nur, ich will es nachfühlen, ohne physisch derart erregt zu werden, daß ich mir über die Art meines Fühlens gar nicht Rechenschaft ablegen kann. Es wäre ähnlich, als ob ich mir das Stück nochmals anschaute, aber doch nicht ganz, denn Ohren und Augen lassen sich immer wieder überwältigen. Die Erinnerung nicht. Vielleicht darf ich nicht so verallgemeinern. Auf mich wenigstens trifft das zu. Ich glaube, ich könnte kein gerechter Theaterkritiker sein. Entweder wäre

ich zu grausam, dann wieder zu nachsichtig, je nachdem, ob mich der Kern eines Stückes abstößt oder ergreift. Es ist in mir noch zuviel Empfänglichkeit für Tragik im Augenblick des Spiels. Lustige und ähnliche Sachen können mich nicht betäuben. Tragik dagegen schon, ich bekomme direkt Herzklopfen. Und das Stück von Arno Holz ist ganz und gar tragisch. Noch jetzt zittern meine Finger. Ich weiß nicht, ganz in mir ist etwas, das haßt die Tragik als etwas Unkünstlerisches. Noch auf dem Heimweg habe ich unter der Wucht der Handlung gestanden und war überzeugt, daß Holz doch ein großer Dichter ist. Jetzt bin ich nicht anderer Ansicht, aber ich traue meinem Urteil nicht mehr. Die Charakterschilderungen sind sicherlich gut, besonders der Landgerichtsrat und die Frau des Professors. Aber ich halte es für ausgeschlossen, daß ein solcher Direktor so eine Frau heiraten kann, so einen Sohn haben kann. Auch finde ich den Primaner K. von Zeidlitz nicht gut gezeichnet. Meiner Ansicht nach wird ein solcher feinfühlender, hochstehender Mann nie der Anführer einer solchen Bande, wie es die Anhänger der „Antityrannia" sind, aus folgenden Gründen: der Lieblingsschüler dieses Direktors *muß* die Häßlichkeit dieser Verbindung empfinden, auch ohne diesen Vorfall. Außerdem wird er sich instinktiv von den brutalen Kerlen abgestoßen fühlen. Übrigens wählen Pennäler zum Anführer solcher geheimen Sachen nie einen K. von Zeidlitz, sondern stets einen ganz üblen, tiefstehenden Menschen. Es mag ja sein, daß ich mich irre, aber das Pennälertum, das *ich* kenne, sieht dem, das Holz schildert, kaum ähnlich. Einzelne Typen gewiß, aber keinesfalls das Gemeinschaftsleben. Wie kommt es, daß der Schüler, auf den Direktor Niemeyer seine ganze Hoffnung setzt, auf der einen Seite mit diesem widerlichen Fräulein Link intim verkehrt und seinen Direktor infam belügt, andererseits so moralisch für den Direktor eintritt und völlig erkennt, wie unrecht er ihm getan hat?

Aber selbst wenn alle diese Charaktere einwandfrei richtig dargestellt wären und dieselben Ereignisse stattfänden (was ja dann eigentlich ausgeschlossen ist), so könnte ich mit dem

Theaterstück nicht zufrieden sein, denn das wäre doch eine kleine Aufgabe, zu zeigen, wie sich die und die Personen in einem gewissen Falle benähmen. Meiner Ansicht nach muß ein Theaterstück nicht das Benehmen der Menschen bei irgendeinem Geschehnis schildern, sondern die Wahrheit verbildlichen mittels Menschen und die Menschen zeigen mittels einer Handlung. Das hat Holz völlig verfehlt. So meisterhaft der äußere Aufbau sein mag, so ehrlich das Empfinden, aus dem heraus es entstanden ist, die Form ist unkünstlerisch und die enthaltenen Moralitäten (die doch aus keinem Theaterstück wegzuleugnen sind, ob sie nun, wie bei Schiller, faustdick und kraß oder, wie bei Holz, tastend, verschwommen, unbestimmbar sind) höchstens relativ wahr, nämlich wahr beabsichtigt. Aber das unterscheidet ja den Künstler vom guten Menschen im allgemeinen, daß er nicht nur wahr empfindet und strebt, sondern daß er auch unbewußt wahr ist, in solchen scheinbaren Äußerlichkeiten wie Stil, Stimme, Form des Ausdrucks. Insofern hoffe ich auch, daß mein Theaterstück, das übrigens noch sehr unentwickelt ist, neu sein wird trotz der Stücke „Frühlingserwachen" und „Traumulus". Es soll so werden, daß man im Falle einer Aufführung nicht überrumpelt würde von der Wucht des fingierten Schicksals und erst hinterher der Wahrheiten und Schönheiten bewußt würde, nachdem sich die Erregung des Gemüts gemäßigt hat. Man kann auch dieses oder jenes Menschenschicksal schildern, aber dann darf man eben nur schildern, nicht moralisieren wollen. Shakespeare und Kleist können das. Kleist allerdings nur zuweilen, zum Beispiel im „Zerbrochenen Krug". Aber wir sind dieser schildernden Dramatik müde, vielleicht weil wir sie nicht mehr besitzen. Es ist den Menschen unserer Zeit zu sehr in Fleisch und Blut übergegangen, sich Rechenschaft über *Ursachen* eines Ereignisses zu geben, als daß sie sich mit der reinen Schilderung des *Wesens* begnügen könnten. Frühere Völker konnte die Kultur der Alten befriedigen in ihrem Erkenntnisdrang, denn sie hatten einen Gott, ein Jenseits. Unser heutiger Gott, unser heutiges Jenseits liegt im Menschlichen, darum muß ein Schauspiel, überhaupt ein Kunstwerk unserer Zeit den *äußerlichen* Zufall ausscheiden und nur die Variationen menschlicher Beschaffenheit anerkennen. Das Stück von Arno Holz ist also auf jeden Fall unzeitgemäß, wie eine Tragödie es wohl immer ist in unseren Tagen, außerdem aber auch unzulänglich, wenn man die epische Form früherer Zeiten anerkennt. Denn dafür ist Holz zu psychologisierend.

26. 3. 1914
Gestern sandte ich folgenden Brief an Franz Pfemfert:

„Sehr geehrter Herr Pfemfert.
Ihre Mitteilung, daß die ‚Aktion' zur Zeit nicht in der Lage ist, neue, honorarpflichtige Arbeiten anzunehmen, habe ich nicht erhalten. Deshalb erhielten Sie keine Antwort. Natürlich überlasse ich Ihnen die ‚Ethik der Geisteskranken' ohne Honoraransprüche, da ich zur Zeit genügend Privatunterricht erteile und deshalb nicht auf Gelderwerb durch literarische Arbeiten angewiesen bin. Ich bitte Sie, die Arbeit unter dem Namen ‚Wieland Herzfelde' zu veröffentlichen, da Frau Lasker-Schüler mich in Heft 4 so nannte und es mir auch besser gefällt.

Hochachtungsvoll
Wieland Herzfeld."

Am 24. 3. fuhr ich nach Frankfurt. In der „Frankfurter Loge" stach ich sehr ab von den übrigen Herren, die alle in Gesellschaftstoilette da waren, ich dagegen in einer Art Reithose. Es war furchtbar leer. Etwa fünfhundert Sitzplätze und nur hundert bis hundertzwanzig Personen. Meist junge Leute, die mit den Gänschen quatschten und Witze rissen. Plötzlich wurde es dunkel, und Frau Lasker-Schüler trat vor die Bühne. Sie hatte ein ganz blaues Seidengewand an. Weite Hosen, silberne Schuhe, eine Art weite Jacke, die Haare wie Seide, tiefschwarz, wild zuweilen, dann wieder sinnlich sanft. Noch mehr erstaunte mich ihr Vortrag. Ich dachte immer, sie spräche weich, traurig, träumend. Hart, gläsern waren ihre Worte, wie Metall glühten sie, niemals bebten sie. Und ganz plötzlich brachen die Gedichte immer ab. Man erschrak jedesmal. Ich mußte mich erst gewöhnen, das war kein Sprechen, das war Singen, ekstatisch wie das Zaubergebet eines orientalischen Propheten. Man hörte fast nur geschleuderte Vokale, keine Konsonanten. Ein Hiatus nach dem anderen. Wie grelle indische Sonne. Nur manchmal hörte man unendlich traut ein „r" wie das Kichern einer Quelle, ganz kurz, aber unvergeßlich. Bei dem Vortrag der Gedichte fühlte ich erst, wie sehr sie gedichtet, wie gar nicht sie gedacht sind. Meine Dichterei ist dagegen doch eine Art Betrug. Ich überlege viel zuviel. Das werde ich mir hoffentlich allmählich abgewöhnen. Zum Schluß las Lasker-Schüler ihre Antwort „Contra B und Genossen" vor. Dabei ließ sie sich mehr zum Publikum herab. Aus der Prophetin wurde eine Dame. Sie las sehr höflich. Aber in dieser Höflichkeit lag eine Ironie – die schön war. Ich habe Ironie immer als unästhetisch, fast taktlos empfunden. Doch diese war kindlich und unendlich tief und traurig, obwohl es sehr viel zu lachen gab. Fünfzig Minuten lang sprach sie, aber ich hatte keinen Begriff für Zeit mehr. Immer wieder mußte ich daran denken, daß sie dastand wie der Prophet einer Welt aus Farben und Klängen und Leidenschaften, klar wie Kristall, ohne Nebel, ohne Zweifel. Sie kennt keine Kompromisse, das merkt man. Sie ist unzweideutig und kann deswegen nur Eindeutigkeit fassen und leiden. Sobald ihr etwas zuwider ist, lenkt sie nicht ein oder findet sich ab, sondern wird entweder ganz deutlich abweisend oder absolut passiv, wie ein Ding, läßt alles mit sich geschehen. Als sie mit dem Vortrag fertig war, machte sie, gerade wie beim Anfang, eine sehr ulkige Verbeugung, wie ein Knabe, aber nicht scheu, sondern fröhlich. Es wurde ziemlich viel geklatscht.

Jetzt will ich von Franz Werfels Vortrag erzählen: Zuerst enttäuschte er mich, ich hatte ihn mir groß, schlank, mit lokkigen Haaren vorgestellt. Er ist aber etwa so groß wie ich, ziemlich dick (zwar hat er keinen Bauch), ungelockte stehende Haare. Sein Vortrag gefiel mir nicht, da er zu tragisch ist und zuwenig zurückhaltend. Auch spricht er so deutlich aus, daß es zuweilen angelernt klingt. Wunderbar ist aber, wie sehr er seine Gedichte immer wieder fühlt. Die Erregung ist nicht gekünstelt. Das widerwärtige „Über-der-Sache-Stehen“ fehlt bei ihm ganz, und deswegen muß man mit ihm fühlen. Auch gibt er nie Worte, sondern Bilder. Mir bleiben bei seinen Gedichten keine Sätze im Hirn (etwa wie bei Haardt, Vollmöller, Maeterlinck), sondern Dinge, Gerüche, Schmerzen. Man kann wohl sagen, daß sich seine Gedichte angenehmer lesen lassen als hören. Aber Gewinn hat man mehr, wenn man sie von ihm vorgetragen hört. Er spricht die Gedichte nicht, sondern er spielt sie wie ein Schauspieler vor. Bei Else Lasker-Schüler ist das nicht so. Sie spielt die Gedichte nicht, sondern macht sie im Augenblick des Vortrags neu. Deshalb ist mir ihre Art noch lieber als die Werfels.

Ich ging, etwas scheu, aber ohne Aufregung hinter die Bühne. Als ersten traf ich Werfel. Ich fragte ihn nach Frau Lasker-Schüler. Er zeigte mir, wo sie war, und gab mir gleich sehr freundlich die Hand. Im Zimmer lag Else Lasker-Schüler auf einem Sofa, mit einem Fell zugedeckt. Als ich kam, erkannte sie mich gleich, erhob sich leicht und sagte, ich möchte entschuldigen, sie sei so angestrengt. Wieder war ich erstaunt. Sie sprach ganz leise, aber gar nicht erschöpft oder irgendwie schmachtend, sondern ruhig und anmutig.

Nachher gingen wir weg. Franz Werfel unterhielt die ganze Gesellschaft, indem er urkomisch verschiedene Leute, zum Beispiel Altenberg, Karl Kraus, Hollaender, nachmachte und Zitate aus ihren Gesprächen und Briefen dazu sagte. Zuweilen schaute er mich mit seinen blauen Luchsaugen so schön an, wie er wohl schauen muß, wenn er seine Gedichte macht. Sonderbar ist, daß in diesen der Humor gar nicht zu finden ist, der ihn zu einem gesellschaftlich sehr angenehmen Menschen macht. Als ich so lange in Frankfurt blieb, daß ich vorm nächsten Morgen nicht heim konnte, wollte er mir ein ärztliches Zeugnis schreiben – „Dr. Werfel aus Prag". Aber das war zu gefährlich. Da ich kein Geld hatte, bezahlte mir ein junger Mann namens Beierlein ein Zimmer im Savoy-Hotel. Wunderbar schön war's im Hotel. So ein Zimmer ist so einfach, aber so fähig für unendlich viele Schicksale.

20. 6. 1914 – Berlin

Jetzt muß ich in den Sprechsaal. Thema: „Reporterehrlichkeit". Franz Sachs wird Herbert Blumenthal verteidigen und mich angreifen. Was für ein glückliches Gefühl, sich wehren zu dürfen!

29. 6. 1914 Kriegsbeginn

Gestern um die Mittagszeit wurden Erzherzog Franz Ferdinand von Österreich und seine Gemahlin in Sarajevo, der Hauptstadt Bosnien-Herzegowinas, von einem nicht ganz zwanzigjährigen Gymnasiasten erschossen. Ich habe im Sommer 1911 die Ermordeten mit ihren drei Kindern in Werfen gesehen bei dem großen Andreas-Hofer-Fest. Damals saß ich in einem Kastanienbaum und sah sie unter mir durchgehen. Besonders die Kinder machten auf mich einen sehr schönen Eindruck, und ich empfand es damals als schmerzliche Tatsache, daß die Kinder nicht erbberechtigt sind.

Es ist selbstverständlich, daß ich die Tat nicht billigen noch verteidigen kann. Im Gegenteil – ich empfinde, sie ist unbedingt traurig und ungerechtfertigt. Doch glaube ich, es ist nicht recht, den jugendlichen Mörder Princip als schnöden Verbrecher hinzustellen. Welche einen wirklichen Angriff verdienen, das sind die, die ihn mit so serbisch-chauvinistischem Geiste erfüllt haben. Man schimpft so sehr auf die gemeine Tat, anstatt zu schimpfen auf die Zustände, die solche Tat ermöglichten. Wenn wir Deutschen so lebhaft und jäh und kompromißlos wären wie die Balkanbewohner, wenn bei uns Charaktere von solcher Kraft wie der Princips nicht zu mißtrauisch wären, um sich von chauvinistischen Gedanken erfüllen zu lassen – dann hätten wir alle Augenblicke eine Mörderei in Frankreich. Das beweist, daß die Zustände hier eher schlimmer sind als in Serbien, nur so dumm ist niemand und erfüllt die Wünsche seines Lehrers, da er bereits weiß, daß sie aus einem sittlich nicht ernst zu nehmenden Munde stammen.

Die ganze Welt klagt und verflucht. Anstatt jedoch die eigene Dummheit zu beklagen und den grassierenden Chauvinismus seines eigenen Landes zu verfluchen, tut jeder, als sei nichts seine Schuld, und schimpft auf Fremde.

9. 7. 1914 – Salzburg

In Salzburg sechs Wochen Sommerferien. Ich hatte es mir in den Kopf gesetzt und habe es auch durchgesetzt. Vierter Klasse bin ich hergefahren. 29 Stunden lang. Wenn ich bis zum 15. 7. gewartet hätte, so hätte ich für nicht viel mehr Geld Schnellzug-Sonderzug fahren können, aber ich tat es nicht, obwohl es Tante Lene so wollte. Ich gebe zu, vierter Klasse fahren ist beschwerlich. Man muß viel unangenehme Gerüche, Drängeleien, Personen usw. in Kauf nehmen, aber besser gefällt es mir doch. Nicht, weil man „das Volk" kennenlernt oder „dem gemeinen Mann auf den Mund schauen" und unter einer Maske reisen kann. Der Grund liegt hauptsächlich in meinem Wesen. Mir geht's im Schnellzug entweder nicht schnell oder nicht langsam genug. Er ist so schnell, daß man auf der Reise von einem sausenden Schwindel ergriffen wird. Aber man wird nicht so heftig mitgerissen, daß man nicht alle Augenblicke ernüchtert werden könnte. Daher ist mir das D-Zug-Reisen ein immer wieder unterbrochener Halbschlaf, ein Gift in zu kleiner Dosis, ein Theaterstück, bei dem ich zwei Akte versäumt habe. Der Personenzug dagegen läßt in mir das Gefühl des Sausens, des schwachen Ausgeliefertseins überhaupt nicht aufkommen. Seine Unvollkommenheit in dieser Hinsicht ist vollkommen. Er ist viel eher ein Jahrmarkt. Alles geht recht gemütlich, aber doch außergewöhnlich und bunt zu. Während der Schnellzug mich erfaßt wie mit magischen Betäubungsmitteln, deren Wirkung leider oft aussetzt, gehe ich im Getriebe des Personenzuges auf und lebe mit allem ganz bewußt und ohne Befremdung. Im D-Zug sitze ich nicht Leuten, sondern Kleidern, bestenfalls Typen gegenüber. Und es ist nicht zum Aushalten, wie in einem Wartezimmer, wo alles formell einander anstiert. Im Personenzug sitzen allerdings Menschen ohne Bildung oder besonders sympathisches Entgegenkommen, man muß sich sogar vorsehen, nicht in unangenehme Situationen zu geraten, aber es ist das eine unumstößlich, daß ich zwischen *Menschen* sitze. Denn da spricht keiner „durch die Blume", da sitzen mir gegenüber nicht Leute vom Mars. Daher kommt's, daß ich im Personenzug ohne jede Ungeduld fahre und nicht die Stunden abzähle, bis ich da bin, sondern ganz vergesse, daß ich im Zug sitze, und ein Gefühl habe, als sei ich umgezogen in eine andere Gegend, zu anderen Leuten.

In Leipzig stieg ich aus und lief ein bißchen in der Stadt herum, hatte aber von dem, was ich sah, gar keinen reizvollen Eindruck. In einem Café war ich der einzige Gast. Schrieb zwei Karten, dann ging ich in ein Warenhaus und kaufte Eau de Cologne für Tante Clara und außerdem ein weißes Robespierre-Hemd, wie sie's dort nennen. Am Bahnhof bekam ich Streit mit einem ganz groben Bahnschaffner, der wollte mich und andere in zwei übervollen Coupés unterbringen und öffnete einen gänzlich leeren Wagen nicht, obwohl wir's verlangten. Der Bahnhofsvorsteher war schwer zu erreichen, denn alle Beamten, die wir fragten, sagten – vielleicht aus Kollegialität –, sie wüßten nicht, wo er ist. Als ich ihn fand, sagte er, wir sollten doch warten, bis der Waggon geöffnet wird. Das tat ich und bekam einen schönen Eckplatz.

Ein Bäuerlein sprach mit mir über Schule und Religion. Wie üblich sagte er, das theoretisch erworbene Wissen sei nicht zu vergleichen mit dem durch praktische Arbeit erlangten. Als wir auf Gott zu sprechen kamen, sagte er, er glaube an einen, auch an die Auferstehung Christi. Aber er sagte es in einem Ton, der die Entschuldigung für diese Rückständigkeit sozusagen in sich enthielt. Er gab zu, daß man auch fromm sein könne auf andere Weise als er, wenn man es nur überhaupt sei. Als er davonging, drückte er mir sehr freundlich die Hand und bedauerte, daß wir nicht weiterreden konnten.

Ich legte mich auf die Bank und war schon fast am Einschlafen, als ich mich aufsetzen mußte, weil sich jemand neben mich setzen wollte. Dieser Mann war nicht sympathisch, sprach aber furchtbar viel. Er erzählte, daß es in ganz Europa kaum ein Dorf mit Eisenbahnverbindung gäbe, das er nicht kenne. Ich nahm an, er sei besoffen. Aber ich konnte ihn fragen, was ich wollte, er wußte alles. Bierstadt und Schifferstadt und Hohen-Wehen und Gröding und Kusel und Sedin kannte der Mensch. Als er dann weiter erzählte, vom Orient, von Frankreich, da konnte ich mir gar nicht erklären, wie dieser Mann, der aussah, als habe er noch nicht in mehr als zwei Wirtshäusern gesessen, schon so weit herumgekommen war und jedes Nest so genau kannte. Kurz bevor er ausstieg, wurde mir klar, woher das kam. Er war nämlich Reisender in Präservativen. Ein komisches Grausen überkam mich, als ich mir klarmachte, daß es dies also sei, das mir das Gehaßteste und Fremdeste von allen Dingen ist, das alle Nationen, Dorf und Großstadt, Arme und Reiche, gleichmacht und bindet.

Vor Regensburg lernte ich einige Italiener kennen, mit denen ich nicht sehr viel sprach, aber mit denen ich mich dennoch sehr bald verbrüdert fühlte durch unser gemeinsames Bemühen, zu schlafen. Es wollte uns aber nicht recht gelingen, denn wir waren nicht sicher, wohin wir fuhren. In Hof hatten wir alle gefragt, wohin der Zug fährt und wo wir umsteigen müßten. Das Unglück war aber, daß jeder eine andere Auskunft erhalten hatte. So kam's, daß diese Fahrt einen abenteuerlichen Charakter gewann. Wir versprachen, einander zu wecken, wenn es notwendig sei. Ich schlief schlecht, denn ich war zu müde und dabei nicht ruhig, die Italiener um so besser, sie kamen auch von viel weiter her als ich, aus Breslau nämlich. Irgendwo blieb der Zug furchtbar lange stehen, und wir wußten nicht, was das bedeuten sollte.

Es war tiefe Nacht. Uns gegenüber stand ebenso verlassen wie unser Zug ein D-Zug nach Eger. Der hübsche Gegensatz: wie Arbeiter und Bauern, feine Damen und Herren gleich schlaftrunken und aufgelöst auf den Bahnsteig wankten und was vor sich hin pfiffen oder sinnlos sangen! Ich ging auch raus und hielt die Augen erstaunt offen.

Dann kam ein Bahnschaffner mit einer Laterne und bedenklich kleinen Äuglein; den fragte ich, ob wir umsteigen müßten oder nicht, bis wohin wir noch mit dem gleichen Zug fahren konnten usw. Er schaute mich entgeistert an, als habe er es mit einem Verrückten zu tun.

Darauf rasselte er mir eine große Menge von Stationsnamen herunter und polterte fort. Ich hatte keine Vorstellung von dem, was er gesagt hatte, und überließ mich dem Schicksal. In dem Zug nach Eger war ein Schlafwagen, zu dem schauten zwei, wie mir schien, recht schöne Fräulein heraus. Es strömte von ihnen so süß und warm aus, daß es mich glücklich stimmte; die Haare waren sehr in Unordnung, und die mit dünnem Tüll bedeckten, verschränkten Arme auf dem Wagenfenster legten sich mütterlich weich an die Brüste. Dies machte, daß ich so recht das Gefühl bekam, zu reisen, und ich erkannte die Schönheit des D-Zuges, genoß aber dabei zugleich das schmerzliche Glück des Outsiders. Als der Zug nach Eger weiterfuhr, winkte ich den Fräulein nach, und sie winkten wieder, bis die Dunkelheit uns trennte.

Unser Zug stand noch lange, ich legte mich auf die Bank und schlief. Es weckte mich der Schaffner, der mir so gute Auskunft gegeben hatte. Wir fragten nochmals, wohin der Zug eigentlich fuhr und wo wir umsteigen müßten. Da gab er lachend zur Antwort, das würden wir schon sehen. Ich antwortete, das möchte ich vorher wissen, weil ich mich mit dem Schlafen danach einrichten wolle. Das war dem Mann aber doch zu dumm, daß ich mit einem Vierter-Klasse-Billett auch noch Schlafmöglichkeit erhoffte. Halb erbittert, halb amtlich ließ er mich wissen, daß ich mir ein Schlafwagenbillett für einen D-Zug hätte nehmen sollen und vielleicht auch einen Diener, der Erkundigungen einzöge und mich wecke, wenn nötig. Ich ging darauf ein und sagte, er hätte mich das nur eher wissen lassen sollen, ich hätte ihm dann gern ein Trinkgeld zukommen lassen, aber für die Zukunft wolle ich befolgen, was ich durch seinen Vortrag gelernt habe, und ich dankte ihm von Herzen für die Belehrung. Er verschwand. In Schwandorf wurden wir an einen Güterzug geführt, wie vertriebene Juden etwa, und dann aufgeladen. So ging's bis Weiden. Dort stiegen wir um. Mir gegenüber hatte einer Schweißfüße, und nur das Eau de Cologne für Tante Clara war mein Trost. Es stieg ein Bauer ein mit einem kleinen Buben, der hatte auf einer Kirchweih eine große Pendeluhr gewonnen. Die fiel durch das Geratter um und mit der Ecke haarscharf neben meinem Kopf auf die Bank. Ich wurde jäh aus meinem Halbschlaf aufgeschreckt und war froh, daß ich kein Loch im Kopf hatte. Doch bald schlief ich wieder fest ein.

3. 8. 1914

Keine Zeit, lang über Partien in die Berge zu schreiben. Nunmehr ist wichtiger als alle Berge: der Krieg.

Kurze Aufzeichnung der Ereignisse vom 25. 7. 1914 bis zum 3. 8. 1914 und wie ich sie hier in Salzburg miterlebte:

Die Vorgeschichte: Am 28.6.1914 wurde das Thronfolgerpaar in Sarajevo ermordet. Aus den Geständnissen der verhafteten Hochverräter ging hervor, daß hohe serbische Militärs Princip zum Morde gedungen hatten. Aus diesem Grunde sah sich Österreich-Ungarn genötigt, eine Note an Serbien zu richten, die mit 48 Stunden befristet war und die ungefähr folgende Forderungen enthielt:

1. Serbien wird alle politischen Vereine und Bestrebungen, deren Ziel es ist, Gebiete von Österreich loszureißen, bekämpfen, jetzt und in Zukunft.

2. Serbien verpflichtet sich, mit äußerster Strenge gegen alle Untertanen vorzugehen, die trotz des ausdrücklichen Verbotes ihrer Regierung sich in österreichisch-ungarische Angelegenheiten in feindlicher Absicht einmischen.

3. Serbien muß alle österreichfeindlichen Publikationen und Zusammenkünfte usw. unterdrücken.

4. Aus den Lehrkörpern sind chauvinistische Lehrer zu entfernen.

5. Dieselbe Maßnahme im Heer. Österreich wird Namen und Beweismaterial der betreffenden Personen angeben.

6. Eine gerichtliche Untersuchung betreffend den Mord in Sarajevo wird sofort eingeleitet, an der österreichische Organe teilnehmen.

7. Verhaftung gewisser Personen.

8. Waffenschmuggel ist gesetzlich und praktisch zu unterbinden.

9. Rechenschaft über Äußerungen hoher serbischer Beamter zu leisten.

10. Diese Forderungen durch das amtliche Journal und durch Armeebefehl bekanntzugeben und bis zum 25.7. sechs Uhr abends dem Geschäftsträger in Belgrad, Baron von Giesl, die Antwort auf diese Note zu überreichen. Die Note kann nur gänzlich angenommen oder gänzlich abgelehnt werden. Im letzteren Falle hat der österreichische Gesandte Belgrad sofort zu verlassen.

4. 8. 1914

Baron von Giesl verließ Belgrad. Die Serben bewilligten die Forderungen nicht, und zwar auf eine Depesche aus Rußland hin: Bitte zu mobilisieren. Wir saßen gerade in einem Vortragsabend der „Salzburger Alpinia" und schauten den harmlos varietéartigen Vorführungen zu, als auf einmal durch den Saal leise und erlösend das Wort „Krieg" gemurmelt wurde. Alle anwesenden Offiziere verließen entschlossen den Saal, wie Ärzte, die zu einer Operation gebeten werden. Ich ging mit auf die Straße hinaus, wo Offiziere im Sturmschritt liefen, Gruppen sich bildeten und Stimmen fluchten. Auf einem Extrablatt stand, daß Krieg sei und die umlaufenden Friedensgerüchte Börsenspekulationen gewesen seien.

Die Vorführungen gingen weiter. Aber es wurde nicht

mehr bunt im Saal. Als ob ein leises Schneerieseln zwischen den Menschen sei, das Kälte verkündet und graue Schleier. Und im Mark der Knochen war ein nagendes Brodeln wie ein spiritistisches Echo des Lärmens in den Kasernen, des Galgenhumors an überfüllten Militärzügen, der Abschiedsworte in niedrigen Bauernstuben.

14. 8. 1914 – Charlottenburg

In ganz Europa herrschte große Bestürzung. Man sagte sich, ohne Rußlands Hilfe hätte Serbien den Krieg nicht gewagt. Alles war ängstlich darauf bedacht, den Krieg zu lokalisieren: Fürstlichkeiten kehren zurück, Zar Nikolaus von Rußland ersucht Kaiser Wilhelm II. telegrafisch, für die Lokalisierung des Krieges einzutreten. Das will Kaiser Wilhelm II., aber inzwischen hat der Zar die allgemeine Mobilisation angeordnet – anordnen müssen. Der Kaiser sieht sich betrogen. Die Bitte des Zaren war nur ein Manöver, um in der Mobilisation Vorsprung zu gewinnen. Da russische Patrouillen die Grenze überschritten und auf Grenzposten geschossen haben, hat Rußland den Völkerfrieden gebrochen. Kaiser Wilhelm II. ordnet daher am 2. August die allgemeine Mobilisation an und erklärt tags darauf den Krieg an Rußland; da auch Frankreich den Völkerfrieden bricht, wird auch an Frankreich der Krieg erklärt. Nicht lange dauert es, so herrscht außerdem noch Krieg zwischen Deutschland und Belgien, Deutschland und England, Österreich und Rußland, Österreich und Montenegro, Österreich und Frankreich, Österreich und England. Deutschland hat also vier, Österreich fünf Gegner. Die nicht erwähnten Staaten bleiben neutral – vorderhand. Auch Italien.

Kriegerische Ereignisse:

Vom serbischen Kriegsschauplatz nichts Bestimmtes. Vom montenegrinischen Kriegsschauplatz: Österreich bombardiert erfolgreich Antivari. Österreich dringt siegreich in Polen vor. Österreich entsendet 400000 Mann nach Metz.

Deutscher Kreuzer „Augusta“ bombardiert den russischen Kriegshafen Libau und zerstört ihn, indem er ihn in Brand schießt. Deutsche Kreuzer „Goeben“ und „Breslau“ bombardieren französische Ausfuhrhäfen in Algerien erfolgreich. Nehmen dann vor Messina Kohlen. Bucht von Messina von englischen Kriegsschiffen bewacht. Beide Kreuzer entschlüpfen nachts. Minenlegerdampfschiff „Königin Luise“ legt in der Themsemündung Minen. Englischer Kreuzer „Amphitryon“ fliegt in die Luft. Gleichzeitig aber auch die „Königin Luise“. Deutsche Unterseeboote fahren an der Küste Englands und Schottlands hinauf bis zu den Shetlandinseln. In Russisch-Polen dringen die Deutschen vor und nehmen die Orte Kalisz und Czestochowa. Alle russischen Angriffe abgeschlagen. In Belgien dringen die Deutschen siegreich vor.

Fall von Lüttich am 7. 8. Franktireurwesen. Zeppelin hat mit zwölf Bomben Lüttich in Brand geschossen und so die Einnahme dieser starken Festung erleichtert. An der französischen Grenze sind alle feindlichen Truppen vertrieben worden. Sieg bei Mühlhausen über das 7. Armeekorps von Belfort. 10. 8. 1914: Über 1000 Gefangene. Viel Geschütze, Maschinengewehre usw. und eine Fahne erobert.

England hat die Hauptstadt Togos besetzt, bedroht Daressalam. 21 deutsche Handelsschiffe gekapert. Amerika sehr entrüstet, beabsichtigt, Gegenmaßnahmen zu ergreifen. Dies die Ereignisse bis zum heutigen Tage. Ägypten wurde von den Engländern in den Kriegszustand versetzt.

22. 8. 1914

Inzwischen habe ich mir klargemacht, daß es sinnlos ist, wenn ich die Kriegsereignisse hier eintrage, da es in der Öffentlichkeit so viele Chroniken gibt, die genauer unterrichtet sind als ich.

Zurück zu meinen persönlichen Erlebnissen:

Ich bin aus Salzburg Mittwoch, den 6. 8. 1914, vormittags 10.48 Uhr abgefahren. Am Bahnhof war es sehr interessant, denn da lagerten Hunderte von Italienern mit Sack und Pack und oft auch ihren Frauen auf den Steinfliesen, die ganze Nacht hindurch. Das sah halb aus wie Biwak, mehr aber noch wie ein Schlachtfeld, auf dem wirr durcheinander die Leichen liegen. Eine leise Vorstellung vom Feld konnte man schon bekommen. Meine Abreise erfolgte so schnell, da Tante Helene ein Telegramm geschickt hatte: „Wenn möglich sofort abreisen, Abitur machen.“ Da ich mich als Freiwilliger in Berlin zu stellen vorhatte, konnte ich umsonst fahren. Als Ausweis besaß ich nur das Telegramm und eine amtlich bescheinigte Abmeldung aus Salzburg. Beim Abschied winkten Onkel und Tante Varnschein mehr als meine kleine Schwester Lotte. Und doch weiß ich, daß es ihr am schwersten fiel. Auch ich war recht traurig, aber nicht melancholisch. Die Erwartung der Fahrt durchs mobilisierende Deutschland hielt mich zu lebendig, außerdem die unglaubliche Begeisterung der Bevölkerung, die uns gleich bei der Ausfahrt zujubelte, als kehrten wir bereits siegreich heim.

Die Reise von Salzburg hierher dauerte 58 Stunden mit verschiedentlichem Aufenthalt, kostete mich nichts und gefiel mir sehr. Auf der Fahrt von Salzburg bis Rosenheim war das Wesentlichste das Hurraschreien. Es machte mir jedoch viel Freude, weil's neu war und weil es außerdem nicht ganz so stumpfsinnig war wie in Friedenszeiten und viel sympathischer geschah. Ich schrie auch kräftig mit und sang auf einmal patriotische Lieder öfter als in meinem ganzen Leben. Der Zug fuhr furchtbar langsam, an jedem Dorf kamen immer neue Reservisten, die alle mit viel Freude und Siegeszuversicht nach Rosenheim oder München wollten. So kam es, daß allmählich der Zug unglaublich lang und überfüllt war. Sogar auf den Trittbrettern saß man, aber ohne es unbehaglich zu finden. Der Gedanke, daß es in den Krieg geht, verscheuchte alle Zimperlichkeit und schlechte Laune. Auf vielen Bahnhöfen waren junge Mädchen vom Roten Kreuz, die reichten uns Wasser, später auch andere Getränke und Brot und Zigarren. Ich hatte meine große Freude am Winken und daran, einem schönen unter den vielen zuschauenden Mädchen ein besonders freudiges Hoch oder Hurra zuzurufen. Die Mitreisenden unterhielten sich natürlich so, als ob man einander schon ewig kennte. Da merkte ich, daß keinem

Menschen die Konvention wirklich in Fleisch und Blut übergeht. Von Mitreisenden erfuhr ich, daß die Tiroler sich gar nicht genugtun konnten, die Einberufenen an den Bahnhöfen zu erfrischen. Das feinste Obst sei korbweise und der Wein flaschenweise in Bozen zum Beispiel verteilt worden. Ich fand das wunderschön und bedauerte, nicht auch aus Meran zu kommen. Übrigens haben wir vor und nach München und in Lichterfelde das Versäumte reichlich gutmachen können, so viel wurde uns gegeben. Auf fiel mir, daß die ziemlich zahlreichen italienischen Arbeiter längs der Bahnlinie unsere Begeisterungskundgebungen kaum erwiderten, manche kehrten uns sogar absichtlich den Rücken. Im Zug war daher ein bißchen Groll auf Italien, dem man auch wegen seiner politischen Haltung wenig Vertrauen entgegenbrachte. Ich kam mit einer mitreisenden Dame (übrigens aus Wiesbaden) ins Gespräch über die Zustände, die den Krieg zeitigten und die er voraussichtlich zeitigen werde. Ich hatte damals noch die glückliche Hoffnung, daß dieser Krieg die Scheinkultur und den Materialismus, die ihn veranlaßt haben, vernichten und an ihrer Stelle mehr Idealismus und *ethischen* Sozialismus hervorbringen würde.

Die Dame gab mir (natürlich) recht, solange ich bei theoretischen Erörterungen blieb. Als ich aber zeigte, daß der Verwirklichung meines Ideals ein völliger Zusammensturz und Wechsel der Zustände und Anschauungen vorangehen müsse und daß ich glaube, hoffe, daß dies infolge des Krieges geschehe, da widersprach sie heftig. Und noch heftiger widersprach sie, als ich sagte, überall werde man sich der „enormen Opfer an Gut und Blut" bewußt, wo aber der Opfer an „Geist und Liebe"?

13. 9. 1914

In Ingolstadt hatten wir vier Stunden Aufenthalt. Ich war mit zwei Reserveleutnants, Oberlehrern aus Freiburg, gefahren. Ihre Ausführungen hatten mich darauf gebracht, daß ich am geeignetsten zum Husaren sei, und der Entschluß, mich bei den Potsdamer Husaren freiwillig zu stellen, war in

Ingolstadt schon unumstößlich. Von ein bis fünf Uhr nachts, bei strömendem Regen, langweilte ich mich fürchterlich. Es gab nichts zu essen und zu trinken. In den Wartesälen war die Luft zu schlecht, deshalb legte ich mich, wie in Salzburg die Italiener, auf den steinernen Bahnsteig, um zu schlafen. Schlief aber nicht. Das harte Lager machte mir bewußt, wie ich mich als Husar irgendwo in Rußland oder Frankreich so einsam fühlen würde, und eine namenlose Traurigkeit trieb mir in die Augen Tränen, die ganz, ganz langsam in langen Pausen auf den Steinboden niederfielen. Salzburg mit allem Schönen und mir Trauten sah ich vor mir, alles, was in meinem Herzen wohnt, ging durch meine Gedanken, und eine romantische Ergebenheit, die fast Verlorenheit war, kam über mich.

Mit denselben Reserveleutnants fuhr ich noch bis Bamberg. Doch fuhr mit uns zusammen von Ingolstadt ab eine kleine Schar Freiwilliger aus Mailand. Als ich die näher kennengelernt hatte, verschwand in mir alle Bewunderung der allgemeinen Begeisterung. Ich behaupte nicht, es sei nichts Großes, sich für sein Mutterland in den Kampf, in den Tod zu wagen; und doch ist es so gering einzuschätzen, wenn alle es tun, als ob es auf die Kirchweih ginge. Rauflust kann ich nicht heldenhaft nennen, auch nicht bewunderungswert, besonders, wenn sie nicht einmal auf persönlichem Charakter beruht. Wofür, warum er kämpft, weiß *in seinem Herzen* kaum einer dieser Hunderttausende, alle wissen nur das eine: Hunderttausende tun es auch. Deshalb ist mir die sogenannte „Kriegsbegeisterung" auch ferne und gleichgültig geblieben. Und doch hatte ich eine Begeisterung in mir: Es freute mich, daß etwas geschehen war. Abgesehen von meiner Person, fand ich es schon wunderbar, daß so unzählige Pläne, Vorsätze, Unternehmungen, Ziele und Absichten vereitelt waren. Daß die Bahn fast aller Menschen einmal unterbrochen wurde, daß Konvention und Materialismus wenigstens bis zu einem gewissen Grade ihre Macht verloren hatten. Dazu kam noch meine Freude an den persönlichen Umwälzungen, die ich erwartete, an den vielen Erlebnissen, Eindrücken, Erfahrungen und Empfindungen, deren ich ohne diesen Krieg sicher verlustig gehen würde. Ich stellte es mir ähnlich vor, auf meinem Pferde in der Nacht dahinzujagen, wie das Bergsteigen auf gefährlichen Wänden: alle Kraft der Muskeln und alle Geistesgegenwart beanspruchend, von herber, trotziger Schönheit und Wildheit und stets so erschreckend nahe der Willkür des Schicksals. Und der Anblick der vielen Wunden, Grausamkeiten und Schmerzen würde mich noch tiefer, noch farbiger erkennen lassen den leidvollen, bitteren Kern alles Lebendigen. Und die ungeheure Vergessenheit und die uferlose Sehnsucht der Kriegsnächte müsse mein Herz noch liebender, noch blaublühender werden lassen, als es ist, hoffte ich. Dies war die Kriegsbegeisterung, die überraschend schnell meine innersten Fasern ergriffen hatte.

In Lichtenfels, dem letzten bayrischen Ort, war ich zusammen mit verschiedenen Frauen im Coupé, bei denen ich bis zur Ankunft am Anhalter Bahnhof blieb. Eine unter ihnen hieß Frau Dr. Schramm aus Friedenau, die Namen der anderen habe ich vergessen. Wir führten auf einmal eine lebhafte Diskussion über Kunst und ähnliches. Ich weiß keine Einzelheiten mehr, nur das eine weiß ich noch, daß unsere Ansichten verschieden waren und daß Frau Dr. Schramm sich durch meine ruhig-bestimmte Angriffsweise verletzt fühlte. Sie nannte das englisch und außerdem vergewaltigend. Ich empfand den Disput aber nach dem langen Aufenthalt bei den philiströsen Reserveleutnants und Mailänder Freiwilligen als sehr wohltuend. Die eine Bekannte der Frau Schramm war Pianistin, die andere Geigerin. Eine weitere Dame gehörte eigentlich nicht zu den übrigen, sondern hatte sich erst während der Fahrt aus der Schweiz in Lindau mit ihnen befreundet. Es war eine Französin, die nur stockend deutsch sprach, eine Offiziersgattin aus Dresden, die ein Kind von etwa zwei Jahren, ein wunderliebes Wesen, bei sich hatte. Diese Frau war es, die zuerst meine Aufmerksamkeit auf sich lenkte, denn sie war sehr schön und recht sympathisch. So groß war mein wie der übrigen Patriotismus nicht, daß wir sie als Französin kühl behandelt hätten; im Gegenteil, als Offiziersgattin mit dem lieben Kind auf dem Arm hatten wir, besonders ich, sie eher ins Herz geschlossen. Sie kam aus Südfrankreich und erzählte, sie habe all ihr Gepäck unterwegs eingebüßt, habe keine Ausweispapiere, aber auch gar keine, bei sich, und sagte, sie wisse nicht einmal, ob ihr Mann nicht schon im Kriege sei. Sonst sprach sie nicht übermäßig viel, doch immer so, daß wir sie alle sehr gern leiden mochten. Ich fühlte mich ziemlich wohl in diesem Kreise. Dazu kam, daß wir stets zweiter, ein großes Stück sogar erster Klasse fuhren, wo wir ein Abteil für uns allein hatten. Das war nachts. Wir zogen die roten Plüschsitze aus, so daß wir auf ihnen liegen konnten, machten dunkel, und dann spielte das Fräulein im fahrenden Zuge Geige, so schön, wie ich es nicht oft gehört habe. Obwohl ich die Geige für ein Instrument halte, das mehr zu Männern gehört, entzückte mich das Spiel, denn es war weder sentimental noch zimperlich und auch nicht hysterisch leidenschaftlich. Die Musik rief in mir wieder die sehnsuchtsvollen Kriegsbilder wach und die blutrotflammenden Reiterträume, doch nicht mehr so grau und grenzenlos wehmütig, sondern mehr glücklich und siegreich.

Bald schliefen wir alle tief und ruhig in dem Geratter des Zuges ein und wachten erst nach vier bis fünf Stunden auf, als wir in Gera umsteigen mußten. Dann schliefen wir nicht mehr viel. In den Wagen, in denen wir nun fuhren, waren rote Warnungen vor Spionen an den Fenstern angeklebt. Daher unterhielten wir uns viel über diese Angelegenheit. Auch wurde alle Augenblicke der Zug kontrolliert, aber nur seine männlichen Insassen. Einige Nonnen zwar wurden aus den Waggons geholt und genauer untersucht, doch alles hatte seine Richtigkeit. Nur verschiedene Männer wurden verhaftet. Ob es Ausländer waren oder Spione, weiß ich nicht. Natürlich bemächtigte sich der Reisenden eine leise Erregung, die etwas ungemütlich war.

In Weißenfels trennten wir uns von der Französin. Sie mußte nach Leipzig umsteigen. Noch einmal sagten wir Lebewohl, glückliche Reise. Das kleine Mädelein küßte mir sogar die Wangen. Auf der Weiterfahrt nach Halle wurde natürlich über die Französin gesprochen. Ich erfuhr von den Damen, sie habe sich nach langem Zögern als Frau von Bülow vorgestellt, doch ängstlich gebeten, es niemand zu sagen, und habe sich auch selbst, als man sie in Lindau anhielt, da sie keine Papiere hatte, nicht ihres Namens bedient. Als ich das erfuhr, stieg plötzlich der starke Verdacht in mir hoch, mit einer Spionin gereist zu sein. Auch in den anderen. Natürlich erinnerten wir uns jetzt einer Menge ungewöhnlicher Äußerungen und Anzeichen, die diesen Verdacht stärkten. So hatte sie nur ganz billige Kleidung an, keine Monogramme in der Leibwäsche, ebenso das Kind, ihre Manieren glichen wenig denen deutscher „Offiziersgattinnen“ (sie säugte ihr Kind in meiner Anwesenheit und der eines ihr ganz fremden Mannes), auffällig oft betonte sie, wie lieb sie ihren Gatten (einen Neffen des Reichskanzlers) habe und daß sie gar nicht wisse, ob er noch zu Hause sei. Kurz, wir waren nicht sicher, daß sie eine Spionin war, doch hegten wir Verdacht. Daher konnten wir es auch nicht unterlassen, unseren Verdacht und seine Ursachen dem Zugbeamten zu sagen. Auch er fand das Ganze sonderbar und telefonierte daher nach Leipzig das Nötige. Wir hatten ein wenig Gewissensbisse, daß wir die hilflose Frau, mit der wir so lange freundschaftlich zusammen fuhren, gleich nachdem wir uns von ihr trennten, so bös verdächtigten und die Polizei auf sie aufmerksam machten. Aber es mußte uns beruhigen und rechtfertigen, daß ihr nichts geschehe, wenn sie keine Spionin sei, und daß es unsere Pflicht war, so zu handeln, wenn sie eine sei. Aber etwas Häßliches war doch dabei ... Und auf einmal machte mir die Reise keine Freude mehr. Wohl war der Krieg in mir noch immer etwas lodernd Gräßliches, das mich mit seiner blutigen Schönheit anzog. Aber schon verblaßten die wildroten Flammen in meiner Vorstellung, immer mehr wurde mir Schicksal zum Zufall, das Neue und Romantische ging unter in Schmutz und Ekel, und das Endergebnis meiner sich ändernden Kriegsvorstellung war: *nüchterner Wahnsinn.*

Das Abitur war der unglaublichste Schwindel, den man sich denken kann. Der Depeschenwechsel der Monarchen ist eine Sittenlehre dagegen. Zuerst schrieben wir eine einstündige Nacherzählung der Schlacht bei Sedan. Dabei stand Professor Nobeding hinter uns dreien, und sobald einer einen Fehler machte oder was vergaß, sagte er's ihm oder verbesserte es eigenhändig. Bei der englischen Übersetzung ging's zwar redlich her, aber sie war äußerst leicht. Für die Mathematikarbeit wurden vier Aufgaben gestellt. Eine sollten wir *wenigstens* lösen. Zwei löste ich. Sie waren derart, daß ich sie vor sechs Jahren schon hätte lösen können. Am Nachmittag schrieben wir den deutschen Aufsatz: „Die Ursachen des Weltkrieges 1914." Ich hatte nur nötig, das patriotische Geschwafel der Tageszeitungen noch einmal patriotisch anzustreichen. Am nächsten Tag mündliche Prüfung. Wartezeit eineinhalb Stunden. Dauer vier Minuten.

Wir wurden für reif erklärt. Ein bißchen herzliches patriotisches Gekrähe. Dann konnten wir gehen. Aber: unsere Zeugnisse sollten wir erst erhalten, wenn wir nachweisen, daß wir im Heeresdienst stehen.

Ich suchte nach einigen Tagen, als man wieder Freiwillige einstellte, bei den „Franzern" in der Blücherstraße als Sanitätssoldat anzukommen. Nahm sogar die Auszeichnung meiner Großmutter Agnes Stoltzenberg mit, die 1870 bei dem gleichen Regiment Samariterin war, um die Gemüter zu erweichen. Doch bevor ich das nötig hatte, erfuhr ich schon, daß nur Ausgebildete Sanitäter werden können. Gehe also zum Roten Kreuz. Man schickt mich in die Universität. Dort werde ich aufgenommen in den Kursus für Akademiker. Also: vom 25. 8. bis zum 8. 9. vormittags zwei, oft drei theoretische Unterrichtsstunden von Dr. med. Steinbrecher, nachmittags zwei Stunden Exerzieren unter Aufsicht eines richtigen Generals z. D. Das Exerzieren war erst lustig, ich kam mir vor wie ein kleiner Bub. Konnte es auch gut. Der General (ein Dösel) sagte: „Sehn Sie sich mal so was an, exerziert, als ob er schon zwei Jahre dabei wäre." Zu dem unterrichtenden Zugführer und zu mir: „Der beste Soldat in der ganzen Kompanie." Spaß machte mir's. Aber zum Schluß war's doch langweilig, und ich war froh, als ich fertig war. Morgen, den 16. 9., werde ich erfahren, in welchem Krankenhaus ich praktisch ausgebildet werde. *Vielleicht* kann ich dann wo ankommen, um mit Hunden das Schlachtfeld abzusuchen.

21. 9. 1914

Helmut ist zur Infanterie genommen worden. Erst hat es mich sehr traurig gestimmt, aber nun habe ich doch ziemlich viel Hoffnung, daß er nicht ins Feuer kommt, weil ich kaum annehmen kann, daß Deutschland sich in einen Winterfeldzug mit Rußland einläßt.

24. 9. 1914 – Virchow-Krankenhaus, Berlin N, Station 8, 1. Stock, Ärztezimmer, 10 Uhr abends

Der Dienst dauert von 7 bis 7 Uhr bei freiem Essen und zwei Stunden Mittagspause. Unsre Arbeit ist sehr leicht, da wir nur etwa dreimal soviel Leichtverwundete zu pflegen haben, als wir zusammen Schwestern, Helferinnen und Helfer zählen. Wir haben oft nichts zu tun. Dann schau ich mir das Krankenhaus an, oder ich unterhalte mich mit den Soldaten, spiele Karten, Domino und Mühle, lerne Ziehharmonika und singe mit ihnen, oder ich lasse mir vom Krieg erzählen. Die meisten Verwundeten kämpften bei Gumbinnen und Tannenberg und sind *Landwehrmänner* des 17. Armeekorps, weil das 17. Armeekorps bei Königsberg fast alle Aktiven verloren hat. Nach ihrem Urteil sind die Polen und Russen anständige Menschen, doch die Kosaken maßlos grausam und roh. Daher haben die Deutschen in Ostpreußen auch den Befehl erhalten, keinen Kosaken mehr gefangenzunehmen, sondern alle zu erschießen. Im Krankenhaus liegt ein Soldat, der an Wundstarrkrampf (Tetanus) erkrankt ist. Er muß vor jeglichem Geräusch und jeder Berührung möglichst bewahrt bleiben, da er sonst leicht in Krämpfe verfällt, die den Tod verursachen können.

Vorm Essen betet die Oberin: „Danket dem Herrn, denn

er ist freundlich, und seine Güte währet ewiglich." Wenn mir der Satz auch nicht gerade widerlich ist, so verspüre ich doch keine Lust, die Heuchelei, unter der ich in der Schule litt, auch hier anzuerkennen. Meinetwegen mag man das als ungebührlich bezeichnen.

Unter den Küchenmädchen, die das Essen auftragen, ist eins, dem ich zugetan bin. Natürlich kann es das nicht wissen, und ich erstrebe es auch nicht. Denn das Wertvollste, was sie mir geben kann, gibt sie mir, glaube ich, bereits in ihrem rätselhaften Anblick.

16. 10. 1914

Obwohl wir dort nie viel zu tun hatten, lernte ich im Virchow-Krankenhaus mehr als in der Schule in der dreifachen Zeit. Ich wohnte zahlreichen Operationen, einer Sektion und den verschiedensten Harn- und Blutuntersuchungen bei. Auch beim Aderlassen half ich. Die Behandlung im Krankenhaus war die erste anständige, die ich von Behörden erfuhr. Um so greulicher ist die Behandlung, die einem von seiten des Roten Kreuzes selbst zuteil wird.

8. 11. 1914

Der Glaube ans Wiedersehen nach dem Tode ist im Grunde recht schwach und häßlich, er verneint jegliches Faktum, macht alle Tatsachen relativ.

Habe vier Wochen nicht mehr geschrieben, weil ich nicht Zeit und Lust hatte. Morgen werde ich nach Gent fahren, von dort weiter in die Front. Was ich heute und morgen noch hier hineinschreibe, soll der Abschluß dieses zweiten und letzten Tagebuches sein. Des letzten, weil, was einst Bedürfnis und wertvoll war, nun Gewohnheit und pedantisch zu werden droht. Auch Kriegstagebuch will ich keins schreiben; was wichtig ist, wird in meinen Briefen stehen. Bevor ich jedoch aufhöre, muß ich noch über mein Verhältnis zum Krieg schreiben und die Gründe, daß ich als Krankenpfleger gehe.

18. 11. 1914

In den Krieg gehe ich, weil ich mich verpflichtet habe, das tat ich des Abiturs wegen. Doch gehe ich auch gern, weil ich's nicht aushalten kann in Berlin, weil ich schuften, entbehren *will*. Vaterlandsliebe kommt nicht in Betracht, dafür liebe ich's wohl zu ehrlich. Wunderbar ist, daß ich Sanitäter geworden bin, nicht Soldat. Ich muß nach dem Kriege nämlich unbedingt noch leben, muß. Kann man fragen, warum? Lüge und Raubsucht mästen sich. Schön sind die *Möglichkeiten* des Krieges, weil sie unausdenkbar sind, stumpfsinnig, entsetzlich die Tatsachen …

19. 11. 1914, am nächtlichen Morgen

Dritter Teil

Auf dem Kriegspfad

Meine erste Begnadigung

I

In Salzburg las man vor dem ersten Weltkrieg die Zeitung nur im Café.

Diesem Brauch lag die Überzeugung zugrunde, daß Berichte über die große und verderbte Welt nicht ins Haus gehören, daß sie von Kindern und Frauen fernzuhalten seien. Biblische Geschichten und Märchenbücher, ein Gedichtband von Wilhelm Busch, ein in Samt gebundenes, mit Metallbeschlägen verziertes Bilderbuch der „Schlösser am Rhein“ oder der „Ehrwürdigsten Bauten im sonnigen Italien“, ein mit Sinnsprüchen und Heiligenbildern geschmückter Kalender – das war ungefähr alles, was sich bis 1914 bei Bürgersleuten an Lektüre vorfand. Kamen noch einige Reihen von Bongs „Goldener Klassiker-Bibliothek“ und der „Bibliothek der Unterhaltung und des Wissens“ hinzu, so wurden sie, ebenso Mayers Konversationslexikon, hinter einer Glastür im Büfettaufsatz weggeschlossen.

Ich hatte als Zwölfjähriger die Literatur entdeckt. Und seitdem waren Künstler und Dichter für mich die einzigen Autoritäten auf der Welt. Nichts liebte ich so sehr wie Bücher. Zeitungen dagegen, die Journalisten und ihre Leser verachtete ich. Sie waren für mich der Inbegriff des Profanen, des Zweckhaften und Käuflichen – des Unkünstlerischen.

Plötzlich aber, in den ersten Augusttagen 1914, wartete ich, wie Millionen andere, mit Gier auf neueste Extraausgaben. Denn der Krieg, das war eines jeden Sache, vor allem aber Sache der jungen Männer, als die wir Achtzehnjährigen uns nicht nur fühlten, sondern als die wir nun auch gewürdigt wurden.

Ich kehrte aus den Ferien in Salzburg zurück mit dem Gedanken, Husar werden zu wollen. Als Patrouille durch den morgenfrischen Wald reitend – die feuchten Zweige streifen das gespannt ins Grün spähende Gesicht –, so sah ich mich, todernst, aber gerade deshalb schön. Und das Schöne galt mir als das zugleich Wahre und Gute.

Die mir am nächsten Stehenden dagegen, meine Tante und mein Bruder, sahen den Krieg weniger romantisch. Die Tante sah ein, daß ich mich freiwillig melden mußte. Das Kriegsabitur, das ich am 12. August bestanden hatte, machte es mir zur Pflicht. Außerdem meldeten sich alle jungen Leute. Das gehörte sich so. Aber sie litt mütterliche Angst um mich. Und nicht nur um mich. Menschen zu töten, und wenn auch Feinde, hielt sie für etwas Entsetzliches. Mußte es schon sein, so mochten sich ungebildete, rohe Burschen, deren es ja leider genug gab, dazu melden. Ich aber, der ich doch an die Dichtung glaubte, hätte das weise Gebot Goethes zu befolgen: „Edel sei der Mensch, hilfreich und gut!" Das gelte auch im Kriege. Ja, im Krieg erst recht. Kurz, sie schlug mir vor, ich solle freiwilliger Sanitätssoldat werden.

Mein Bruder unterstützte ihren Vorschlag. Seine Gründe dafür waren allerdings andere.

Er war Maler. Für ihn war, wie für mich, die Kunst das einzige, was dem Leben Wert und Sinn verlieh. Der Krieg galt ihm als ein Verbrechen. Er haßte alle, die hurra brüllend die Fahnen aus den Fenstern hängten, und fühlte sich jenen verwandt, die litten und bluteten. Er war maßlos im Haß und in der Liebe. Mich liebte er. Er liebte mich nicht nur, wie je ein älterer seinen jüngeren Bruder geliebt hat. Ich war auch sein vertrautester Freund, und manche meiner Gedichte konnte er auswendig. Den Bruder, den werdenden Dichter zu beschützen war sein fanatischer Wille. Und in diesem Willen begegnete er sich sonderbarerweise mit meiner Tante, deren spießbürgerliche Welt und Ansichten ihn so sehr abstießen.

Das Argument, ein Sanitäter sei weniger gefährdet als ein Husar, wurde nicht vorgebracht; aber ich spürte es hinter den Worten, und es weckte meinen Trotz. Gefahr zu meiden schien mir verächtlich.

Wenn es ihnen dennoch gelang, mich schwankend zu machen, so nur, weil sie Zweifel in mir bestärkten, die mich vom ersten Tag des Krieges an beunruhigt hatten. War Deutschland wirklich angegriffen worden? Die lärmende, kritiklose Begeisterung der Massen, der großmäulige, ordinäre Ton der Zeitungen, das dumme, prahlerische Gehaben meiner Schulkameraden und der Lehrer machten mich mißtrauisch. Konnte eine wirklich gute, gerechte Sache sich so manifestieren? Wie ging es wohl bei den Feinden zu? Sicher glaubten auch sie, im Recht zu sein. Ich sah andere junge Menschen, Jungen in russischer oder französischer Uniform, mit glühendem Gesicht durch den morgendlichen Wald reiten. Sie sahen mir ähnlich. Ich haßte sie durchaus nicht. Ja, ich war geneigt, sie anzulächeln. Warum sollten wir einander töten? Etwas mußte da verkehrt sein. Ein schreckliches Mißverständnis schien vorzuliegen. Vielleicht wollte überhaupt kein Volk diesen Krieg, und jedes glaubte, das andere wolle ihn. Wer machte ihn dann eigentlich? Und warum? Und ich – durfte ich da mitmachen?

Vielleicht hätte ich mich leichter umstimmen lassen, wäre nicht mein Grübeln durch den leisen, höhnischen Zuruf meines Stolzes gehemmt worden: Suchst du nach Vorwänden, um dich drücken zu können?

Den Ausschlag gab der Inhalt einer alten, mit kleinen bunten Glasperlen bestickten Brieftasche, die meine Tante aus einem riesigen Reisekorb hervorkramte. Ihr entnahm sie ein vergilbtes Blatt und eine Armbinde aus brüchigem weißem Leinen mit einem großen roten Kreuz darauf. „Hört, Jungens", sprach sie, „ich habe euch nie davon erzählt. Das Leben ist ohnehin traurig genug. Diese Armbinde hat eure Großmutter getragen, im Siebziger Krieg. Sie ist nicht zurückgekommen. Bei Orléans ist sie gestorben. Am Typhus. Eure Mutter und ich waren damals noch kleine Würmer." Sie seufzte. Und mit jenem eindringlichen Blick, aus dem Glück und Weh zugleich sprachen und den ich so sehr an ihr liebte, mit diesem unvergeßlichen Blick fügte sie hinzu: „Du siehst, auch wer Wunden heilen hilft, kann ein Held sein." Eine Träne fiel auf das rote Kreuz, als sie mir das Dokument zu lesen reichte. Es besagte, daß Agnes Stoltzenberg aus Berlin-Moabit mit dem Kaiser-Franz-Garde-Regiment, Berlin, im deutsch-französischen Feldzug als Rote-Kreuz-Schwester gedient hatte und den Heldentod fürs Vaterland gestorben war.

Am nächsten Morgen meldete ich mich bei demselben Regiment als freiwilliger Sanitäter.

Ich hatte mich bereits auf der Humboldt-Universität immatrikuliert und wurde nun im Virchow-Krankenhaus zum chirurgischen Assistenten ausgebildet. Mitte November 1914 fuhr ich mit anderen Studenten, die wie ich die Uniform mit der Roten-Kreuz-Binde trugen, nach unserem Bestimmungsort, Thourout in Flandern.

Es dunkelte, als wir ankamen. Wie Wetterleuchten zuckte es am westlichen Himmel auf, und es grollte dumpf. Dort also war die Front.

Das geistliche Seminar in Thourout war als Feldlazarett eingerichtet worden. Vielmehr, wir sollten es einrichten. Aber man benutzte es bereits. Das wurde uns klar, schon ehe wir das Gebäude betraten. Über einige Stufen, die zum Eingang hinaufführten, rann uns ein träger Brei entgegen, braun, rot und gelb, ein unter dem Tor hervorquellendes Gemisch aus Kot, Eiter, Urin und Blut. Die Birne im Torbogen warf grelles Licht darauf. Gräßlich wie dieser Anblick war der Gestank, der uns entgegenschlug, als wir eintraten. Die Halle war halbdunkel, und erst nachdem die Augen sich daran gewöhnt hatten, sahen wir die Quelle des Jauchestroms und des Gestanks: Verwundete, dicht nebeneinandergelegt, manche stöhnend oder wimmernd, die meisten reglos wie Leichen. Sie lagen auf den mit einer dünnen, völlig durchnäßten Strohschicht bedeckten Steinfliesen. Es war uns fast unmöglich, einen Weg hindurch zu finden, aus Angst, wir könnten auf Menschen treten.

Eine belgische Nonne ging wortlos ins höchste Stockwerk voran, wo sie uns einige schmale Räume als Quartier anwies. Darin standen noch die nüchternen Möbel der Seminaristen, Zeugen einer Zeit, die erst wenige Monate vorbei und schon tiefste Vergangenheit war.

Aber sie waren auch Zeugen eines Verbrechens, des Verbrechens, das wir, die Deutschen, an dem hilflosen Belgien begangen hatten und täglich aufs neue begingen. Jeder Berührung eines Stuhls, des Tisches, der Kommode versuchte ich auszuweichen, so deutlich machten sie mir bewußt: ich bin ein Einbrecher, ein Räuber.

Unnahbarer noch als die Dinge waren die Nonnen. Von wo sie kamen, wo sie wohnten und aßen, blieb uns ein Rätsel. Ganz junge waren unter ihnen und auch Greisinnen, aber alle waren sie wie unwirklich. Niemals müde, taten sie ihre Arbeit, vor keiner noch so brechenerregenden Handreichung zurückschreckend und ewig stumm. Die meisten von uns hatten Französisch gelernt und konnten sich ihnen daher verständlich machen. Sie aber antworteten nur mit Handlungen, indem sie ausführten, was man wünschte. Sie nickten auch oder bewegten verneinend den Kopf. Aber niemals sprachen sie mit uns. Auch nicht zueinander, jedenfalls nicht in unserer Gegenwart. Ihre Stummheit war vielleicht ein Gelübde. Wir wußten es nicht. Auf uns wirkte sie wie eine Strafe, ätzend durch ihre milde Unaufhörlichkeit. Es war, als sagte dieses Schweigen: „Ihr seid Verlorene, Verdammte."

II

Der Chefarzt Dr. Salzmann aus Berlin war mit uns eingetroffen und übernahm das Feldlazarett Thourout von belgischen Ärzten. Er war ein außergewöhnlicher Mann. Sein Haar war rostrot, sein Gesicht himbeerrot. Die Haut war fast durchsichtig. Auf Stirn und Kinnbacken zeichneten sich über den Muskelsträngen die Adern ab. Die nervösen, eigenwilligen Bewegungen des mittelgroßen, etwa vierzigjährigen Mannes machten vergessen, daß er Uniform trug. Seine Augen waren blau – emailleblau beim Operieren, zornblau, wenn er uns Sanitätern Befehle gab, haßblau beim Anblick der Pflegerinnen. Wann immer es etwas Widerwärtiges, Stinkendes zu tun gab – Steckbecken reichen, Operationseimer leeren, verschmutzte Bettwäsche wechseln –, befahl er es einer der Schwestern, mit Vorliebe der hübschesten und zartesten. Und zeigte sie nur eine Spur von Hemmung, etwa die Hände mit Kot oder Eiter in Berührung zu bringen, so beschimpfte er sie aufs unflätigste. Ein Hospital sei kein Bordell – wenn sie Schönheitspflege treiben oder sich einen Leutnant anlachen wolle, sei sie hier an die falsche Adresse geraten.

Uns Sanitätern setzte er weniger zu. Wir weckten seinen Unwillen nicht von vornherein durch unser Dasein, sondern nur, wenn er Faulheit oder Bequemlichkeit zu bemerken glaubte. Das glaubte er allerdings oft.

Die Verwundeten behandelte er geduldig, zart und gütig. Ob Tag, ob Nacht, wenn ein Fall kritisch wurde, wenn Neueinlieferungen kamen, war er zur Stelle und blieb, bis jeder einzelne Patient verbunden und untergebracht war. Sein vor Anstrengung mit Schweiß bedecktes Gesicht schien jeden Schmerz zu registrieren, den er verursachte oder nicht zu stillen vermochte. Freizeit, Essenszeit, Ruhe, Schlaf gewährte er weder sich noch anderen, ehe nicht alles für die Verwundeten geschehen war. Er hielt es für eine Gemeinheit, für persönliche Niedertracht, daran auch nur zu denken angesichts der Flut namenlosen Elends, gegen die er ankämpfte.

Es war die Zeit der Schlachten von Langemarck und Dixmuiden, dieses gewaltigen Kindermordes, da Zehntausende schlecht ausgebildeter siebzehn- und achtzehnjähriger Gymnasiasten singend und in dichten Reihen in das Maschinengewehrfeuer der Franzosen und Engländer stürmten. Die meisten fielen. Und viele derer, die den Verwundungen nicht erlagen, starben an Wundstarrkrampf. „Tetanus“ war die Bezeichnung für diese Infektion, mit der die sumpfige

„Wundstarrkrampf"

Erde Flanderns jene lähmte, die blutend auf ihr zusammenbrachen.

Die Symptome der Erkrankung zeigen sich erst nach Tagen, oft erst nach einer Woche. Der Verwundete – er glaubt sich vielleicht schon gerettet, und sein Humor kehrt wieder zurück – ahnt nicht, was es bedeutet, wenn ihm die Kopfbewegungen eines Morgens etwas schwerfallen, wenn er beim Sprechen oder Essen den Mund öffnet und ein unscheinbarer Reflex im Gesicht anzeigt, daß ein wenig Mühe damit verbunden ist. Noch hoffst du, sein Pfleger, dich zu täuschen. Aber dann schüttelst du ihm das Kissen auf und schiebst es ihm unters Kreuz, denn er will einen Brief nach Hause ansagen und dabei ein wenig aufrecht liegen. Und du weißt: mit jedem Wort, das du schreiben wirst, lügst du. Nie werden seine Lieben ihn wiedersehen. Gewiß, die Wunde ist nicht bösartig, die Blutungen haben aufgehört, das Essen schmeckt schon wieder. Und doch wird man ihn als Leiche, starr wie ein Brett, aus diesem Zimmer tragen. Denn als er vorhin seinen abgemagerten Arm um deinen Hals geschlungen hat, während du die Kissen richtetest, da gelang es ihm nur langsam, den Arm wieder geradezubiegen. Und jetzt, beim Ansagen, wie schwer er zu verstehen ist, weil er den Mund zuwenig öffnet! Bald werden die Kiefermuskeln ganz erstarren, er wird nicht einmal mehr flüstern können, es wird immer schwieriger werden, den Löffel mit Brei zwischen seine Zähne zu zwängen, und schließlich wird man ihn künstlich ernähren. Eines Nachts wird er die Knie anziehen, und er wird sie nie mehr ausstrecken können. Spitz stechen sie durch die Decke, und sie werden so durch das Leichentuch stechen, wenn wir ihn, ein leichtes Gerippe, ins Totenhaus tragen. Er aber weiß es noch nicht. Je regungsloser sein Körper wird, um so lebhafter wandern seine Augen von einem Gesicht zum andern und fragen entsetzt: Was ist mit mir? Und sie wandern auch noch, wenn er die gräßliche Wahrheit begriffen hat. Denn die Augenmuskeln sind die einzigen, die bis zuletzt ihren Dienst nicht versagen. Auch das Herz arbeitet noch. Aber die Seele des Kranken bewegt sich nicht mehr. Oder scheint es nur so? Liegt er nur deshalb wie eine geschnitzte Figur da, deren lebende Augen ins Jenseits starren, weil er unfähig ist, mit seinem wundgelegenen Körper auch nur aufs leiseste auszudrücken, was in ihm vorgeht?

Das Leben in den Krankensälen lief indessen weiter. Es wurde geschrien und gelacht, geflirtet und geflucht, und die Betten der Tetanusfälle standen dazwischen wie Särge ohne Deckel. Es war bedrückend, aber auch irritierend. Zu lange brauchten diese Abgeschiedenen, um endgültig zu sterben.

Die Front hatte sich seit unserer Ankunft kaum noch verschoben. Der Stellungskrieg hatte begonnen. Aber der Zustrom Schwerverwundeter hörte nicht auf. Und die Tetanusfälle wurden immer häufiger. Da ließ Dr. Salzmann uns Pfleger zusammenrufen und gab Befehl, sofort alle Hunde in Thourout und Umgebung einzufangen und sie in Käfige zu sperren, deren Anfertigung er bereits veranlaßt hatte. Er habe sich entschlossen, den Kampf mit dem Tetanus aufzunehmen, die Tiere brauche er zur Gewinnung von Anti-Tetanus-Serum.

Wir fühlten uns als Teilnehmer an einem großartigen Unterfangen und machten uns sofort daran, seinen Befehl auszuführen.

Der erste Hund, den wir fingen, war der unseres Feldwebels. Damit rächten wir die Verwundeten, die dieser fette Foxterrier mit seinem Gekläff allnächtlich aus dem Schlaf gerissen hatte, und entschädigten uns für die Niederträchtigkeit seines Herrn, dessen Charakter aus dem Hunde sprach.

Kein Vergnügen machte es, der Bevölkerung die Hunde wegzufangen. Es gab da natürlich alle Sorten, von den zutraulichsten bis zu den tückischsten. Wenn sie davonliefen oder gar zu beißen versuchten, fühlten wir uns nur wenig im Unrecht, gemein aber kam es uns vor, so ein Geschöpf in die Falle zu locken, wenn es einem freundlich wedelnd entgegenkam.

Ich wäre froh gewesen, nicht mittun zu müssen. Den Zweck und die Notwendigkeit sah ich natürlich ein. Es änderte nur nichts an der Tatsache, daß wir einen Raubzug gegen die Bevölkerung ausübten, die ohnedies schon allen Grund hatte, uns zu hassen. Ich fühlte mich eins mit ihr in diesem Haß. Ich suchte ihre Freundschaft als die Gleichgesinnter. Und es war mir gelungen, bei einigen Familien Eingang zu finden. Jedesmal, wenn ich in eine der Stuben trat, die noch tiefen provinzlerischen Frieden atmeten, war mir, als fiele meine Verkleidung von mir ab. Ich betrachtete mich längst als Zivilisten. Mein Haß gegen alle Uniformierten war krankhaft. Er umschloß auch mich. Selbst die Belgier konnten mir nicht zustimmen. Es sei nun einmal Krieg. Der einzelne könne daran nichts ändern. Krieg habe es immer gegeben. Und immer habe der kleine Mann aus dem Volke, auf beiden Seiten, dafür bezahlen müssen. Mir war diese dulderische, fast verzeihende Denkungsart unbegreiflich. Gehorsam wider besseres Wissen hielt ich für ein Verbrechen. Was immer du tust, freiwillig oder unter Zwang, verantwortlich bist du ganz allein. Von keiner Macht darfst du dich zwingen lassen, zu tun, was du für unrecht hältst. Und die Folgen? Die hast du eben zu tragen. Dafür bist du ein Mensch und kein Knecht. Wie froh war ich jetzt, nicht richtiger Soldat zu sein, sondern „nur“ Sanitäter! Anfänglich hatte ich mich zwar mitschuldig gefühlt, wenn ich es protestlos geschehen ließ, daß unsre Offiziere die belgische Bevölkerung wie Luft behandelten oder sie arrogant und kalt anschnarrten. Bald aber sah ich in den Offizieren den gemeinsamen Feind. Nicht nur den der Belgier, sondern den Feind aller gutgearteten Menschen, auch, ja gerade des eigenen Volkes. Diese geschniegelten Herren, für die der Mensch erst beim Leutnant anfing, waren keineswegs, wie es in den Zeitungen hieß, Männer, die Haus und Herd verteidigten, sie waren Eindringlinge, roh und hochmütig, prall vor Standesdünkel. Mit den Helden meiner Jugend, mit Andreas Hofer, Wilhelm Tell oder den Schillschen Offizieren, hatten sie nichts gemein. Gab es heute noch solche Helden, dann vielleicht unter den Franktireuren, über die man viele Schauergeschichten erzählte, von denen ich aber nie etwas bemerkte.

Im Gegenteil, meine Belgier, bei denen ich mich, wann immer ich Zeit hatte, einfand, waren mir viel zu friedfertig.

Und ihnen mußten wir die Hunde rauben. Sie durften es natürlich nicht bemerken. Denn würden sie erfahren haben, wo sich die geliebten Tiere befanden und welches Schicksal ihnen zugedacht war, so hätten wohl sogar diese biederen Leute rebelliert. Das Leid von Tieren, ebenso wie das kleiner Kinder, ist ja ihrer völligen Unschuld wegen besonders unerträglich. Unklar empfand ich, die Verwundeten, für die das Serum gebraucht wurde, waren, wenn auch auf rätselhafte Weise, am Kriege mitschuldig, also auch an ihrem eigenen Schicksal. Die Hunde dagegen, die für sie ein Martyrium erleiden sollten, hatten mit dem Krieg überhaupt nichts zu tun.

Bald hatten wir etwa fünfzig Hunde beisammen. Die Baracke für sie war im Innenhof des Seminars aufgeschlagen worden. Jedesmal, wenn wir hineingingen, klang uns vielstimmiges Gebell in allen Tonlagen und -stärken entgegen, ganz wie auf einer Hundeausstellung. Dr. Salzmann begann sie der Reihe nach zu injizieren und ihnen Lymphe und Rückenmark abzuzapfen. Wir hielten die sich wie wahnsinnig wehrenden, vor Angst stinkenden Tiere dabei fest. Es wurden Tabellen angelegt. Fläschchen und mikroskopische Präparate wurden datiert und numeriert und säuberlich auf Regale geordnet. Insgeheim begannen wir an Dr. Salzmanns Verstand zu zweifeln. Hatte er vorher schon wie im Fieber gearbeitet – jetzt, im Wettlauf mit dem Tode, blieb er Nächte hindurch im Operationssaal, oft ganz allein.

Ich erinnere mich nicht mehr, wieviel Zeit vergangen war, als er eines Morgens stolz und erschöpft bekanntgab, er habe das Serum gewonnen. Für einige Minuten war er wie verwandelt, freundlich zu jedem, offen und gesprächig.

Der erste, an dem das Serum ausprobiert wurde, war ein junger Leutnant, nur wenig älter als ich. Er war nicht allzu schwer verwundet und sollte ins Garnisonlazarett abtransportiert werden, als wir, am Tag vor seiner Abfahrt, die ersten Anzeichen des Starrkrampfs an ihm bemerkten. Wir alle, besonders aber die Pflegerinnen, denen es der hübsche, freundliche Junge angetan hatte, empfanden seinen Fall wie eine persönliche Tragödie. Auch ich mochte ihn leiden, obwohl er ein Leutnant war. Denn schon am Tage seiner Einlieferung hatte er mit aller Bestimmtheit und, wie mir schien, ohne jedes Bedauern erklärt, der Krieg sei für Deutschland verloren. Nie, niemals werde es uns gelingen, die Front in Flandern zu durchstoßen. Wir seien an der Marne entscheidend geschlagen worden. Es sei nur eine Frage der Zeit, und Deutschland werde verbluten. Das alles war uns, im Dezember 1914, vollkommen neu. Und als die Meinung eines Frontoffiziers hatte es besonderes Gewicht. Zumindest für mich. Die andern nahmen es nicht ernst. Verwundete genossen eine Art Narrenfreiheit; vielleicht sprach aus ihnen der erlittene Schock oder das Fieber.

Wir verfolgten die Einspritzung des Serums ins Rückenmark des jungen Leutnants – Lumbal-Injektion genannt – wie ein Drama. Soviel Liebe und Pflege wie diesem Patienten wurde keinem der vielen Verwundeten mehr entgegengebracht, die durch unsere Hände gingen. Und als sich wirklich bald Anzeichen einer Besserung einstellten, waren wir so hochgestimmt, als hätten wir einen Toten wieder zum Leben erweckt. Wir beglückwünschten einander und vor allem ihn, den Geretteten, der nun, fast ganz geheilt, zu seinen Lieben in die Heimat auf Erholungsurlaub fahren durfte.

Der Glücklichste unter uns war Dr. Salzmann. Alle Tetanusgefährdeten wurden von ihm in rascher Reihenfolge geimpft. Wohl eine Woche lang hat er etwa zwanzig Stunden täglich am Operationstisch gearbeitet, rasch, präzis, fast ohne Unterbrechung, mit Schweiß auf der Stirn.

Die Leidenschaftlichkeit dieses mir so fremden, unverständlichen Menschen, in dem Roheit und Güte zusammenwohnten, ohne aneinanderzustoßen, war für mich ein Licht in der Finsternis. Denn ich war damals unglücklich wie nie zuvor in meinem Leben. Wo war die edle, selbst in ihrer Tragik schöne Welt der geistigen und moralischen Probleme, die Kunst und Literatur mich lieben gelehrt hatten und der anzugehören alle meine Bemühungen, alle meine Träume gegolten hatten? Es gab sie gar nicht. Die Wirklichkeit war häßlich. Ein Gebirge sinnlos wuchernden Fleisches, heute von Gier, morgen durch Infektion entzündet, produzierte einen nie endenden Strom von Samen, Blut und Kot. Die glatte Haut darüber war Betrug.

In den ersten Wochen meiner Lazarettarbeit hatte physischer Ekel mich überwältigt. Der Geruch, der mir anhaftete, besonders den Händen, weckte in mir Brechreiz. Im Bett streckte ich die Arme weit von mir. Ich konnte nicht einschlafen. Ich wollte nichts essen. Die Kameraden fütterten mich. Das ging allmählich vorüber. Schwerer fiel mir, den Widerwillen gegen die vergnügte Vulgarität meiner Umgebung zu überwinden. Ich hatte mich in der Schule stets dagegen gewehrt. Und es quälte mich nun, zu beobachten, daß ich nachzugeben begann. Lachte ich über eine Anzüglichkeit oder Zote, war ich dann nicht abstoßender als der, der sie aussprach? Aus ihm sprach Gewohnheit. Ich aber degradierte mich; aus Bequemlichkeit, wohl auch, weil man sich hochmütig und eitel vorkommt, wenn man mit Gemeinen nicht gemein sein will. Hätte es keine Belgier gegeben, zu denen ich aufrichtig sprechen konnte, wäre Dr. Salzmann nicht gewesen, den ich – wenn auch mit Unbehagen – bewunderte, woran hätte ich mich halten können? Nur noch an eins: an Gedichte.

Wann immer ich allein war, auf Nachtwache oder in freien Stunden, wenn ich ins weidenbewachsene, neblige Land hineinwanderte, sprach ich Verse vor mich hin. Ich sprach sie wie Gebete. Es waren Gedichte von Brentano, von Verlaine, Dehmel, Rilke, von Else Lasker-Schüler oder Georg Trakl. Manchmal auch eigene, wie etwa das folgende:

Brief aus Flandern

So kahl das Land und hungermatt,
der Himmel bleiern, fahl.
Vom schwarzen Ast löst sich ein Blatt
und sinkt in letzter Qual.

Hier stehe ich zu meiner Schand
mit einem Mordgewehr.
O Mädchen fern, laß meine Hand,
die Schuld macht sie zu schwer.

Wer ohne Not den Bruder schlägt,
erschlägt die eigne Ehr.
Der, dessen Stirn das Kainsmal trägt,
kennt keine Spiele mehr.

So trüb das Land, so müd und wund,
der Himmel tränenblind.
Und Nebel tun mir schweigend kund,
daß wir verloren sind.

Solch trostlose Worte vor mich hin zu sprechen war mir Trost.

Ich litt damals unter einem sonderbaren Zwang. Ein Echo in mir antwortete auf das Stöhnen und Wimmern der Verwundeten. Es war ein fast körperlicher, schmerzhafter Druck in meiner Brust, der vor dem Einschlafen so heftig wurde, daß ich nicht anders konnte: ich mußte selbst stöhnen und wimmern gleich jenen, bei denen ich in langen Nächten Wache gehalten hatte. Und es erging mir wie den Verwundeten. Das Stöhnen brachte mir Erleichterung und schließlich Schlaf. Ähnliche Erleichterung brachten mir Gedichte. Sprach ich sie, so war mir, als fiele das Gemeine und mit ihm die Lüge meiner Uniform von mir ab, als verwandelte ich mich zurück in den einsamen Sucher nach Schönheit und Wahrheit, für den ich mich im Frieden gehalten hatte.

Und dann kam eine Nacht, in der nicht weniger in meiner inneren Welt zusammenbrach, als in der äußeren durch den Krieg zerstört worden war.

Die Nacht fing schon eigenartig an. Wir hatten einem schweren, kräftigen Mann ein Bein amputiert, ganz oben an der Hüfte. Es war zu groß für den Abfalleimer, daher bekam ich den Auftrag, es ins Leichenhaus zu schaffen. Es war noch warm. Blut troff von der Schnittfläche und aus der

Wunde. Ich wickelte viel Zellstoff darum und trug es auf beiden Armen, wie ein dickes Kind, in die Nacht hinaus. Das Totenhaus lag der Seuchengefahr wegen auf freiem Felde, abseits von Häusern und Wegen. Inmitten des dunklen Ackers, den ich überqueren mußte, stolperte ich, das Bein rutschte von meinen Armen, und ich fiel hin, mit dem Gesicht in die fleischige Masse des Oberschenkels. Ein solches Grauen überkam mich, daß ich davonrannte.

Erst nach einer Weile hatte ich mich wieder in der Gewalt, suchte das Bein und schaffte es ins Totenhaus. Es war inzwischen völlig kalt geworden.

Ich ging zurück ins Lazarett und wischte mir immer wieder übers Gesicht, von dem das Gefühl, auf einer Leiche gelegen zu haben, nicht weichen wollte. Als ich den Eingang erreichte, sah ich aus der entgegengesetzten Richtung eine seltsame, hohe Gestalt auf mich zukommen. Langsam trat sie aus dem Dunkel in den Lichtkreis vor dem Portal. Es war ein Inder. Er trug einen weißen Turban. Ein blauer, ärmelloser Mantel, der fast bis zum Boden reichte, hing von seinen breiten Schultern.

„Hospital?" fragte er mit matter Stimme. Er sprach das Wort englisch aus.

„Yes", antwortete ich. „Do you speak English?"*

Er nickte. Und da erst sah ich, daß die Hälfte seines Turbans schwarz von Blut war. Ich ergriff seinen Arm und wollte ihm zum Eingang hinaufhelfen. Er aber wehrte ab, gelassen und mit Bestimmtheit. Er setzte sich auf einen der beiden Treppensockel und blieb reglos, in fast förmlicher Haltung, sitzen. Nur wenn ich mich ihm näherte, hob er langsam den Arm und machte die Geste des Von-sich-Wegschiebens. Schließlich verstand ich die Worte, die er, auf seinen blutigen Turban weisend, mehrmals wiederholte: „Dangerous, dangerous for you. For all of you!"**

Gefährlich? Natürlich. Kopfschüsse sind immer gefährlich. Wieso aber für mich? Und für uns alle? Vielleicht ist er

* Ja. Sprechen Sie Englisch?
** Gefährlich, gefährlich für Sie. Für Sie alle!

geistesgestört? Oder irgendein indisches Verbot untersagt ihm, die Nacht mit Weißen unter einem Dach zu verbringen. Sonderbar. Das beste wird sein, ich melde den Fall Dr. Salzmann. Man kann einen Verwundeten doch nicht die ganze Nacht da sitzen lassen.

Dr. Salzmann war nicht im Lazarett. In seiner Wohnung wurde er erst gegen Mitternacht zurückerwartet. Ich ging wieder vors Haus. Der Inder saß unverändert da, wie ein Monument. Auf meine Worte reagierte er nun überhaupt nicht mehr. Es war kalt. Helfen konnte ich nicht. So ging ich nach einer Weile auf meine Stube, unsicher, ob ich den Menschen allein lassen durfte. Aber schließlich mußte ich am frühen Morgen schon wieder zum Dienst antreten.

Ich war gerade am Einschlafen, da wurde ich ans Telefon gerufen. Dr. Salzmann wollte wissen, was meinen nächtlichen Anruf veranlaßt hatte. „Operationssaal fertigmachen. In fünf Minuten bin ich drüben“, antwortete er auf meine Meldung. Er selbst half den verwundeten Inder hineintragen. Dabei stellte sich heraus, daß seine Gelenke fast steif waren. „Tetanus“, sagte Dr. Salzmann.

Und während wir den durchbluteten, zerfetzten Turban, der kein Ende nehmen wollte, behutsam abwickelten, die blutverkrusteten Stellen mit Wasserstoffsuperoxyd begießend, fuhr er fort: „Ein Gurkha. Aus Nordindien. Berühmte Krieger. Diese Menschen haben viel feinere, ungebrochenere Instinkte als wir Europäer. Er spürte den Starrkrampf und ahnte die Ansteckungsgefahr. Deshalb wollte er nicht ins Haus.“

Als Dr. Salzmann die Kopfwunde sah, sagte er tonlos, mit aschgrauer Sachlichkeit: „Aufhören. Spritze. Es ist nichts mehr zu machen. Sie sehen, die halbe Schädeldecke ist weg! Das Hirn liegt bloß und ist verletzt. Unsereiner wäre mit so einer Verwundung nicht wieder aufgestanden. Und er hat noch den Weg von der Front hierher zurückgelegt. Muß übrigens tagelang herumgeirrt sein. Sonst wäre der Tetanus noch nicht so fortgeschritten. Und selbst hier noch, am Ziel angelangt, hat ihn diese animalische Widerstandskraft –

nein, nicht animalisch –, die Willenskraft, wie sie nur eine viel ältere, tiefer verankerte Kultur hervorbringt – selbst hier hat ihn diese Kraft, unsern medizinischen Begriffen zum Hohn, nicht verlassen. Was Sie sich aber merken sollen für Ihr ganzes Leben", fuhr er fort, während er dem Inder Gesicht und Hals mit Alkohol reinigte, und er sprach nun nicht mehr tonlos und dozierend, sondern wie ein Seher, „dieser Typus, der vielleicht gar nicht besitzt, was wir das Ich nennen, und der zu ungezählten Millionen unsre Erde bevölkert, er wird als Sieger aus diesem Jahrhundert hervorgehen, aus den gewaltigen Kämpfen, die eben erst begonnen haben und deren Ende wir alle nicht erleben werden. Ein Mensch, der im Sterben noch so sehr ans Leben glaubt, daß seine letzten Handlungen, seine letzten Worte dem Schutz andrer gelten, ein solcher Mensch ..." Ein tiefes Aufstöhnen des Bewußtlosen ließ ihn den Satz nicht zu Ende sprechen. „Mehr Morphium!" sagte er kalt zu einer der Schwestern. Er gab diesmal die Injektion selbst. Dann, während er sich die Hände wusch, wandte er sich an mich: „Machen Sie einen Offiziersraum für ihn frei. Und sorgen Sie, daß ihm nichts abgeht während der Stunden, die er noch zu leben hat. Nichts!" Es war, als hätte ihn eine persönliche Wut gegen den Tod gepackt. „Schweinerei!" sprach er zu sich. Das ganze Gefühl seiner Ohnmacht als Arzt lag in diesem Wort. Er ging hinaus, ohne Gruß.

Am Morgen trugen wir die Leiche des indischen Kriegers ins Totenhaus. Den Rest der Nacht hatte ich bei ihm Wache gesessen. Und mit mir zu Gericht. Was war denn dieses Ich, das jener Inder vielleicht nicht besaß und das zu behaupten ich so sehr bemüht war? War es nicht ein liebloses Besser-sein-Wollen, das mir die Menschen um mich häßlich und schlecht erscheinen ließ? Hatte dieser verletzende, ja brutale Arzt nicht ein männlicheres, wärmeres Herz als ich, der stolz an seiner Einsamkeit und an traurig-schönen Versen hing, die an der Wirklichkeit nicht das geringste änderten? Lächerlich, armselig, des Nachts zu stöhnen, als sei man selbst verwundet, am Tag aber den Verwundeten nur gerade so weit beizustehen, wie der Dienst es verlangte. Nie zuvor hatte ich mich so wertlos und klein gefühlt wie an jenem Morgen, da wir den großen, dunklen Leichnam neben die blassen Körper der in derselben Nacht verstorbenen Söhne deutscher Mütter legten.

Als ich, taumelnd vor Müdigkeit, in mein Quartier kam, verspürte ich plötzlich scharfes Brennen am Halse, und im Spiegel entdeckte ich die Ursache: drei feuerrote blutige Streifen auf der Haut. Da erinnerte ich mich daran, daß der Arm des Inders, als wir ihn in der Nacht auf den Operationstisch hoben, von meinem Halse abgerutscht war. Darauf konzentriert, den schweren Körper so sacht wie möglich niederzulegen, hatte ich nur mechanisch gefühlt, wie seine scharfen Nägel mich kratzten. Jetzt aber wurde mir furchtbar klar: mit denselben Nägeln hatte er sich, als er verwundet zusammenbrach, in die verseuchte Erde gekrallt. Tetanus! Tetanus! schrie es in mir. Und ich sah mich auf dem Operationstisch, wie ich so viele hatte liegen sehen, während die lange Injektionsnadel mir langsam ins Rückenmark fuhr. Dann wieder sah ich mich in dem Schuppen voller Leichen liegen, aus dem ich gerade gekommen war. Dazwischen hörte ich meine Tante tonlos sagen: Er ist nicht zurückgekehrt; in Thourout ist er gestorben, am Wundstarrkrampf. Auch wer Wunden heilen hilft, kann ein Held sein.

Zwei nicht enden wollende Stunden wartete ich – die Kratzer wiederholt mit Jod bestreichend – wie ein Angeklagter auf den Urteilsspruch – auf Dr. Salzmanns Eintreten in den Operationssaal.

Sein Gesicht wurde ernst, als er meinen Hals besah.

„Wäre es ein Finger oder ein Arm“, sagte er schließlich, „so könnte man notfalls eine Amputation vornehmen. Den Kopf kann ich Ihnen nicht abschneiden. Bleibt nur übrig, wir machen für den Fall der Fälle eine Lumbalinjektion. Oder Sie warten ab, ob sich Symptome einstellen. Raten kann ich da nicht. Das müssen Sie mit sich selbst abmachen.“

„Ich warte lieber“, beeilte ich mich zu sagen.

Während der folgenden Tage beobachtete ich meinen Körper wie einen tückischen Feind. Das geringste Unbehagen in den Muskeln oder Gelenken erweckte Argwohn in mir. Nach dem Erwachen blieb ich manchmal minutenlang liegen, ohne mich zu rühren, aus Angst, bei der ersten Bewegung Symptome des Starrkrampfs wahrzunehmen.

Am Morgen des achten Tages klopfte mir Dr. Salzmann auf die Schulter.

„Gratuliere Ihnen. Jetzt besteht keine Gefahr mehr", sagte er.

III

Es war am Abend des 24. Dezember 1914. Ich hatte von acht bis zwei Uhr Dienst, Nachtwache bei den Verwundeten. Die Stunden vorher gedachte ich bei einer belgischen Familie zu verbringen, einem alten Uhrmacher mit seiner Tochter und ihren drei Kindern. Ihr Mann war Kriegsgefangener in Deutschland.

Aus dem farbigen Seidenpapierfutter von Briefumschlägen pflegte ich mit einer feinen Schere filigranartige Ornamente zu schneiden, die ich „Sternchen" nannte. Solche Sternchen waren mein Weihnachtsgeschenk für die Uhrmacherfamilie.

Ich wusch mich besonders gründlich und zog mich sorgfältig an. Vor dem Weihnachtsbaum muß man in Reinheit stehen, das hatte man mich in der Kindheit gelehrt. Und ich fühlte mich wieder wie ein Kind, als ich feierlich gestimmt aus dem Lazarett trat, das Bild des strahlenden Baumes im Herzen, den „Feinde" für ihre Kinder und mich geschmückt hatten.

Ich lief Dr. Salzmann direkt in die Arme. „Rasch! Rasch! Der Mann erstickt uns!" rief er. „Der Verband muß sofort runter!"

Ein über und über mit Lehm verschmierter Soldat wurde aus einem Sanitätsauto gehoben. Sein Kopf war ein unförmiger Ballen blutdurchtränkter Binden. Als wir ihn endlich freigelegt hatten und der Züge ansichtig wurden, hielten wir entsetzt einen Augenblick inne. Wir sahen einander an, und unsere Blicke bestätigten: er ist es. Vor uns lag jener junge Leutnant, den wir als ersten vom Tetanus geheilt hatten und der vor wenigen Wochen auf Urlaub in die Heimat gefahren war.

Und jetzt ...? Wir wuschen behutsam das Blut von dem fahlen Gesicht, das kein Gesicht mehr war. Ein Querschläger hatte beide Augen und die Nasenwurzel weggerissen, aus den gespenstischen Löchern rann ununterbrochen Blut. Wie auf Verabredung begannen wir zu flüstern. Auch Dr. Salzmann gab seine Anordnungen ganz leise: der Verwundete durfte uns nicht wiedererkennen. Uns, deren Glückwünsche ihn in die Heimat begleitet hatten, uns, die ihn mit soviel Geduld dem sicheren Tod entrissen hatten.

Unser Flüstern war nicht leise genug. Plötzlich fing der Blinde zu toben an. Nur mit aller Kraft, seine Knie und Oberarme niederpressend, konnten wir ihn auf dem Operationstisch festhalten, während Dr. Salzmann – gelassen, als bemerkte er von dem Vorfall nichts – die Augenhöhlen mit Mull austupfte. Der Leutnant brüllte dabei voll ungezügelter Verzweiflung: „Ich will sterben! Laßt mich sterben! Ihr Heuchler, ihr verfluchten, dazu habt ihr mich vom Starrkrampf geheilt, damit ich als Blinder weiterlebe. Blind! Blind! Ich will nicht! Macht Schluß! Laßt mich sterben!“ Er schrie es mit einer Stimme, die Schluchzen gewesen wäre, hätte er noch Augen zum Weinen gehabt. Und immer stärker brach der Haß aus ihm hervor: „Ihr seid ja so edel, so gut, so selbstlos! Ein Dreck! Mörder seid ihr!“ Und als spräche er zu sich, murmelte er: „Bilden sich ein, sie helfen, mildern Schrecken des Krieges. Noch stolz darauf.“ Sein blutiges Gesicht lachte höhnisch auf: „Habt mir das Leben gerettet, was? Ihr Schwindler! Repariert habt ihr mich, damit der Krieg nicht aufhört. Damit ich weiter beim Umbringen mittun kann, selber noch einmal umgebracht werden kann. Verfluchte Heuchler!“

„Spritze!“ befahl Dr. Salzmann. Er hob den Kopf des

Leutnants, und während eine Schwester die Injektion machte, begann er ihn zu verbinden. Des Leutnants Toben ging in ein Winseln über, in ein hoffnungsloses, grenzenlos verzweifeltes Jammern. „Blind. Das ganze Leben blind. Ihr habt kein Herz – sonst würdet ihr Schluß mit mir machen. Doktor, ich bitte Sie, ich flehe Sie an: Nehmen Sie den Verband ab! Lassen Sie mich verbluten!" Dr. Salzmann gab ihm eine zweite, wie mir schien viel zu starke Morphiuminjektion.

Schon eine Stunde später war der blinde Leutnant tot. Und ich mußte mich anstrengen, ihm nicht gram zu sein. Denn er hatte mich um den Weihnachtsabend bei den Belgiern gebracht. Es war Zeit, die Nachtwache anzutreten.

Ob Verwundete weniger leiden, wenn sie schlafen, ist fraglich. Jedenfalls leiden die Sanitäter weniger. Das heißt, es ist bequemer für sie, sie können die Lichter ausmachen und bei dem Notlicht im Wasserglas lesen oder Briefe schreiben oder sich selber einen vorsichtigen Schlaf gönnen.

Die Wache in dieser Weihnachtsnacht war sehr unbequem. Gespräche über das Fest, Erinnerungen an zu Hause, das Aus- und Wiedereinpacken der Pakete aus der Heimat, das Betrachten und Austauschen von Geschenken und Photographien, kurz, die festliche Erregung, die selbst an einem Feldlazarett mit Schwerverwundeten nicht vorübergeht, machte den Dienst in dieser Nacht besonders anstrengend. Kaum hatte ich einem Verwundeten das Becken gereicht, rief ein anderer, ich möchte ihn trockenlegen, ein dritter bekam Durst, wieder einem anderen war das Bein mit dem Gipsverband aus der Schlinge gerutscht, einem, der nichts Festes zu sich nehmen durfte, mußte ich das Gebäck wegnehmen, plötzlich begann einer laut, immer lauter, schließlich brüllend zu zählen: eins, zwei, drei, vier ... bis hundert, bis fünfhundert, bis tausend ... Er war am Rückgrat verletzt, und der Schmerz war so wahnsinnig, daß er mich zwingen wollte, ihm – gegen die Vorschrift – eine Spritze zu geben. Und er erreichte es auch, denn ich konnte mir nicht helfen. Sein Brüllen weckte andere auf, die nun wieder vor Schmerzen schrien, bis schließlich der riesige Saal ein rufendes, jammerndes, winselndes Tollhaus wurde.

Ich sparte nicht mit Morphium, trotzdem war Mitternacht längst vorüber, als ich endlich den ganzen Saal zum Schlafen gebracht hatte.

In die atmende, röchelnde Stille trat der diensthabende Feldwebel. Großspurig und rücksichtslos laut auftretend, kam er auf mich zu.

Ich war wütend. Und meine Stimme verriet es vielleicht, als ich ihm, betont leise, die vorgeschriebene Meldung machte: „Ein Sanitäter und einundachtzig Verwundete zur Stelle."

Mit jenem Habichtsblick, der ankündigte, daß er mir was am Zeuge flicken wollte, spähte er um sich und entdeckte auch gleich den gewünschten Anlaß zum Ärgernis. Ich hatte einige Tassen abgewaschen und war gerade beim Abtrocknen. Den Wasserrest in den Tassen spritzte ich, damit das Tuch nicht zu naß würde, auf den Boden. „Gottverdammte Schweinerei! Wer hat das Wasser da hingeschüttet?" brüllte er aus Leibeskräften, und im selben Augenblick begannen die wach gewordenen Verwundeten zu schreien.

In mir kochte es. Aber ich schwieg.

„Antwort! Wer war das?" brüllte er.

Und – mitten ins offene Maul hinein schlug ich in maßloser Wut die Tasse, die ich in der Hand hielt. Die Tasse zerbrach, von seinem Gesicht und von meiner Hand rann Blut. Noch ehe er reagieren konnte, war ich aus dem Saal gelaufen, an meiner Ablösung vorbei, die gerade hereinkam.

In der Kühle der Nacht schlug mein Jähzorn in Heiterkeit um. Ich war glücklich. Zum erstenmal seit meiner Ankunft vor sechs Wochen war ich wirklich glücklich. Was immer die Folgen meiner Tat sein mochten, ich fühlte mich wie erlöst. Stolz, in dem Bewußtsein, nunmehr ganz zu ihnen zu gehören, betrat ich das Heim des alten Uhrmachers und seiner Tochter, in dem noch immer Licht brannte. Sie hatten die Kinder zu Bett gebracht, aber die Hoffnung, daß ich noch käme, nicht aufgegeben.

Darauf gefaßt, verhaftet zu werden, ging ich am Morgen in den Operationssaal. Nichts geschah. Zwar blickten die Kameraden und die Schwestern mich an, als wollten sie sagen: Da hast du dir was Schönes eingebrockt. Aber Dr. Salzmann tat, als wisse er von nichts. Und der Feldwebel war nirgends zu erblicken.

Erst zwei Tage später wurde ich in die Schreibstube gerufen. Der Feldwebel hatte über die beiden Feiertage Urlaub nach Brügge gehabt, und den hatte er sich trotz des Verbandes im Gesicht nicht verderben lassen. Ob er nun keine Lust hatte, den Fall vors Kriegsgericht zu bringen, oder ob sich vielleicht der Chefarzt für mich eingesetzt hatte – wer weiß? Jedenfalls wurde mir eröffnet, daß der Hauptmann mich wegen Mißhandlung eines Vorgesetzten, trotz der Schwere des Vergehens, in Hinsicht auf meine Jugend und weil ich noch nicht vorbestraft sei, zur Mindeststrafe von sechzehn Tagen strengem Arrest verurteilt habe. Da es in Thourout kein geeignetes Arrestlokal gebe, so wurde mir weiter eröffnet, hätte ich die Strafe anzutreten, sobald die Truppe in einen Ort mit Militärgefängnis verlegt werde.

Glück muß der Mensch haben, dachte ich bei mir und konnte das Lachen kaum verkneifen. Sechzehn Tage Kasten – dafür lohnte es sich wirklich, dem Feldwebel in die Fresse zu hauen.

Als der deutsche Kaiser Geburtstag hatte, genau vier Wochen später, am 27. Januar 1915, waren wir noch immer in Thourout. Mit blanken Stiefeln und Knöpfen, schnurgerade ausgerichtet, stand alles, was in Thourout Uniform trug, auf dem Marktplatz und ließ die Kaisergeburtstagsrede des Hauptmanns über sich ergehen. Sodann verlas der Feldwebel den Tagesbefehl. Darin hieß es, nach Bekanntgabe der Beförderungen und Ordensverleihungen, daß Seine Majestät aus Anlaß ihres Geburtstages eine Amnestie für alle Militärstrafen bis zu einem Monat Arrest erlassen habe.

Der Hauptmann ergriff wieder das Wort. „Es ist eine

Schande", schrie er und lief dabei rot an, „ein einziger Mann, ein Sanitäter, beschmutzt die Ehre unsrer Truppe! Und jetzt wird er auch noch begnadigt. Vortreten der Mann!"

Ich trat drei Schritt aus dem Glied und stand stramm.

Er ging langsam auf mich zu wie auf ein ekeleinflößendes Wesen. Die Blicke der ganzen Mannschaft ruhten auf mir, ich empfand es aber nicht als unangenehm. Da wandte sich der Hauptmann barsch an den Feldwebel und befahl: „Ich will dcn Mann nicht wieder vor die Augen bekommen. In der Heimat drängen sich ehrenhafte Deutsche danach, das Vaterland verteidigen zu dürfen. Der Kerl ist nicht würdig, Kaisers Rock zu tragen. Sofort die Entlassungspapiere fertigmachen lassen."

Bereits am nächsten Tage saß ich in dem Zug, der mich nach Berlin zurückbrachte. Ich war hochgestimmt. Aber ernster als während der Fahrt zur Front. Denn ich wußte, mir war Gnade widerfahren: jetzt fuhr ich wirklich in den Krieg. Nicht mehr als Sanitäter, sondern als Soldat. Und in einen guten Krieg, der für mich in der Weihnachtsnacht begonnen hatte.

Über George Grosz

Ein Kaufmann aus Holland

Ich habe ihn 1915 kennengelernt. In Wilmersdorf, an einem Sommerabend, bei Ludwig Meidner, dem Maler. In den vier- und fünfstöckigen Häusern dieses Berliner Vororts lebten Kaufleute, Ärzte, Beamte, lauter solide Bürger. Über ihnen, in den Dachstühlen, hausten wir, die Berliner Boheme. Es hatte nämlich der Einbau von Fahrstühlen den Ausbau von Ateliers, also eine rentablere Ausnutzung der Dachkammern, möglich gemacht. Sonderbarerweise benötigten damals auch Schriftsteller und Dichter Malerateliers, wenn auch nicht gerade solche mit Nordlicht. Wohnungen galten als spießig; auch waren sie zu teuer. Und hatte es nicht einen eigenen Reiz, Mond und Sterne durch das schräge Oberlicht zu erblicken? Man fühlte sich dem Kosmos näher, dem Zeitlosen, Unverrückbaren jenseits aller Menschenmacht.

Die Menschenmacht war Künstlern, besonders jungen, niemals sympathisch gewesen. Damals aber war sie uns tief verhaßt, denn es war Krieg, und das bedeutete, diese Macht griff ganz besonders roh ins Dasein ein, selbst in das von uns jungen Künstlern, die sich vor 1914 um Politik kaum gekümmert und mit Widerwillen die Zeitung in die Hand genommen hatten. Nicht nur Menschenleben vernichtete der Krieg, sondern auch einmalige große Begabungen; und das erschien uns als das Furchtbarste. Franz Marc, der „blaue Reiter", die jungen Lyriker Georg Trakl, Ernst Stadler, Alfred Lichtenstein, die Münchner Maler Weisgerber und Macke – sie waren gefallen, zerfetzt. Und den meisten von uns drohte das gleiche. Wir nannten es nicht Schicksal, sondern Mord, Verbrechen. Um was immer der Krieg geführt wurde, um Geistiges, um die Kunst gewiß nicht. Also war er bestimmt nicht unsre Sache. Der Russe Chagall, der Franzose Apollinaire – sie standen uns nahe, sie suchten und grübelten und experimentierten wie wir. Die Herren Offiziere und Oberlehrer dagegen, die Bankiers und Kommerzienräte, wenn sie auch zufällig deutsch sprachen, was gingen sie uns an? Für unsere Gedichte und Bilder hatten sie, wenn viel, Hohn und Verachtung übrig. Was gab ihnen das Recht, von uns eine freundliche Haltung, sogar Begeisterung und Opfermut zu verlangen?

Fast noch entsetzlicher aber als der Gedanke, durch vorzeitigen Tod mitsamt den ungeborenen Werken ausgelöscht zu werden oder als Krüppel durchs Leben zu schleichen, war uns die Vorstellung des Kasernenhofes, wo man Männer kastrierte, indem man ihren Eigenwillen brach. Jeder von uns hielt die Persönlichkeit, die Individualität (wie schon der alte Goethe, dem wir sonst selten zustimmten) für das höchste Glück, ihre Entwicklung und freie Entfaltung für den eigentlichen Sinn des Daseins. Schon unsere äußere Erscheinung bekundete das. Mit Absicht trugen wir ungepflegte Kleider, wir wollten nicht als Pedanten gelten, unsre Haartracht, die Art, wie wir uns bewegten und wie wir sprachen – alles war darauf angelegt, von der Umwelt abzustechen, es drückte Protest aus und zugleich Eigenliebe. Selbst untereinander versuchten wir uns deutlich zu unterscheiden, im Aussehen und im Benehmen. Ein eigenes Gesicht, einen eigenen Lebensstil zu haben, das galt bereits als eine Art künstlerischer Leistung.

Ich war daher überrascht, als ich in jener Sommernacht den Fremden bei Meidner erblickte. Nicht, als ob neue Gesichter in unsrem Kreis etwas Ungewöhnliches gewesen wären. Im Gegenteil: jeder brachte zu jedem mit, wen er wollte. Und es wurde dabei die in Deutschland so hochgehaltene Sitte des umständlichen Vorstellens mit deutlicher Nennung des Namens bewußt verletzt. Überraschend war für mich nicht die Anwesenheit, sondern das „normale" Aussehen des jugendlichen Herrn. Ja, er war ganz und gar ein Herr. Wie aus einer Modezeitschrift ausgeschnitten sah er aus, in diesem Milieu gewissermaßen unstatthaft, ja peinlich. Das aschblonde Haar war tadellos geschnitten, der Scheitel so scharf wie die Bügelfalte seines leicht übers Knie hochgezogenen Beinkleides. (Wir andern hatten Hosen an.) Das rötliche Gesicht mit dem scharfen Profil und den blauen, mißtrauischen Augen hätte einem deutschen Offizier gehören können. Und doch ... Und doch hätte dieser streng adrette junge Mann vor einem preußischen Feldwebel noch weniger Gnade gefunden als jeder andere unter uns. Uns hätte man die Haare scheren, Uniformen verpassen und die lässige Haltung auf dem Exerzierplatz austreiben können. Kurz, wie das im Militärjargon so überheblich heißt, man hätte „Menschen aus uns gemacht". Dieser hier aber war offensichtlich bereits ein „Mensch". Er saß auf seinem Stuhl – nicht zu bequem, das konnte dem Anzug schaden – wie ein Denkmal des ewigen Zivilisten. Rührt mich nicht an! schien die verhaltene Nervosität seiner Erscheinung zu befehlen. Kein Zweifel: diesem dezent grauen, stäubchenfreien Anzug, der etwas eng am muskulösen Körper saß, diesem zu einem kleinen Knoten fest zusammengezogenen Seidenschlips auf dem gestärkten Hemd, diesen schwarzblauen, fast durchsichtigen Socken, die sich über den deutlich zur Schau gestellten Fesseln spannten, den neuen, allzu reich mit Lochornamenten verzierten dicksohligen schwarzen Halbschuhen – kein Zweifel, all diesen Dingen gehörte die tiefe Liebe des Mannes, und um keinen Preis hätte er sie gegen welche Uniform auch immer eingetauscht.

Was aber das Sonderbare an ihm war – er machte nicht den Eindruck eines Gigolos oder Modenarren, obwohl alle Voraussetzungen dafür gegeben schienen. Sein Blick war der eines zielenden Schützen und sein Mund von einer Bitterkeit, die nur der Puder auf den scharf rasierten, kräftigen Kinnbacken ein wenig versüßte. Die allzu korrekte, schweigsame Art, mit der er unsrer Unterhaltung folgte, drückte Wachheit und Vorbehalt, zuweilen auch hochmütige Verschlossenheit aus. Das eine war klar: oberflächlich oder hohl war der Mann nicht. Das hätte ich auch nicht angenommen. Wer mit uns, mit einem von uns, verkehrte, war allein dadurch als geistig hochstehend und außergewöhnlich ausgewiesen. Das war das einzige Prinzip, das uns bei der Auswahl unsrer Bekannten lenkte. Geschäfts- oder Familienrücksichten gab es nicht. Selbst wer uns fördern wollte, mußte die beleidigende Offenheit vertragen können, die zwischen uns herrschte. Anpassung war für uns Sünde.

Gern hätte ich mich nach dem Fremden erkundigt, ob er Schriftsteller war oder Maler, woher er kam, welche modernen Künstler er besonders schätzte. Es ging nicht, denn eine leidenschaftliche Debatte wurde gerade geführt, als ich eintrat. Einer der Anwesenden hatte jene fatale Postkarte im Briefkasten gefunden, die besagte, er habe sich in gewaschenem und ordentlichem Zustande dann und dann bei dem und dem Truppenteil einzufinden. Wie sollte er sich verhalten? Folge leisten? In die Schweiz fliehen, wie es manche mit Erfolg getan hatten? Krankheit simulieren? Einfach ignorieren? Hingehen, aber den Dienst verweigern?

Meidner, der älteste unter uns, dessen gebrechliche, zwergenhafte Gestalt ihn zum Überleben prädestinierte, war dafür, zu folgen, in Demut zu dulden. Er begründete seinen Rat mit Tolstois urchristlichen Ideen.

Mein Freund Davringhausen dagegen (übrigens der einzige unter uns, der sich elegant trug, aber durch zu schwere Stoffe, auffällig weite Hosen, Gamaschen und ägyptischen Schnitt seiner amselschwarzen Haare sich doch als Künstler auswies) war dafür, sich einfach totzustellen. Wer konnte denn beweisen, daß der Gestellungsbefehl angekommen war? Bis die preußische Bürokratie dahinterkäme, vergingen Monate, dann werde man weitersehen – vielleicht sei dann der Krieg schon aus.

„Halten Sie das wirklich für möglich?" fragte unverhohlen bestürzt der Fremde, der bis dahin nicht gesprochen hatte.

„Möglich?" Davringhausen hob die breiten, mit Watte erhöhten Schultern. „Ich hoffe es."

Der Fremde lächelte verbindlich. „Ach so. Ich hatte gefürchtet, es sei ernsthaft Ihre Meinung. Sinnlose Befürchtung, hähä ... Aber ich unterbrach. Verzeihung."

Es war still geworden. Das Gespräch der beiden begann zu interessieren.

„Nanu? Was gibt's denn da zu befürchten? Ich verstehe überhaupt nicht, wie Sie so etwas sagen können!" Davringhausen maß den Mann herausfordernd.

„Hm?" machte der. Es klang abwägend. „Fürchten ist ein übertriebener Ausdruck. Nur ganz privat – es wäre mir etwas peinlich, sogar recht erheblich ... Aber lassen wir das. Gehört nicht hierher." Er machte eine abwinkende Geste, die auch heißen konnte: Sie verstehen ja doch nichts davon.

Wir alle starrten ihn an, ungut, als wollten wir sagen, er sei es, der nicht hierhergehöre. Jetzt erst wurde mir klar, daß er auch für alle andern ein Unbekannter war und daß er auch in ihnen Mißbehagen weckte. Nur Meidner schien ihn zu kennen. Er grinste versteckt.

Ich konnte meine Entrüstung nicht zurückhalten. „Privat? Wie können Sie wagen, so etwas zu sagen? Da gibt es doch nur ein Entweder-Oder: Sind Sie für den Krieg oder dagegen?"

Er bestrafte meine unduldsame Heftigkeit mit übertriebener Liebenswürdigkeit. „Ich?" antwortete er mit kindlichem Erstaunen. „Wer bin ich schon? Meine Meinung kann für Sie nun wirklich kein Gewicht haben. Gänzlich uninteressant. Sie müssen wissen, ich komme aus Rotterdam – als neutraler Ausländer und Kaufmann sehe ich die Dinge, wenn ich so sagen darf, natürlich weniger subjektiv ... gewissermaßen toleranter an." Er wiederholte laut: „Ja, meine Herren. Toleranter. Objektiver."

Jetzt sprachen alle gleichzeitig auf ihn ein. „Aus Holland? Wirklich?" – „Sie tolerieren den Massenmord, Herr! Ist Ihnen das klar?" – „Was ist Ihr Geschäft, handeln Sie etwa mit Kunst?" – „Was glaubt man denn in Holland, wer siegt?"

Die Aufregung, das Durcheinander schienen dem Mann zu gefallen. Er war offensichtlich nicht ungern Mittelpunkt des Interesses. Seine Augen wurden auf einmal fast jungenhaft offen, mir schien, ein wenig schalkhaft. Seine Stimme hingegen – er antwortete absichtlich leise, dieserart Ruhe erzwingend –, seine Stimme klang kalt und arrogant.

„Tja – wie soll ich sagen, meine Herren?“ begann er, das Verstummen der Herausforderer abwartend. „Tja, Sie sind doch wohl etwas ... etwas ... Berlin ist gewiß eine große Stadt, zugegeben, aber schließlich nicht die Welt. Ich komme mit den besten Absichten, wie gesagt, und Sie wollen mich zu Bekenntnissen nötigen. Allerhand, muß ich schon sagen. Schön, ich verstehe, das alles muß Ihnen sehr nahegehen. Das begreife ich, das würdige ich durchaus, meine Herren. Aber was verlangen Sie von mir? Wir Holländer führen doch keinen Krieg. Da sieht man eben die Dinge von einer – ich will nicht behaupten, höheren, sagen wir lieber – kühleren Warte aus als Sie, daher wohl etwas ruhiger und klarer. Krieg hat es, wie bekannt, immer gegeben. Jeder muß versuchen, das Beste für sich daraus zu machen. Das ist ganz natürlich. Oder nicht ...? Sie scheinen anzunehmen, ich habe kein Herz. Seien Sie nicht voreilig. Mißverstehen Sie mich nicht! Im Gegenteil, meine Herren: sonst wäre ich wohl kaum nach Berlin gefahren. Kein reines Vergnügen für unsereinen, glauben Sie mir. Ihr Kaffee ist ja scheußlich. Ein Glück, daß ich mir meine Importen mitgebracht habe. Wie gesagt, mir schwebt da ein Geschäft vor. Sie werden sehen, ein großartiger Plan. Ich setze dabei allerdings das eine voraus: daß es zu keinem vorzeitigen Frieden kommt. Auf meine Art und soweit es in meiner Macht liegt, möchte ich die Wunden dieses Krieges heilen helfen. Zudem hat die Sache auch rein pekuniär glänzende Perspektiven. Geben Sie einmal acht! Sie kennen doch alle den Kaffeepalast am Potsdamer Platz, das Piccadilly. Vierzehn hat man's umgetauft in ‚Haus Vaterland'. Hahaha, Gott strafe England! Natürlich falsch spekuliert, grundfalsch. Vaterland! Hat man doch an allen Ecken, Vaterland. Piccadilly, exotisch, das war goldrichtig. Aber lassen wir das. Was halten Sie von folgendem? Daß der ganze Kasten bankrott ist, wissen Sie ja wohl. Also, ich habe ihn für einen Pappenstiel gemietet, und zwei-, dreitausend Kriegsverstümmelte dazu. Sie wissen, sone Leute ohne Beine und Nase. Arme sind auch nicht unbedingt notwendig; man hat hier erstklassige Prothesen, einfach großartig. Sie glauben mir nicht? Bitte, lesen Sie nach in der Berliner Illustrirten, letzte Woche. Ein Patent des berühmten Professors Basekiel. Ganz kolossal. Ich sage nur: Hut ab vor der deutschen Technik. Also, wie gesagt, Krüppel gibt es massenhaft. Und billig. Gewiß, die Leute werden unterstützt. Großzügig sogar, ich bestreite das keinesfalls. Aber ... eine kleine Aufbesserung kann schließlich jeder gebrauchen, nicht? Sehen Sie, wir Holländer sind mehr praktische Menschen. Wir gehen auch an das Humane mehr nüchtern heran. Und fragen Sie sich selbst: Hilft das im Grunde den Kriegsopfern nicht mehr als die ganzen Streitigkeiten, wer schuld ist am Krieg und wer siegen soll? Davon wächst weder einem Franzmann noch einem Deutschen das Bein nach. Oder irre ich mich?"

Unsre Blicke waren feindselig auf ihn gerichtet. Er aber schien es nicht zu bemerken. In geschäftsmäßigem Ton setzte er seinen Monolog fort: „Es ist nur noch eine kleine Formalität, die Schwierigkeiten macht. Ihre Beamten verstehen von lukrativen Möglichkeiten rein gar nichts. Auf den Schlachtfeldern, in der Etappe liegen Millionen Granatsplitter herum. Bares Geld! Glauben Sie es mir. Und was geschieht damit? Nichts! Weniger als nichts: die Belgier verhungern, während sie darauf herumlungern. Einfach ein Skandal. Ihre Militärs sind all right. Kein Zweifel. Aber sonst? Nirgends Initiative. Kein Wagemut. Kein Schwung. Unser kleines Holland, sagen Sie nichts dagegen: auf Geschäfte versteht es sich besser. Habe ich erst die Bewilligung – eins, zwei werde ich das Zeug sammeln und verfrachten lassen. Und hier bemalen das dann meine Krüppel fein säuberlich. Schablonenarbeit, aber mit der Hand, wohlverstanden, original. Reell. Das erleichtert den Verkauf. Und sinnig. Mit dem E. K. I oder der ‚dicken Bertha'. Darunter in Zierbuchstaben: ‚Aus großer Zeit' oder auch ‚Jeder Schuß ein Russ'', was eben zum Herzen des Volkes spricht. Und ein Efeurahmen drum herum, Pardon, Eichenlaub. Für frömmere Gemüter vielleicht: ‚Der Gott, der Eisen wachsen ließ ...' und so weiter, oder ‚An Gottes Segen ist alles gelegen'. Sie verstehen schon. Ein paar Dutzend Reisende, am besten natürlich ebenfalls Kriegsbeschädigte – die Leute kann man schlechter abweisen. Haha. Möchte ich doch sehen, ob da nicht über kurz auf jeden deutschen Schreibtisch so ein sauber polierter Briefbeschwerer oder Aschenbecher zu stehen kommt. Millionen, ich buchstabiere: *Millionen* sind daran zu verdienen, meine Herren, denn die Leute bekommen was Sinniges ins Haus. Obendrein ist den armen Teufeln geholfen. Und – hm – versteht sich, auch mir. Nun sagen Sie selbst: Darf man immer nur das Ekelhafte betonen wollen? Hat er nicht auch seine kulturellen Werte, so ein Krieg?"

Alle schrien wir gleichzeitig: „Sie sind eine Hyäne des Schlachtfeldes!" – „Das ist ja Blasphemie!" – „So was zu erlauben, das sieht der Regierung ähnlich." – „Schämen Sie sich nicht, Sie ... Sie ...?" – „Ist ja Blödsinn, daraus wird doch nichts!"

Der junge Kaufmann ließ den Hagel der Beschimpfungen gleichmütig über sich ergehen. Und so, als gelte es, geschäftliche Einwände zu widerlegen, fuhr er fort: „Ich sehe, meine Herren, Sie haben Bedenken. Tja – es handelt sich aber hier doch nicht bloß um Ideen und Überzeugungen wie auf Ihrem Felde, sondern um Wichtigeres, um das Wichtigste überhaupt: um Umsatz! Meine Herren, vergessen Sie niemals: die Welt lebt vom Umsatz. Der Kaufmann ist der wahre König unsres Jahrhunderts. Sie sind doch nicht allein auf der Welt, meine Herren, bedenken Sie das, Sie sind doch nur ein verschwindender Bruchteil oder, um es deutlicher zu sagen, Sie tragen zum Umsatz der Nation verdammt wenig bei. Davon abgesehen: Warum wollen Sie dem einfachen Mann aus dem Volke das Glück vorenthalten, zu sich und seinen Angehörigen später einmal, zum Beispiel im nächsten Krieg, sagen zu dürfen: ‚Ich war damals schon dabei!', und zum Beweis auf den Schreibtisch oder die Anrichte zu deuten, wo er so ein niedliches Andenken zu stehen hat. Sie verachten eben die Masse, das ist es. Als Kaufmann kann man sich das nicht leisten. Als Kaufmann nicht. Nein! Als Künstler ... das wissen Sie natürlich besser."

Ich wurde unsicher. Was war von diesem Menschen zu halten? War es wirklich sein Ernst, was er – recht berlinerisch übrigens – hier an Meinungen und Absichten äußerte? Oder versteckte er sich hinter seinen Worten? Wenn es sich um einen glatzköpfigen Fettwanst gehandelt hätte, mein Gott, diese Leichenfledderer waren zu allem fähig. Aber so ein fesselnd aussehender Mensch? Der Gedanke wäre grauenhaft.

Ein junger Dramatiker wandte sich an den Holländer. „Erlauben Sie eine Frage. Von Geschäften verstehen wir alle nichts, zugegeben. Lassen wir das also auf sich beruhen. Aber etwas anderes würde mich interessieren: Ihr Verhältnis zum Tode, zum Phänomen des Todes. Ich arbeite gerade an einem Stück über das Problem. Und es wäre mir nicht unwichtig, zu erfahren, wie Sie als Mann der Praxis darüber denken. Sind Sie da etwa auch neutral? Oder haben Sie sich vielleicht doch schon einmal Gedanken darüber gemacht?"

Unsre Augen richteten sich auf den Angesprochenen. Der schien die höfliche Impertinenz der Frage nicht zu bemerken. Vielleicht wußte er nicht einmal, daß der also Fragende vor kurzem durch ein Drama über den Vater-Sohn-Konflikt zu raschem Ruhm gelangt war. Er nahm, ehe er dem Dramatiker antwortete, die Pose eines grübelnden Denkers ein und sprach, leiser und stockender als zuvor: „Der Tod? Ein eigentümliches Wort. So sanft, so melodisch. Besonders in Ihrer Sprache ... Warten Sie. Wie ist das eigentlich? ... Gedanken darüber? Ja doch ... oder vielleicht auch nicht? Ein häßliches Gebiet ... Auch irgendwie undezent. Einmal muß es sein, läßt sich nicht bestreiten. Wohl am besten, man beschäftigt sich nicht damit. Oder später. Jedenfalls doch nicht öffentlich. Wir in Holland haben ja Frieden, Gott sei Dank. Gestorben wird bei uns selbstredend auch, aber mit mehr

Zurückhaltung, unauffälliger. Letzten Endes bleibt das immer Privatsache, sogar im Krieg ... Sofern man Familie hat, das ist etwas anderes – da empfiehlt sich eine Versicherung. Aber so meinen Sie das natürlich nicht. Das nähme ja die Tragik weg. Als Dramatiker möchten Sie das Philosophische, das Beunruhigende herausarbeiten. Hat auch seine Wichtigkeit. Das räume ich ohne weiteres ein. Es muß da etwas geben. Ganz bestimmt muß es das. Habe selbst einmal so ein kleines Erlebnis gehabt. Interessiert es Sie? Es will mir nicht aus dem Kopf. Hören Sie zu."

Er nahm eine neue Pose ein: die des Mannes, der aufs ferne Meer hinausblickt. „Wie war das gleich? Ja, richtig: in Scheveningen, im vorigen Sommer. Ich ging da mit meiner Geliebten am Strand. Eine milchige Vollmondnacht. Sie begreifen, man ist manchmal gern allein. Ich meine, zu zweien. Wir gingen also so. Eine prachtvolle Frau übrigens, eine Tänzerin vom Strandkasino. Na, wie soll ich sagen? Es war eigentlich nichts Besonderes. Das Meer. Die Dünen. Der wattige Mond. Und eben die Frau. Mit einem Wort: eine bejahende Stimmung. Und wie wir so gehen, es ist etwas frisch, ich spüre ihr warmes Fleisch unter dem dünnen Kleid, da trete ich auf was Weiches, Glitschiges. Was ist das? Ich schaue hin. Nichts. Eine tote Katze. Angeschwemmt ... Wir gingen weiter. Aber ... was soll ich sagen? Wie soll ich Ihnen das erklären? Es wollte nicht wieder so werden wie vorher. Die bejahende Stimmung war weg. Wie weggeblasen. Tja, so ist das mit dem Tod ..."

Wir schwiegen. Alle. Als sei jeder von uns auf eine tote Katze getreten.

Auf dem Heimweg sagte ich zu Davringhausen: „Ein ungewöhnlicher Mensch. Ich muß herauskriegen, wer das ist. Den holländischen Kaufmann glaube ich ihm nicht. Der Mann ist Berliner. So reagiert auch kein Kaufmann. Das mit dem Weib und der Katze und dem Stimmungsumschwung. Wie er das erzählte. So verhalten, fast lyrisch. Eher schon ein Schauspieler. Nur ... wo wir die Seele haben – nenn es

Religion oder den Glauben an die Menschheit, du weißt schon, was ich meine –, da hat er nichts. Nur Zweifel. Oder einfach ein Loch. Nichts. Kein so einfacher Mensch, sage ich dir. Den muß als Kind einmal etwas entsetzlich enttäuscht haben. Seitdem glaubt er nicht mehr."

„Ein einsamer Mensch", meinte Davringhausen. „Bestimmt war er auch allein, als er auf die Katze trat."

Mit welcher Sicherheit er das so sagt, dachte ich, leicht verstimmt, und schwieg.

Es ließ mir keine Ruhe. Schon am nächsten Nachmittag ging ich zu Meidner. Er hatte noch geschlafen und empfing mich im Hemd. Es stank gräßlich. Nach kalter Asche, Alkohol, Heringen und Krankheit. Meidner war sehr stolz, uns den Mann vorgeführt zu haben. Er sei ein Zeichner, etwas verdreht, aber ein Original. Mache ganz verrückte Sachen, so Kindergekritzel. Aber nicht unbegabt.

Nie zuvor hatte ich Meidner sagen hören, daß ein andrer Zeichner begabt sei. Dichter, ja. Aber Kollegen? Das mußte schon ein ganz besonderer Fall sein. Ich bat ihn um Namen und Adresse des „holländischen Kaufmanns". Er behauptete, beides nicht zu wissen. Er habe ihn ganz zufällig kennengelernt, beim Farbeneinkaufen. Seitdem besuche der junge Mann ihn manchmal auf dem Weg zum Passepartoutmacher und bringe dabei eigene Arbeiten mit. Aber Namen und Adresse habe er nie genannt. Er habe ihn auch nicht darum gefragt. So wichtig sei der Mann nun wieder nicht.

Meidner wußte natürlich, wie er hieß und wo er wohnte. Aber er wollte sein Monopol an diesem verblüffenden Menschen behalten. Mein Zureden half nichts. Ich ging nach Hause, ohne mehr aus Meidner herausgebracht zu haben. Trotzdem war ich nicht enttäuscht. Er war also wirklich kein Kaufmann, er war sicher auch kein Holländer, und er gehörte zu uns.

Ich erinnere mich nicht genau, ob Tage seitdem vergangen waren oder Wochen. Ich kam eines Nachmittags am Café des Westens vorbei, als ich ihn durch das Gitter im Vorgarten sitzen sah. Er saß allein an einem Tischchen mit runder Marmorplatte. Ich erkannte ihn sofort, obwohl er ganz anders aussah als damals bei Meidner. Wie ein Plakat für die Zirkuspantomime „Der Tod als Verführer" saß er da: kalkweiß gepudert, mit rotgeschminkten Lippen, in schokoladebraunem Anzug, zwischen den Knien einen schwarzen dünnen Stock, der als Knauf einen elfenbeinernen Totenkopf hatte.

Mir schien, er sah es nicht gern, daß ich ihn begrüßte und mich an seinen Tisch setzte. Als ich von seinen Zeichnungen zu sprechen begann, irritierte es ihn offensichtlich. Meidner übertreibe, versicherte er mir. Das sei nur so eine Liebhaberei von ihm, ein Zeitvertreib, lächerlich, davon überhaupt zu reden. Aber nun kannte ich ihn schon genug, um seine Worte nicht mehr für Auskünfte zu halten. Wenn er so parabelhaft über den Krieg zu sprechen beliebte, warum nicht ebenso über sich und seine eigene Arbeit. Vielleicht wußte er sogar, daß er durch sein abweisendes Verhalten meinen Wunsch, die Zeichnungen ansehen zu dürfen, bestärkte.

Dieser Wunsch verfolgte übrigens kein besonderes Ziel. Ich selbst war Lyriker. Von Malerei verstand ich sehr wenig, ich liebte sie aber: Bilder von Botticelli, Hodler, Franz Marc und Kandinsky hingen in meinem Atelier. Mein Bruder war Maler, ebenso meine Freunde Erbach und Davringhausen – trotzdem erkläre ich mir heute die Hartnäckigkeit, mit der ich die Blätter dieses Unbekannten vor meine Augen zu bekommen suchte, als Bemühen, durch seine Arbeiten ihn selber klarer zu sehen, vielleicht auch, sein beinah verletzendes Falsch-verstanden-sein-Wollen zu durchbrechen. Als er mir schließlich doch Namen und Adresse aufschrieb – sehr deutlich, mit mehr gezeichneten als geschriebenen Buchstaben –, war ich nicht davon überzeugt, daß sie stimmten. Vielleicht waren auch sie eine Parabel? Vielleicht wollte er mich nur loswerden? Ich ließ es darauf ankommen.

Man fuhr etwa eineinhalb Stunden von Halensee, wo ich wohnte, nach Südende. Aus seiner überordentlichen Kleidung schloß ich, er sei ein Mann der Pünktlichkeit. Ich klingelte also, wie verabredet, genau um drei Uhr an seiner Ateliertür. Erst nachdem ich wiederholt geklingelt hatte, fragte eine Stimme durch die verschlossene Tür nach meinem Namen. Pause. Schritte. Eine verstellte Stimme kam durch die Tür: „Ich bin nicht da. Würden Sie so freundlich sein, in einer halben Stunde wiederzukommen? Vielleicht sehen Sie sich inzwischen die Gegend an?“ Ich war's zufrieden. Die Antwort paßte zu dem Mann. Möglicherweise hatte er die Verabredung vergessen. Wahrscheinlicher war, daß er annahm, ich hätte sie vergessen oder ich würde sie nicht einhalten. Wenn er an nichts glaubte, warum sollte er an mein Interesse für seine Arbeit glauben? Es konnte auch sein, daß er sich verschlafen hatte und mich nicht unangezogen empfangen wollte.

Die Gegend, deren Besichtigung er mir vorgeschlagen hatte, war so trostlos, wie es damals die Armenviertel an der Peripherie einer Großstadt in der Regel waren. Was hatte ihn wohl bewogen, in diese Gegend zu ziehen, weitab von Kollegen, Kunstschulen, Museen, Theatern? Es war vielleicht billiger, hier zu wohnen. Das Haus sah armselig genug aus. Eine von tausend Mietskasernen. Seine Kleidung ließ aber nicht auf Armut schließen. Wie sollte man aus diesem Menschen klug werden?

Als ich zurückkam, trat er mir sogleich entgegen. Elegant wie immer, hatte er diesmal Kalbslederhalbschuhe mit ganz niedrigen Absätzen an, wie Artisten sie tragen, und eine schwarze „Melone“ auf dem Kopf. Man hätte meinen können, er wolle gerade weggehen. Aber er empfing mich überaus freundlich, geradezu herzlich. Das Teewasser kochte schon, Tassen waren bereitgestellt, er sprach zu mir wie zu einem alten Bekannten. War das nun der eigentliche Mensch und alles Frühere Maske? Oder auch das nur eine Maske? Oder alles wahr, wenn auch nur im jeweiligen Augenblick, wie die Variationen in einem Kaleidoskop?

Ich sah mich um. Die Wände waren bedeckt mit Bildern – wenn man Bier- und Whiskyplakate, Zirkus-Affichen mit Clowns, Athleten und tätowierten Damen, Photos und Zeitungsillustrationen als Bilder bezeichnen kann. Die meisten Photos waren Porträts internationaler Berühmtheiten und trugen Widmungen. An eine erinnere ich mich noch: „Meinem lieben alten Freund Chinganchuk in Treue sein alter Thomas A. Edison.“ Meine Frage, ob er in Amerika gewesen sei, bejahte er. Aus der großen Zahl solcher Widmungen und aus einer gewissen Ähnlichkeit der Unterschriften schloß ich jedoch, daß allesamt von ihrem Besitzer geschrieben worden waren, vielleicht als eine Art Satire auf die eigenen Wunschträume: eine Reise nach Amerika und Freundschaft mit Berühmtheiten.

Wir setzten uns zum Tee. Er servierte sehr zuvorkommend, fast zeremoniell, indem er sich sekundenlang in den Oberkellner eines erstklassigen Hotels verwandelte. Die Tassen standen auf einem mit Rupfen bespannten, aus Sunlight-Seifenkisten gezimmerten niedern Tisch. Auf ebensolchen Kisten, durch Kissen in Hocker verwandelt, saßen wir. Das Bett stand hinter einem Vorhang. Ein eisernes Waschgestell, ein Pfeifenständer und eine Spazierstocksammlung, ein altmodischer, abgenutzter kleiner Rollschreibtisch, noch ein paar Seifenkisten und ein selbstgezimmertes, dunkel gebeiztes Bücherregal – ich glaube, sonst stand nichts in dem Raum. Und mein Gastgeber saß darin wie ein vornehmer Reicher, der seinen armen Verwandten besucht hat. Der Verwandte hätte ganz gut ich sein können: außer meiner Begeisterung für Kunst besaß ich wirklich nichts. Das sah man auch meiner Kleidung an.

Am meisten verblüffte mich, daß ich nicht eine einzige Zeichnung entdeckte, nichts, was darauf schließen ließ, daß in diesem Raum ein Zeichner lebte. Erst als mein Bitten sehr dringlich wurde, schlug er die Deckel der Kisten hoch, auf denen wir saßen. Sie waren bis zum Rande voll mit Zeichnungen und Aquarellen, mit Tausenden von Blättern. Nie wieder hat auf mich das Werk eines Künstlers einen ähnlichen Eindruck gemacht. Ich hätte damals nicht erklären können, was mich daran so begeisterte. Und ihr Schöpfer konnte sich meine Begeisterung erst recht nicht erklären. Vielleicht glaubte er sie auch nicht ganz. „Sie irren", sagte er, „diese Arbeiten sind nichts wert. Es sind Spielereien. Ich kann Ihnen das beweisen. Die Briefe fast aller Sachverständigen und Kapazitäten Deutschlands besagen es. Ich habe an sie alle solche Blätter geschickt, an die verschiedensten Kunsthändler und Kritiker, auch an Museumsdirektoren und namhafte Redakteure, an die modernsten und an konservativere. Alle, ohne Ausnahme, stimmen darin überein, daß die Zeichnungen schlecht sind, infantil, ungekonnt."

Ich unterbrach ihn. „Aber hören Sie doch damit auf! Die Leute verstehen eben nichts davon. Ich versichere Ihnen, Ihre Arbeiten sind großartig, das sehe, das spüre ich, das weiß ich einfach. Da gibt es überhaupt keinen Zweifel."

Er wurde auf einmal sehr kühl. „Sagen Sie, junger Mann, wie alt sind Sie, wer sind Sie eigentlich, daß Sie so selbstsicher reden? Wer hört auf Sie? Ich sagte es Ihnen doch: ernste, erfahrene Männer, Männer, deren Leistungen anerkannt sind, haben ihr Urteil gefällt. Nicht *eine* Kunstzeitschrift hat auch nur *eine* dieser Kritzeleien der Abbildung wert befunden. Und da kommen auf einmal Sie, tun alle die Sachverständigen und Professoren als Scharlatane ab und behaupten das Gegenteil. Sagen Sie einmal, kommt Ihnen das nicht selbst lächerlich vor? Ich möchte vermeiden zu sagen: anmaßend."

„Wieso? Kommen Sie sich denn beim Zeichnen und Malen lächerlich oder anmaßend vor? Sie würden es dann doch unterlassen."

Er lachte, wie auf einem kleinen Schwindel ertappt. „Das ist was ganz anderes. Mir macht es eben Spaß. Ich zeichne gern. Stimmt. Die größten Dilettanten haben ihr Vergnügen daran, wertloses Zeug zu machen. Ich bin allerdings kein Dilettant, das muß ich zugeben. Denn ich erkenne die Wertlosigkeit meines Tuns. Da mache ich mir nichts vor. Davon abgesehen, wird der Wert einer Arbeit, merken Sie sich das, bitte, nicht von mir bestimmt und nicht von Ihnen, sondern von denen, die dazu berufen sind und dafür bezahlt werden, nicht einmal schlecht bezahlt. Und diese Berufenen sind sich einig. Darauf kommt es an, auf sonst nichts!“ Fast wütend kam der letzte Satz heraus.

Es war mir unklar, wem die Wut galt, mir oder den „Berufenen“. Ich war entsetzt und wollte ihn besänftigen. „Aber, ich bitte Sie, wie viele Künstler hat man erst spät entdeckt; manche erst nach ihrem Tode. Das muß Ihnen doch bekannt sein.“

Er lenkte nicht ein. „Übertreibungen!“ schnarrte er. „Für die Lesebücher. Die großen Künstler haben es alle zu großen Vermögen gebracht. Jawohl. Ohne Ausnahme. Oder mit ein paar vielleicht. Die waren dann aber selber daran schuld. Wer sich die Ohren abschneidet, kann schließlich nicht verlangen, daß man seine Bilder ernst nimmt. Nein, nein, das hat alles seine Richtigkeit. Wenn die Sachen wirklich was wert wären, dann würden sie gekauft. Es gibt nichts, was Wert hat und nicht gekauft wird. Das ließe sich der Handel doch nicht entgehen.“

„Sie reden von Geldeswert“, wandte ich ein, „ich meine den künstlerischen Wert, das ist doch etwas ganz anderes.“

Er fuhr mich an: „Dummes Zeug! Das ist ganz dasselbe. Ein Rembrandt kostet eben mehr als andere, weil er der bessere Maler war. Daß er sich in Tulpenzwiebeln verspekulierte, sein Pech. Und ob Ihnen das paßt oder nicht – völlig uninteressant.“

Es verschlug mir die Sprache. War das noch immer Verstellung? Oder war er – im tieferen Sinne – tatsächlich der holländische Kaufmann? Ich stand vor einem Rätsel. In meiner Hilflosigkeit fuhr ich fort, die Blätter zu betrachten. Mehr als von den Dingen, die sie darstellten – Vorstadtstraßen, Varietészenen, muffige Wohnungen, alles von insektenhaften Menschen durchgeistert, oft verätzt von farbig zerfließendem Gift –, mehr als von seiner gnadelosen Welt war ich ergriffen von dem Menschen, der sie geschaffen, dessen nackte, intime Handschrift sie waren. Und diese Handschrift war nicht brutal-sarkastisch wie ihre Aussage, sie war von kristallhaft blitzender Schärfe, war vibrierend wie gespannte Sehnen, verriet eine übersensible, phantasiereiche Natur.

Ich faßte neuen Mut. „Stellen Sie sich, bitte, vor", sprach ich ihn an, „ich käme morgen zu viel Geld und kaufte Ihre Arbeiten. Wären sie dann auf einmal etwas wert?"

Er antwortete ungeduldig: „Das sind ja Sophismen. Erstens kommen Sie nicht zu Geld. Mit diesen Ansichten nie, niemals! Das lassen Sie sich gesagt sein. Zweitens: Würden Sie Ihr Geld wirklich dafür ausgeben, so wäre das nur eine Dummheit. Imstande wären Sie es am Ende. Aber versuchen Sie, die Blätter wieder zu Geld zu machen. Ha! Sie werden sehen, wie man Sie auslacht. Glücklicherweise verändert das Geld den Menschen. Es ist eine gute Fee. Es macht ihn weiser. Es macht ihn erkennen, daß man Geld nur in Werten anlegen darf, für die man mehr wiederbekommt. Wer es anders versucht, den läßt die Fee im Stich, sie bestraft ihn sogar, und er wird staunen, wie rasch er wieder arm ist. Verdient es auch nicht besser ..."

„Hören Sie!" unterbrach ich ihn. „Ich frage Sie ganz ernsthaft: Wenn ich es fertigbrächte, eine Kunstzeitschrift zu gründen, würden Sie mir die Erlaubnis geben, hauptsächlich die Zeichnungen von Ihnen darin zu bringen? Gegen Honorar natürlich, wenn es auch vielleicht im Anfang nicht viel sein wird. Und geht dann diese Zeitschrift, würden Sie dann zugeben, daß das keine Dummheit ist und daß Ihre Arbeiten, die ja dann nicht von mir, sondern von den Käufern der Zeitschrift erworben werden, doch was wert sind?"

Er brach in ein satanisches Gelächter aus. „Das ist ja großartig! Aber sicher würde ich das zugeben, natürlich wäre mir das recht. Aber ganz selbstverständlich. Hahahaha. ‚Wenn', ‚vorausgesetzt, daß', ‚falls'." Er wischte sich Tränen des Lachens aus den Augen und fuhr, nunmehr väterlich milde, fort: „Ja, sagen Sie, wissen Sie denn nicht, daß so eine Zeitschrift Geld kostet, sagenhaft viel Geld, und daß man es obendrein damit los wird? Wo wollen Sie es denn hernehmen? Das schlagen Sie sich mal aus dem Kopf. Das sind doch Phantastereien."

Ich war glücklich. Aus seinem Widerspruch hatte ich Hoffnung herausgehört. Woher das Geld nehmen? Das wußte ich natürlich nicht. Aber ich sagte nur: „Ihre Hand darauf! Das Geld? Das lassen Sie meine Sorge sein."

Er gab mir seine Rechte und drückte zu wie ein Freund.

Gemeinsam mit meinem Bruder sammelte ich Geld hier und dort. Der Drucker gab Kredit. Das Fräulein auf der Post in der Katharinenstraße erwies sich als unsre „gute Fee". Sie gab uns auf Kredit die Briefmarken zum Versand der im Juli 1916 erschienenen ersten Nummer der Monatsschrift „Neue Jugend", die den Zeichner George Grosz berühmt machte.

Das weiße Immergrün

Eines Morgens fand ich im Briefkasten eine Postkarte, die besagte, ich sei k. v. – kriegsverwendungsfähig –, und mir befahl, mich an einem bestimmten Septembertag 1916 in Eydtkuhnen, Ostpreußen, bei dem dortigen Infanterieregiment zu stellen. Die Karte diene als Fahrausweis.

Ich strich sie mit Rotstift quer durch und schrieb groß „Blödsinn“ darüber. Dann steckte ich sie in einen Briefkasten.

Meine Angst vor den Folgen der unvorschriftsmäßigen Behandlung des Gestellungsbefehls wurde fast betäubt durch den Genuß meiner gewissermaßen gestohlenen Freiheit. In Erwartung meiner Verhaftung traf ich Vorbereitungen, um den Weiterbestand der Monatsschrift und des Verlages „Neue Jugend“ sicherzustellen.

Es kam jedoch anstatt des erwarteten Polizisten nach ein paar Wochen abermals eine Postkarte. Dieses Mal sollte ich mich zu einer bestimmten Stunde in der General-Pape-Straße im Bezirkskommando einfinden. Warum, wozu ich das sollte, war aus der Vorladung nicht ersichtlich. Auch nicht, ob sie die Antwort auf meine Herausforderung war. Für alle Fälle nahm ich Abschied von Freunden und Angehörigen und steckte Kamm und Zahnbürste ein.

Es empfing mich ein liebenswürdiger alter Herr in Arztuniform. Er hörte mein Herz ab, leuchtete mir in die Augen, prüfte den Puls und die Kniereflexe. Ich dachte schon, das Ganze sei Routine, da nahm er, während ich mir das Hemd zuknöpfte, aus einem Aktendeckel eine Karte heraus, die ich an den roten Strichen sogleich erkannte. Er hielt sie vor mich hin und fragte, auf das Wort „Blödsinn“ deutend, unverändert freundlich: „Haben *Sie* das geschrieben?“

Ich antwortete, leicht entrüstet: „Natürlich."

„Ich finde das nicht so natürlich. Wie kamen Sie auf den Gedanken?" fragte der Arzt.

Absichtlich noch erregter, als ich ohnehin war, schrie ich ihn an: „K. v. Infanterie Eydtkuhnen. Das ist ja lächerlich! Ich bin nicht kriegsverwendungsfähig. Das muß ich selbst doch am besten wissen. Wo liegt überhaupt dieses Eydtkuhnen?"

„Beruhigen Sie sich", sagte der alte Herr und legte mir beschwichtigend die Hand auf die Schulter. „Es ist ja möglich, daß ein Irrtum vorliegt. Deshalb habe ich Sie ja nochmals untersucht. Nun gehen Sie wieder nach Hause, und regen Sie sich nicht auf. Es wird Ihnen schriftlicher Bescheid zukommen." Er verabschiedete sich mit beinahe herzlichem Händedruck.

Ob der mich für verrückt hält? Oder hat er sich nur verstellt? Vielleicht ist auch er gegen den Krieg? Das fragte ich mich, das fragten die Freunde mich. Wir fanden keine schlüssige Antwort.

Und wiederum kam eine Postkarte. Diesmal sollte ich mich als „g. v. Infanterie" – garnisondienstverwendungsfähig – in Hindenburg bei Beuthen in Oberschlesien zum Dienst einstellen.

Meine Freunde überredeten mich, Folge zu leisten. Ich tat es mit sehr schlechtem Gewissen. Sie hatten mich zwar davon überzeugt, daß der Verlag und die Mitarbeiter der Zeitschrift gefährdet würden, wenn ich weiterhin widerspenstig bliebe, aber zu deutlich spürte ich: mit Rücksichten fangen die Kompromisse an – und mit Kompromissen beginnt der Verrat. Der Verrat an der eigenen, kriegsfeindlichen Aufgabe.

Schon wenige Wochen nach der Ankunft in Hindenburg hatte ich einen Zusammenstoß mit einem Gefreiten namens Wetzlaff. Wir nannten ihn der Einfachheit halber und aus Abneigung Laff oder Aff, obwohl diese Namen gar nicht zu dem zielstrebigen Menschen paßten. Er war Student und wegen seiner hochnäsigen, unkameradschaftlichen Art allgemein verhaßt, auch, weil er uns beim Nachexerzieren mit besonderer Ausdauer quälte. Eines Tages, während der Essenspause, sprach er mich an. Er hielt ein Formular in der Hand. „Ich habe gerade erfahren, daß Sie Kommilitone sind", sagte er mit einer leichten Verbeugung. „Wollen Sie sich nicht in diese Liste einzeichnen? Es ist die Anmeldung zum nächsten Offiziersaspirantenkursus. Alles Akademiker. Ich habe mich auch eingetragen."

„Sind Sie wahnsinnig?" fuhr ich ihn an. „Ich verbitte mir diese beleidigende Zumutung."

Er wurde blaß. „Ja ... aber ... ich verstehe Sie nicht", stotterte er. „Wer beleidigt Sie denn? Im Gegenteil: das ist doch eine Ehre. Sie, als Student ..."

„Wünsche Student zu bleiben", unterbrach ich ihn, seinen dünkelhaften Ton übernehmend, „und lehne es ab, Räuberhauptmann zu werden. Noch dazu freiwillig. Es ist traurig genug, daß ich mich zwingen lasse, diese Kluft da überhaupt zu tragen."

Jetzt begriff Wetzlaff. Er wurde wieder Vorgesetzter. „Mann! Wie reden Sie zu mir? Sie haben Glück, daß kein Zeuge zugegen ist. Wenn ich Sie melde, was glauben Sie, was Ihnen dann passiert?"

„Gefangener bin ich schon. Was kann mir denn noch groß passieren? Gehen Sie doch, melden Sie mich! Räuberlehrling und Denunziant, das paßt gut zusammen. Vielleicht befördert man Sie dafür." Ich lachte verächtlich.

„Sagen Sie mir nur eins. Haben Sie denn gar kein Ehrgefühl?" fragte er. „Sie, als gebildeter Mensch."

„Ehrgefühl? Das meine verbietet mir, den Überfall auf andere Völker Vaterlandsverteidigung zu nennen. Und nur ein stumpfsinniger Mensch, der gar nicht weiß, was Ehre ist, kann sich mit seinen zwanzig Jahren vor eine Reihe erwachsener Männer stellen und sie behandeln wie Vieh. Was denken Sie sich eigentlich dabei? Diese Leute suchen doch nicht, wie Sie, eine Karriere beim Militär. Man hat sie von ihrer Arbeit, von ihren Familien wegkommandiert, ohne sie zu fragen. Und da entrüsten Sie sich, daß die Leute Ihren

Ehrgeiz nicht aufbringen, und schikanieren sie dafür." Ich spuckte aus, drehte mich um und ging weg.

Sicherlich wäre ich vorsichtiger dem Burschen gegenüber gewesen – er war immerhin mein Vorgesetzter –, hätte das Gespräch nicht an einem Tage stattgefunden, an dem ich mich entschlossen hatte, zu desertieren. Zu diesem Entschluß war ich am Morgen gekommen, nachdem der Regimentsarzt mich k. v. geschrieben hatte. Ich kaufte mir mit den paar Mark, die ich besaß, Schokolade und zusätzliches Brot. Denn es war Winter, und aus Büchern über Nordpolexpeditionen wußte ich, daß Schokolade das ausgiebigste Nahrungsmittel sei.

Zu meinem Ärger wurden Uniform und Stiefel bei einer Übung am Nachmittag derart verschmutzt, daß es mich eine Stunde kostete, sie nach dem Dienst zu reinigen. Reinlichkeit war von größter Bedeutung. Als Deserteur durfte ich nicht auffallen. Deshalb steckte ich mir, ehe ich aufbrach, neben Lebensmitteln Rasierzeug, Haar- und Schuhbürste und Schuhcreme in die weiten Manteltaschen.

Es war schon finster. Ich hatte keine Landkarte. Also ging ich auf gut Glück. Es kam zunächst ja nur darauf an, vor dem Zapfenstreich die Stadt und die Vororte im Rücken zu haben.

Ich war bereits auf freiem Felde, als ich von der Stadt her neun Glockenschläge hörte. Es überlief mich heiß; ich sah deutlich vor mir: jetzt, beim Stubenappell, werde ich als abgängig gemeldet. Der Stubenälteste wird angeschnauzt. Sonst aber geschieht nichts. Urlaubsüberschreitungen sind ja keine Seltenheit. Ich lachte. Morgen früh, da werden sie staunen. Und dann wird's ernst. Bis dahin hatte ich Verfolgung nicht zu befürchten. Es galt also, die ganze Nacht durchzumarschieren, damit ich Abstand gewann. Am Tage mußte ich mich vielleicht verstecken.

Es war eine kalte, klare Nacht. Dank unserem Mathematikprofessor, Dr. Dörrie, der Astronom von Beruf gewesen war, verstand ich nach den Sternen die Himmelsrichtung zu bestimmen. Und ich wußte: im Nordwesten lag Berlin ...

Das dumme war, daß die Straßen in alle möglichen Richtungen liefen, nur nicht nach Nordwesten. Ich mußte daher immer wieder nach den Sternen blicken.

Mitternacht war längst vorüber, ein voller Mond war aufgegangen, als ich, durch einen Vorort von Kattowitz marschierend, einen großen Feldgendarmen mir entgegenkommen sah. Ich machte sofort kehrt – und erschrak nicht wenig, denn aus der anderen Richtung kam gleichfalls ein Feldgendarm. Ich schaute rasch um mich. Es gab keine Querstraße zwischen den beiden. Hielten sie mich an, so war ich verloren. Zum Überlegen blieb keine Zeit. Instinktiv sprang ich über das niedrige Gitter eines Vorgartens zu meiner Linken und lief zwischen zwei Häuschen hindurch in die dunklen Felder dahinter. Eine Taschenlampe blitzte auf. Ich warf mich flach zu Boden.

Längst nachdem der Lichtstrahl aufgehört hatte, den Boden abzutasten, lag ich noch immer reglos da, im Zweifel, ob die beiden Gendarmen weitergegangen waren oder ob sie auf der Lauer lagen, spähend, wo sich was rührte. Als ich mich vorsichtig umzusehen begann, war das erste, was ich sah, eine kleine weiße Blüte, die aus dem niederen Gestrüpp, auf dem ich lag, hervorleuchtete. Blüten im Dezember? Wo war ich? Ich hob den Kopf, und da sah ich einige Kreuze, eines davon ragte dicht vor mir hoch in den mondstarren Himmel. Ich lag neben einem frischen Grab. Da überfiel mich die Angst. Weiter! Weiter! Ich brach rasch die weiße Blüte ab und sprang auf. Im Gehen steckte ich sie mir an. Damit sehe ich harmlos aus, wie ein Urlauber, sagte ich mir.

Auf die Straße wagte ich mich nicht mehr zurück. Das weglose Wandern über gefrorene Äcker war mühselig, dafür aber sicherer, auch konnte ich nun dem Weg, den die Sterne wiesen, ungehindert folgen.

Es fing zu dämmern an, als ich auf eine Chaussee stieß, die stracks nach Nordwesten lief. Auf ihr marschierte ich weiter. Nach wenigen Minuten erblickte ich am Straßenrand einen hohen Obelisken. Das Relief eines Bronzeadlers schmückte den Stein; darunter entzifferte ich etwas Lobendes über Friedrich den Großen, und dann das Wichtigste:

Großstrehlitz	20 km
Brieg	53 km
Oppeln	85 km
Breslau	138 km
Berlin	468 km

Berlin! Ach, wenn die Freunde dort wüßten, daß ich mich ihnen nähere, daß ich wieder ein freier Mann bin!

Ich schritt rascher aus, vergaß den Friedhof, vergaß die Kälte, empfand zum erstenmal im Leben so etwas wie Sympathie für den Alten Fritz, dem ich diese wunderbare Lektüre verdankte, und verzieh meinen Militärstiefeln ihre Häßlichkeit. Klopften sie doch treu und unablässig auf die harte Straße: „Berlin! Berlin!"

Es war schon hell, als ich Großstrehlitz erreichte. Ich glättete meine Uniform und rückte das Koppel gerade. Ein zufälliger Blick auf den Zweig, den ich mir angesteckt hatte, machte mich staunen: die Blüte war gar nicht weiß, sie war blau. Immergrün war es, das ich von dem frischen Grab gepflückt hatte und das nun wie eine zärtliche Botschaft, wie ein tröstender Blick in meiner Einsamkeit zu mir sprach.

Nichts hatte mich während meines nächtlichen Marsches so sehr beunruhigt wie das Verlangen, meinen Bruder von meinem Unternehmen zu verständigen. Wie aber konnte ich es tun, ohne ihn zu belasten, falls meine Nachricht von der Zensur gelesen wurde und man ihn verhörte? Auch konnte ein Brief meine Spur verraten.

Die Blume an meinem Rock zeigte mir den Ausweg. Ich ging in ein Papiergeschäft, kaufte einen Briefbogen, Kuvert und Marke. Dann verließ ich das Städtchen rasch wieder und wanderte auf der vertrauten Chaussee weiter, leise vor mich hin sprechend.

Zu beiden Seiten erstreckten sich endlos die Wälder der Fürsten von Pleß. Sonderbar: alle diese riesigen Bäume gehörten einem einzigen winzigen, zweibeinigen Wesen.

Obwohl ich den Dienst des Vortages und mehr als zwölf

Stunden ununterbrochenen Gehens hinter mir hatte, fühlte ich noch keine Müdigkeit. Aber ich wußte, daß ich mir Schlaf gönnen mußte, wollte ich nicht plötzlich, zu ungelegener Zeit, von Schwäche übermannt werden. Ich trat in den dichten Wald. Auf dem Moos zu Füßen einer uralten Tanne ließ ich mich nieder. Langsam und emsig kauend, um den Nährwert voll auszunutzen, aß ich Brot und Schokolade. Dann holte ich das Briefpapier hervor. Ohne Anschrift und ohne Unterschrift schrieb ich darauf mit froststarren Fingern, was ich im Gehen ausgedacht hatte:

Ich habe die blaue Blume gesucht.
Als ich sie fand,
War es dunkel und kalt,
Und im Mondlicht war sie weiß.

So du, mein Freund, mich nimmer siehst,
Wisse: ich zahlte der Freiheit Preis.
Wenn auch die Blüte verblassen muß,
Immer bleibt grün ihr Reis.

Ich legte die Blüte in den gefalteten Bogen und tat beides in das Kuvert, das ich an meinen Bruder adressierte. Dann wickelte ich den Mantel eng um mich und streckte mich aufs Moos. Es gelang mir nicht, einzuschlafen. Überall rieselte, knackte und raschelte es. Ich hätte nie gedacht, daß der Wald auch im Winter so unheimlich lebendig sei. Oder war es nur die Angst vor Entdeckung, die mein Gehör schärfte? Oder war es die Wanderung meiner Gedanken auf den Straßen der Ungewißheit, die mich wach hielt?

Was immer es war, es war meine Rettung. Denn als ich mich nach etwa einer Stunde entschloß, meinen Marsch fortzusetzen, konnte ich nicht mehr aufstehen. Meine Kniegelenke waren gänzlich steif. Ich begriff, daß ich im Schlaf erfroren wäre. Ich kroch an den Stamm der Tanne heran, klammerte mich an die flechtenüberwachsene Rinde und begann mich hochzuziehen. Allmählich kam wieder Leben in die Beine zurück; ich machte Kniebeugen, bis ich mich fähig fühlte, zu gehen. Dann reinigte ich meine Kleidung von Moos und Tannennadeln, putzte die Schuhe und machte mich wieder auf den Weg.

Die Nacht darauf verbrachte ich auf dem Bahnhof in Brieg. Zunächst schlief ich im Wartesaal auf einer Bank, nach Mitternacht, um den Kontrollpatrouillen zu entgehen, auf einem Abort. Ich schlief tief und gut, bis in den hellen Vormittag hinein.

Im Städtchen, frisch rasiert, kaufte ich mir einen Apfel und freute mich am Leben; es war Sonntag, der 8. Dezember; ein katholisches Fest wurde gefeiert. Sehr geborgen fühlte ich mich unter den vielen Menschen und grüßte die Feldwebel und Offiziere vorschriftsmäßiger als je zuvor.

Als ich die Vororte erreichte, begann es zu nieseln. Ich stutzte. Waren das nicht genau dieselben Häuser, die gleichen Ziegelhaufen und Kalkgruben, an denen ich gestern in der Dunkelheit vorübergekommen war? Je mehr ich versuchte, Unterschiede zu entdecken, um so größer wurde die Ähnlichkeit. Wanderte ich am Ende zurück? Das wäre Wahnsinn. Ich mußte mir Gewißheit verschaffen. Menschen begegneten mir genug. Aber würde meine Frage nach der Wegrichtung sie nicht argwöhnisch machen? Umsonst spähte ich nach Wegweisern. Meine Unruhe stieg. Du mußt jemand fragen, der es eilig hat, riet ich mir. Ein kleiner, unscheinbarer Mensch, der schneller als die anderen der Stadt zuging, schien mir der Richtige. Der aber machte sogleich kehrt, ging neben mir her, erwies sich als ungemein neugierig und zwang mich, ihm irgend etwas von Urlaub über Sonntag, einer Tante, die nicht zu Hause war, und ähnliches vorzulügen. Er schien alles zu glauben. Trotzdem wurde ich mißtrauisch. Wieso ging er immer weiter mit mir in die Richtung, aus der er gerade so eilig gekommen war?

Vor einem Fabrikgebäude machte er halt. Hier wohne er, ob ich nicht bei ihm frühstücken wolle. Der Tag sei noch lang. Und wer weiß, ob ich die Tante anträfe. Jetzt war ich fast sicher: es war eine Falle. Das war doch kein Wohnhaus. Aber konnte ich ablehnen? Was würde es nützen? Hatte er

Verdacht, so würde ich ihn durch ein Nein nur verstärken, und an Weglaufen war nicht zu denken. Es war Tag, die Straße belebt. Also ging ich mit ihm.

Kaum im Gebäude, sah ich Soldaten.

„Da bring ich wieder so einen Vogel!“ rief der Kerl. Jähzorn packte mich. Ich fuhr ihm an die Kehle. Herbeieilende Posten rissen mir die Arme zurück. „Du dreckiger Verräter!“ schrie ich ihn an.

„Reg dich nicht auf, Kleiner“, sagte er, „so ist's besser.“

Und an die Soldaten gewandt, fuhr er fort: „Gebt ihm ein ordentliches Frühstück. Ich habe ihn eingeladen. Er hat's nötig.“ Alle lachten, und ich hatte Mühe, die Tränen der Wut und des Hasses in mir zurückzuhalten. Besonders ärgerte mich seine lakonische Unberührtheit. Aus schmalen, reptilartigen Augen schaute er auf mich wie auf ein ins Wasser gefallenes Insekt.

Als nach drei Tagen und Nächten des Wartens in der lärmerfüllten Wachstube ein Unteroffizier unserer Kompanie in Begleitung eines Gemeinen ankam, um mich abzuholen, erkannte ich ihn als denselben, unter dem ich am Nachmittag vor meiner Flucht exerziert hatte. Auch er erkannte mich sogleich, ließ es sich aber nicht anmerken. Erst als er Gelegenheit hatte, allein mit mir zu sprechen, begrüßte er mich wie einen alten Bekannten und begann mich mit Vorwürfen zu überschütten. Er war Oberschlesier, ein großer Mensch, mit Augen, schwarz und glänzend wie sein Haar. „Was bist du für ein Esel“, sagte er. „Zu Fuß, statt mit der Eisenbahn! Da müssen sie dich ja schnappen. Peronje! Und warum hast du mir nichts gesagt? So was kann man doch nicht allein machen. Ich hab Verwandte hier auf dem Land, da konntest du dir Zivilkleider holen und ordentlich was zum Fressen. Wovon hättest du denn leben wollen bis Berlin? Ach, ihr Studenten. Nichts versteht ihr. Wie die Kinder. Jetzt ist's natürlich zu spät. Peronje!“

Es wurde mir eingeschärft, daß ich als Gefangener kein Recht hatte, Vorgesetzte zu grüßen. Die beiden pflanzten ihre Bajonette auf, nahmen mich in die Mitte, und los ging's.

Wir marschierten zurück nach Brieg. Ich vergrub meine Hände in die Manteltaschen und genoß zutiefst das Vergnügen, sie drin zu lassen, wenn ich an Offizieren vorbeischritt und ihnen höhnisch und ungeniert ins Gesicht starrte.

Und dann war ich wieder in der Kaserne in Hindenburg, die nie wiederzusehen ich so sicher gewesen war. Mehrere Tage und Nächte hindurch mußte ich auf einem Stuhl in der Wache sitzen. Es war mir verboten, aufzustehen oder mich auf den Boden zu legen. Schon nach dem ersten Tag glaubte ich, die Schmerzen im Rücken nicht mehr ertragen zu können. Mannschaften und Offiziere besichtigten mich. Sie starrten mich, der müde und unrasiert war, an wie ein Tier im Zoo: So also sieht ein Deserteur aus …

Als ich endlich vor den Major gebracht wurde, der meinen Fall behandelte, war es mir eine Erlösung.

Die Strafe fiel mild aus, denn ich konnte nachweisen, daß ich den Fahneneid nicht geschworen hatte. Ich war zwar seinerzeit mit meiner Kompanie zur Vereidigung angetreten, war auch mitgezählt worden – während wir aber auf den Hauptmann warteten, hatte ich mich heimlich aus dem Glied entfernt und in der Latrine versteckt. Meine beiden Nebenmänner bezeugten, daß es sich wirklich so verhielt.

Die Haft empfand ich als Wohltat. Endlich war ich wieder allein. Zum Ärger des Aufsehers sang ich fast den ganzen Tag.

Als ich entlassen wurde, mußte ich aufs Revier zwecks ärztlicher Untersuchung. Das war Vorschrift.

Wie staunte ich, als ich aus dem Ärztezimmer jenen Gefreiten Wetzlaff treten sah, mit dem ich am Mittag vor meiner Flucht gestritten hatte. Er trug Zivil und war quittengelb im Gesicht. Mit überschwenglicher Herzlichkeit begrüßte er mich und ergriff meine beiden Hände. „Ihnen danke ich es, Ihnen allein, daß ich nach Hause komme. Sie wissen gar nicht, wieviel Dank ich Ihnen schulde. Ich bin frei, dienstuntauglich, und kann mein Studium wieder aufnehmen." Auf meine Frage, was denn mit ihm los sei und was ich damit zu tun habe, erzählte er mir leise, wie alles gekommen war:

Als noch am selben Tage, an dem ich ihn so beschimpft hatte, die zum Strafexerzieren Befohlenen vor ihm antraten, glaubte er auf ihren Gesichtern den gleichen Zug verletzter Würde und versteckten Hasses zu entdecken, den er auf meinem wahrgenommen hatte. Nie vorher war ihm das aufgefallen. Er habe sich die Gesichter der Leute an diesem Tage zum ersten Male bewußt angesehen. „Das hätte ich nicht tun dürfen", sagte er und lachte. „Denn Ihr Wort, ich behandelte diese Männer wie Vieh, fiel mir dabei ein. Und da war ich einfach unfähig, die Leute zu schleifen wie an anderen Tagen. ‚Auf! Nieder! Marsch, marsch!' und so weiter. Sie kennen das ja. Ich ließ sie wegtreten. Und genauso hielt ich es die nächsten Male. Aber ich wurde denunziert. Der Hauptmann degradierte mich vor versammelter Mannschaft und erklärte mich für unwürdig, Offizier zu werden. Ich wollte es zwar gar nicht mehr, aber geärgert hat es mich doch. So geärgert, daß mir die Galle ins Blut ging." Sein gelbes Gesicht, seine Augen, deren Weiß gleichfalls gelb war und blutig durchädert, strahlten mich an. Er schüttelte mir nochmals die Hände.

Ich wurde, kurz nach seiner Heimfahrt, zu einer Strafkompanie versetzt, die in Glatz Eisenerz für die Hochöfen auslud, kam aber schon wenige Wochen später an die Westfront.

Das Kreuz

Es war im Winter 1917. Unser Frontabschnitt bei Arras schob sich wie ein Keil nach Westen vor. Strategisch mag das eine Bedrohung des Gegners gewesen sein. Für uns war es ein Anlaß zum Fluchen. Denn die nach der Spitze des Keils laufende Landstraße war vom Norden und Süden her dem Beschuß durch französische Artillerie ausgesetzt, ganz vorne sogar dem Kreuzfeuer von Maschinengewehren. Die Truppen, die Proviant, Post und Munition in die Stellungen brachten, hatten höhere Verluste als die in den Gräben. Daher wurden überall, wo der Feind die Landstraße „einsehen" konnte, hohe, mit Ginster und Astwerk durchflochtene Zäune, sogenannte Faschinen, errichtet.

Das bedeutete: Wir mußten Nacht für Nacht reparieren, was tagsüber von diesen Schutzwänden weggeschossen worden war. Gegen drei Uhr früh kletterten wir auf die Lastwagen, um beim ersten Morgengrauen unsere Arbeitsplätze zu erreichen. Und ehe es ganz hell wurde, fuhren wir wieder zurück.

Verdrossen, die Köpfe in die hochgestellten Kragen unserer schmutz- und froststarren Militärmäntel eingezogen, um soviel wie möglich von der Wärme des jäh abgebrochenen Schlafes zu bewahren, saßen wir auf dem Boden des nach „vorne" ratternden Lastwagens. Licht zu machen, sogar zu rauchen war verboten. Also improvisierten wir aus Decken und Stangen, die wir für den Faschinenbau mithatten, ein Zelt, unter dem eine Karbidlampe den Tabaksqualm wie weißen Dampf sichtbar machte. Und spielten Karten. Einer zündete die Lampe jedesmal wieder an, wenn der Luftdruck eines Granateinschlags sie ausgelöscht hatte. Je erbitterter wir über den Krieg waren, um so leidenschaftlicher spielten wir Karten. Es war eine Art Sprache. Karten, das war das letzte Stück Zivilleben, Stammtisch, Heimat, das wir uns zwischen Schmutz, Läusen, Kälte, Stumpfsinn und Lebensgefahr erhalten hatten. Und die Art, wie der einzelne seine Karte ausspielte – schnell, zögernd, wütend oder wurstig –, war der Ausdruck seiner je nach Temperament verschiedenen, auf jeden Fall aber trüben Stimmung. Das Spiel niemals zu unterbrechen, sich durch nichts, schon gar nicht durch Vorgesetzte oder Granateinschläge, ablenken zu lassen, war fast eine Ehrensache.

So fuhren wir wieder einmal langsam auf der vereisten Straße in die Morgendämmerung hinein, als der Wagen einen leichten, aber doch ungewöhnlichen Sprung tat. Ich schob die Zeltdecke beiseite und sah, über was wir gefahren waren: über einen toten Soldaten, der rücklings, beide Arme von sich gestreckt, mitten auf der Landstraße lag. Den hat ein Splitter erwischt, dachte ich bei mir. Armer Teufel!

Als wir zurückfuhren, war es schon taghell.

Unvermittelt hielt der Wagen an. Wir ließen uns jedoch beim Kartenspiel nicht stören. Ob wir fuhren oder ob wir stillstanden – die meisten bemerkten es wahrscheinlich gar nicht. Erst als der Fahrer, ein verschlossener Westfale, der einstmals, im Frieden, ein Bauer gewesen, jetzt aber jener graue Niemand war, zu dem die Jahre an der Front jeden von uns gemacht hatten – erst als dieser Fahrer, er hieß Martin, hinter den Wagen trat und zu uns hinaufrief: „Ich fahre nicht weiter!“, blickten wir verdutzt von unseren Karten auf.

„Was soll denn das heißen“, fragte Gottlieb, unser Unteroffizier, „spinnst du, oder bist du krank?“

Martin hob langsam seinen Arm und wies vor sich auf ein riesiges Kreuz, das sich dunkel von dem bläulichen Eise auf der Landstraße abhob: es war der von vielen Rädern länger und breiter gewalzte Körper des Soldaten, über den wir in der Nacht hinweggefahren waren.

„Na, und ...?“ fragte Gottlieb. „Hast wohl noch keinen Toten gesehen?“

„Der ist gekreuzigt worden. Den haben wir gekreuzigt." Martin sprach nicht zum Unteroffizier, zu uns sprach er: „Wenn ihr euch versündigen wollt, fahrt los! Ich fahre nicht."

Gottlieb blickte auf uns, völlig hilflos. Da keiner Miene machte, sich zu äußern, fragte er: „Wer von euch kann chauffieren?" Wir schauten uns gegenseitig mit gespielter Neugier an und schwiegen. Es war oberstes Gesetz beim „Kommiß", wenn man was konnte, es ja nicht zu verraten. Da fiel dem Unteroffizier Gottlieb offenbar ein, daß er ein Vorgesetzter war. Mit gehobener Stimme fuhr er Martin an: „Pionier Martin, ich gebe Ihnen den dienstlichen Befehl, weiterzufahren!" Und als der Mann sich überhaupt nicht regte, sondern unverändert auf das blutige Kreuz starrte, fügte er schneidend hinzu: „Verstanden?" Ein paar von uns lachten kurz auf.

Da bewegte sich Martin. Er trat dicht an den Unteroffizier heran und sagte: „Das sparst du dir besser für die Etappe auf. Du weißt doch, an der Front verstehen wir solche Töne schon lange nicht mehr."

„Na ja", lenkte Gottlieb ein, „nicht gleich so feierlich. Aber wir können uns doch hier nicht ansiedeln." Wie zur Bestätigung seiner Worte schlug boshaft aufkreischend eine Granate ein und warf eine schwarze Erdfontäne im Schneegelände hoch. Jetzt wurden auch wir lebendig. Einige sprangen vom Wagen und schauten besorgt nach dem Horizont.

„Kannst du denn nicht drum herumfahren, wenn du schon nicht drüberfahren willst?" wandte sich Gottlieb wieder an Martin.

Der blickte prüfend auf beide Seiten der Landstraße. „Bei dem Schnee? Ich weiß nicht – wenn der Wagen in den Graben kippt …"

„Er wird schon nicht kippen, versuch's!" rief Gottlieb. Und an uns gewandt: „Alles runter vom Wagen!"

„Auf deine Verantwortung", brummte Martin und machte sich am Motor zu schaffen, während wir uns die Beine warm stampften und vorausgingen, um nachzusehen, was von dem gefallenen Kameraden übriggeblieben war. Vielleicht ließ sich wenigstens noch feststellen, wie er geheißen hatte. Den Helm und das Gewehr fanden wir am Straßenrand, alles andere aber – Kochgeschirr, Stiefel, Uniformreste und die zersplitterten Knochen – war so fest in das Eis hineingepreßt, daß wir nichts loslösen konnten.

Inzwischen hatte Martin die Motorhaube geschlossen. Er stieg widerstrebend auf den Sitz und fuhr langsam am Straßenrand entlang. Kurz bevor er neben dem Kreuz anlangte, sackten die linken Räder ab, der Wagen neigte sich, und der Fahrer fiel in den Schnee. Der Sturz sah harmlos aus, aber Martin tat einen Schrei, und als wir ihm aufhalfen, stellte sich heraus, daß er auf einen verschneiten Baumstumpf gefallen war und sich dabei den Knöchel verrenkt oder gebrochen hatte. Schweiß stand auf seiner blassen Stirn, er stöhnte, als er zum Grabenrand zu humpeln versuchte. Wir faßten ihn unter den Schultern, legten eine Decke auf den Schnee und zogen ihm den Stiefel aus. Unteroffizier Gottlieb war aufgeregt. Er hob das Bein und drückte eifrig und unbeholfen an dem Gelenk herum. Plötzlich brüllte der Verunglückte wütend auf: „Legt das Bein zu Tal!" Als wir nicht gleich begriffen, was er meinte, schrie er noch lauter: „Legt das Bein zu Tal!" Das Gelenk war mittlerweile angeschwollen, wir ließen das Bein behutsam nieder und holten eine weitere Decke. Der Motor lief noch, die linken Räder schleiften im Schnee, die rechten drehten sich irr in der Luft, bis sich einer fand, der den Motor abzustellen wußte.

„Alles anfassen!" kommandierte Unteroffizier Gottlieb. „Jetzt können wir den Karren wieder aus dem Dreck ziehen." Es klang wie eine Entschuldigung.

„Der steckt schon seit Anno vierzehn im Dreck", warf ein Münchner ein und fügte mit einem Blick auf die Landstraße hinzu: „Ist das ein Kreuz!" Er lachte. Aber es lachte niemand mit.

Wir alle stemmten uns gegen den Lastwagen und stöhnten, als drückten wir mit aller Kraft; tatsächlich drückte niemand außer Gottlieb. Wir andern „markierten" und stachelten uns gegenseitig an. „Heb dir man keinen Bruch ... Solange er da liegt, bringt er uns nicht mehr nach vorn ... Da müssen unbedingt noch ein paar Ochsen mithelfen ... Hoffentlich gibt's eine Extraportion Schnaps ... Wenn wir noch lange drücken, ist der Krieg vorbei." Der Unteroffizier tat, als hörte er nichts. Immer und immer wieder kommandierte er: „Eins, zwei, drei ... ruck!" Wir kommandierten begeistert mit, stellten jedesmal mit offenem Hohn fest, daß der Wagen sich bewegt habe, und ermutigten uns zu weiteren Anstrengungen.

Es wurde Gottlieb endlich klar, daß er auf diese Art nichts ausrichten konnte. Als er ein Auto herankommen sah, stellte er sich auf die Straße und brachte es zum Halten. Einige junge Offiziere stiegen aus und ließen sich kurz informieren. „Schlappe Kerle!" fuhr der jüngste uns an. „Lächerlich! Mal bißchen Dampf!" Die Herren faßten mit an. Ein paar von uns markierten weiter. Die Mehrzahl aber wagte es in Gegenwart der Offiziere nicht mehr. Auch meldete sich wohl der Hunger.

Nach einigen Minuten stand der Lastwagen wieder auf der Straße. Martin wurde auf den Sitz gehoben. Die Offiziere wischten sich den Schweiß von der Stirn und surrten davon. Wir stiegen auf.

Im Quartier verluden zwei Sanitäter den stöhnenden Martin in ein Lazarettauto.

Auf der Fahrt am nächsten Morgen hielten wir Ausschau nach dem Kreuz. Es war nichts mehr davon zu sehen, denn während der Nacht war Schnee gefallen.

Etwa eine Woche später setzte Tauwetter ein. Und da sahen wir, als dunkle, in den Boden geätzte Vertiefung, deutlicher und größer als zuvor, das Kreuz wieder. Was noch unlängst ein deutscher Soldat gewesen war, hatte den Eispanzer der Straße rascher zum Schmelzen gebracht.

„Wie es dem Martin wohl geht?" kam es einem in den Sinn. Und er gab sich selber die Antwort: „Wer weiß? Der überlebt vielleicht als einziger von uns den Krieg."

„Dann ist wenigstens *der* nicht ganz ohne Sinn und Zweck gefallen", sagte der Münchner und wies mit der Karte, die er gerade ausspielen wollte, auf das Kreuz hinter uns.

Der Schwur auf der Landstraße

Was den Menschen zu lange bedrückt, gebraucht zuweilen merkwürdige Mittel, um ihn zum Handeln zu zwingen. Das erfuhr ich Ende 1917.

Ich war inzwischen zum Funker ausgebildet worden und lag wieder an der Front bei Arras. Mein Wille, dem Krieg entgegenzuwirken, war fast erlahmt. Ich begnügte mich damit, statt der Texte, die wir nachts, dicht an den französischen Gräben, abgehorcht hatten, nichts anderes als „Wo bleibt Verpflegung?“ – „Wo bleibt Post?“ nach hinten zu funken, Sand in ein unbewachtes Maschinengewehr zu streuen, die Schwefelsäure aus der Batterie eines Funkapparats zu gießen und bei jeder Gelegenheit aufsässige Reden zu führen. Ja, ich glaubte ernsthaft, der Krieg würde einfach aufhören, wenn nur genügend Soldaten hüben und drüben es ähnlich machten wie ich. Daß man den Widerstand organisieren müsse und sich nicht auf derartige Störungsversuche und Sticheleien beschränken dürfe, auf den Gedanken kam ich nicht. Ich begegnete auch niemandem, der das wußte und versucht hätte, mich aufzuklären. Und es wäre ihm wohl auch kaum gelungen. Denn zu tief war ich noch davon überzeugt, im Leben wie in der Kunst führe nur originelles und spontanes Handeln zum Ziel, jeder Wiederholung oder Nachahmung fehle die zündende Kraft der Ursprünglichkeit. Ich wußte, in Rußland war Revolution, und es begeisterte mich. Aber in meiner Vorstellung wurden Revolutionen nicht etwa geplant, vorbereitet und beschlossen, sie „brachen aus“, etwa so, wie Delacroix es auf seinem berühmten Bild dargestellt hat. Ehe nicht Millionen in Wut gerieten, konnte sich offenbar nichts ändern. Es war mir unbegreiflich, warum die Explosion, auf die ich wartete, nicht eintrat. Und so fand mich jener letzte Kriegswinter immer noch an der Front, als ein – wenn auch sehr wackliges – Rädchen, eingebaut in den Militärapparat, zwar bemüht, so schlecht wie möglich zu funktionieren, aber eben doch funktionierend.

In unseren froststarren Gräben ließ sich weit und breit niemand sehen, gegen den man hätte revoltieren können. Die paar Vorgesetzten, die wir zu Gesicht bekamen, erschienen uns ebenso verlaust und bejammernswert wie wir selbst. Die Verbrecher, die am Krieg schuld waren, die an ihm verdienten und am Sieg noch mehr zu verdienen erwarteten, saßen „fern vom Schuß", irgendwo in der Etappe oder in der Heimat. Wenn es dort nur endlich losginge!

Aus dieser Lage hat mich ein Traum befreit:

Ich sah mich in Berlin in einem menschenleeren Geschäft stehen, wo ich – ich wußte genau: vergebens – darauf wartete, daß Bedienung käme. Ich war in Zivil. Wie an den Mosaikfußboden festgefroren stand ich da und fürchtete: vielleicht für immer. Da wuchs dicht neben mir meine Mutter aus dem Mosaik empor. Sie sah gealtert aus, aber ich erkannte sie gleich.

„Du darfst nicht erschrecken, mein Kind", sagte sie, behutsam, als wolle sie sich entschuldigen. „Aber ich muß dir etwas zeigen." Dabei öffnete sie die Messingbügel ihres altmodischen Handtäschchens. Sie entnahm ihm eine schmale, längliche Photographie. Das Bild fing zu wachsen an und wurde so groß wie eine Tür. „Schau ihn dir genau an", fuhr sie fort. „Der junge Franzose, den du hier siehst, ist dein Halbbruder."

Auf dem Bild, das nun wieder den Umfang einer kleinen Schokoladentafel hatte und unter das eine verschnörkelte Goldschrift geprägt war, stand, an eine gemalte Säule gelehnt, ein „poilu", feldmarschmäßig ausgerüstet, in unbequemer neuer Uniform, mit einem sehr jungen blassen Gesicht, das ausdrückte (wie, wußte ich nicht), daß er kein Wort Deutsch verstand.

„Jetzt hör mir genau zu", sagte meine Mutter. „Er ist unterwegs an die Front. Und du wirst es sein, der ihn mit eigener Hand tötet, wenn du Soldat bleibst." Dann fügte sie so nebenbei hinzu: „Sonst habe ich dir nichts zu sagen ... Du mußt wissen, was du zu tun hast." Und war verschwunden.

Was? wollte ich ihr nachrufen. Aber mein Mund blieb ohne Ton. Da begriff ich: es war ein Traum – und erwachte.

Atmen und Schnarchen erfüllte den Unterstand. Mir war, als vernähme ich dazwischen immer noch die Worte: Du mußt wissen, was du zu tun hast. Ich wußte es nicht. Und grübelte, was sie wohl gemeint hatte. Erst nach einigen Sekunden erinnerte ich mich daran, daß meine Mutter ja schon lange, lange tot war.

Alles Unsinn! versuchte ich mir einzureden. Das mit dem Halbbruder wäre an sich möglich, der Vater hat lange in Paris gelebt. Aber ich, als Funker, habe ja keine Gelegenheit, jemand umzubringen.

Und doch ging mir der Traum nicht aus dem Kopf. Ich wollte ihn wohl auch nicht vergessen, denn er hatte mich eigenartig froh gestimmt. Zivilkleidung angehabt zu haben, wenn auch nur im Traum, und einen Verwandten da drüben zu wissen – in Frankreich, so nah, und doch so fern wie der Mond –, das war immerhin etwas. Ich schrieb einen zuversichtlichen Brief an meinen Bruder in Berlin.

Fünf oder sechs Tage später erreichte mich, zugleich mit einigen Liebesgabenpäckchen, ein Brief von ihm. Er wollte mir nur rasch ein paar Grüße senden, schrieb er, denn er sei heute so guter Dinge. Im Traum habe nämlich unsere Mutter zu ihm gesagt, ich sei bald wieder bei ihm in Berlin.

Ich stutzte: Meinen Brief konnte er noch nicht gehabt haben. Gedankenübertragung? So etwas gibt es doch nicht. Wir haben eben gleichzeitig ähnliche Träume gehabt. Es beschäftigt uns ähnliches, da ist das kein Wunder. Meine Grübelei kam mir, als modernem Menschen, lächerlich vor.

Am nächsten Morgen, beim Appell, verlas der Feldwebel einen Befehl: „Sieben Mann abkommandiert zur Infanterie Ligny." Am unteren Ende der Reihe, mit dem Kleinsten beginnend, fing er zu zählen an, jedem mit dem Zeigefinger auf die Nase zielend. Der siebente war ich. „Marschfertig machen!" sagte er lakonisch. Und als wir ihn anglotzten, ohne uns zu rühren, setzte er hinzu: „Los, los, die sieben! Wegtreten! In der Schreibstube Löhnung und Zehrgeld empfangen und die Soldbücher fertigmachen lassen!"

Infanterie, Infanterie, ging es mir durch den Sinn, während ich meine Sachen in den Tornister zwängte und die noch ungeöffneten Paketchen mit einer Schnur daran festmachte.

Mein Traum war kein Traum mehr. Ich sagte zu mir: Wenn es eine Photographie von ihm gibt – und ich habe sie doch haarscharf gesehen, sogar die Firma des Photographen und den Namenszug –, dann muß es auch ihn geben. Man kann nicht photographieren, was nicht existiert ... Infanterie ... Infanterie ... da hätte die Mutter ja recht, da könnte ich den Jungen wirklich umbringen.

Weil die Straße nach Ligny unter Beschuß lag, durften wir nicht gemeinsam abmarschieren. Ich zog mit einem kleinen Rothaarigen los. Er war Friseur von Beruf und redete in einem fort auf mich ein, während wir unter dem grauen Himmel dahintrotteten. Daß ich ihm nicht zuhörte und ihm nicht antwortete, schien den Mann nicht zu stören. Wahrscheinlich war er das von seinem Beruf her gewohnt. Ich war viel zu tief im Zwiegespräch mit mir selbst. Du mußt wissen, was du zu tun hast! Das war doch ein Befehl. Ich hatte zu handeln. Und zwar jetzt, sofort. Aber wie?

Brudermörder? Ich? Nein, niemals! Komme, was wolle. Aber was tun? Einfach in die Luft schießen, wenn es soweit ist? Das wäre bequem ... Zu bequem! Auch Irrgänger können treffen ... Oder meutern? Das Gewehr hinschmeißen? Dann knallen sie mich ab. Aber in dem Brief stand doch, ich sei bald wieder in Berlin. Bald? Wenn ich meuterte, nie! Der Bruder würde nicht einmal erfahren, daß ich ehrlich zugrunde gegangen bin, als Rebell. Wenn mein Traum sich erfüllen soll – warum nicht auch der seine? Nein, Meuterei wäre Selbstmord. Nach Berlin muß ich.

Nach Berlin! Dort wird die Revolution ausbrechen. Wenn ich bei der Revolution draufginge, das wäre etwas anderes.

Unvermittelt wußte ich, was tun. Mit solcher Gewalt schlug der Gedanke in mich ein, daß ich zunächst etwas vollführte, das mir gar nicht ähnlich sah. Ich blieb mitten auf der Landstraße stehen, warf meinen Tornister zu Boden, reckte mich, als sei ich schon ein freier Mann, hob die Hand zum Schwur und brüllte meinen erschrockenen Begleiter an: „Du bist mein Zeuge. Ich schwöre: Keinen Bissen esse ich mehr, ehe ich nicht in Berlin bin und Zivil trage."

Er wollte mich beschwichtigen, hielt mich offenbar für übergeschnappt, bot mir seine Feldflasche an. Erst als ich die Paketchen vom Tornister losband und sie ihm samt meiner Wegzehrung und der eisernen Ration aufdrängte, sah er ein, daß ich ganz normal und mein Entschluß Ernst war. Ich versprach, ihm auch in Zukunft meine Verpflegung und die Paketchen zu geben, wenn er mich nicht verriete. Er gab mir die Hand darauf.

Ich führte mein Vorhaben durch. Unerfahren und ohne Ratgeber, machte ich einen Fehler, der die Quälerei unnötig in die Länge zog. Ich trank Schnaps. Soviel ich bekommen konnte. Denn ich war der Meinung, das hülfe, meine Gesundheit rascher abzubauen, und ahnte nicht, daß Alkohol sich in Zucker umsetzt und infolgedessen Nährwert hat. Nach einigen Schwächeanfällen wurde ich zum Arzt geschickt. Der stand vor einem Rätsel. Ich schlug mir nämlich, damit er keinen Verdacht schöpfte, vor jeder Untersuchung den Magen mit Wasser voll. Einen Monat später wog ich nur noch 84 Pfund, mein Puls war 54. Ich fror Tag und Nacht, aber krank war ich nicht. Man schickte mich auf Erholungsurlaub nach Berlin. Dort setzte ich den heimlichen Hungerstreik fort. Eine Woche nach meiner Ankunft, an einem bitterkalten Tag, brach ich auf dem Potsdamer Platz zusammen und wurde in ein Krankenhaus geschafft.

Ich kam nicht wieder an die Front.

An der Mauer

Vier Monate waren seit der Flucht Wilhelms II. nach Holland vergangen. Hätte er voraussehen können, was sich während dieser Zeit zutragen sollte, so wäre er vermutlich in Berlin geblieben. Die Macht, die im November 1918, wie es hieß, auf der Straße lag, war von denselben Herren, die sie in der Bestürzung über den Ausgang ihres Krieges hatten fallenlassen, wieder aufgehoben worden. Arbeiter, Soldaten und Matrosen versuchten zwar, es zu verhindern, aber sie verloren einen Stützpunkt nach dem andern an die rasch angeworbenen Söldnertruppen unter dem Oberkommando Gustav Noskes, des sozialdemokratischen Wehrministers, der sich selbst den Namen Bluthund zugelegt hatte. Seine Verbände machten diesem Namen Ehre. In Berlin waren es die Gardekavallerie-Schützendivision und das Regiment Reinhardt. Sie ermordeten die revolutionären Führer und entfesselten, gestützt auf den Belagerungszustand und auf Eberts Kabinett bewährter Kriegskreditbewilliger, den weißen Terror im roten Berlin. Verhaftete überfüllten die Gefängnisse, und Tag für Tag kamen neue hinzu.

Mich hatte man am 7. März geholt.

Ich wurde ins Eden-Hotel geschafft. Es verdiente seinen Namen, war in der Tat ein Paradies für die rachehungrigen Militärs, die es zu ihrer Operationsbasis gemacht hatten. Hier waren Karl Liebknecht und Rosa Luxemburg ihren Mördern ausgeliefert worden. Hier erwartete jeder Verhaftete das Schlimmste.

Ich hatte Glück. Ich wurde noch in derselben Nacht umquartiert, zusammen mit anderen Häftlingen, und zwar in die „Waldschänke“ des gegenüberliegenden Zoologischen Gartens.

Am nächsten Abend wurden wir ins Gefängnis am Lehrter Bahnhof übergeführt. Als wir eintrafen, wurde ein Matrose namens Peters von den im Gefängnis stationierten Zeitfreiwilligen mit Gewehrkolben überfallen. Ihrem Wutgebrüll entnahmen wir, daß er ihnen als ein besonders gefährlicher Kämpfer avisiert worden war. Peters machte in den letzten Minuten seines Lebens diesem Ruf Ehre. Er zerriß die Hosenträger, mit denen man ihn gefesselt hatte, und stieß mit einem Dolch, den er plötzlich in der Faust hielt, einen seiner Angreifer nach dem andern nieder, sie pantherhaft anspringend, bis er selbst, schweiß- und blutüberströmt, zusammenbrach. Da prasselten die Kolben wie ein Steinschlag auf ihn herab. Wir sahen es hilflos mit an, während die Offiziere sich die Hände rieben und sachkundig feststellten, der Kerl werde zu „Hackepeter" verarbeitet. Wir ahnten damals nicht, daß die Vertreter jener „Herrenrasse", die hier am Werk waren, zwanzig Jahre später den ganzen Kontinent zu „Hackepeter" verarbeiten sollten.

Endlich trennten uns eiserne Zellentüren von den blutigen Hütern der Ordnung. Hungrig und unrasiert, die stinkende Luft atmend, die Angst und Enge erzeugen, waren wir froh, überhaupt noch zu atmen. Wir schliefen wenig, denn immer wieder hallten Kolbenschläge, Gebrüll und Hilfeschreie, auch von Frauen, durch die Gefängnisgänge, Schläge, die – das wußten wir – ebensogut uns hätten treffen können. Aber noch einen andern Grund gab es, wach zu bleiben. Ein älterer Mitgefangener, Dr. Hermann Duncker, sprach zu uns über den Marxismus und die internationale Arbeiterbewegung so begeistert und doch so leise und eindringlich, daß wir nicht müde wurden zuzuhören.

Gegen drei Uhr des nächsten Tages wurde uns befohlen, im Hof anzutreten. Immer neue Gruppen kamen hinzu. Hunderte von Gefangenen füllten schließlich den von hohen Mauern umschlossenen Platz. Auf einem ausgesparten Fleck in der Mitte stand eine Gruppe von Offizieren und Zivilisten, die sich diesen und jenen Gefangenen vorführen ließen. Einem alten Arbeiter, der gerade verhört wurde, spuckte ein Regierungssoldat mitten ins Gesicht. Als der Mann nicht reagierte, traf ihn ein Faustschlag auf die Stirn. Der Alte stand weiter da wie versteinert. Ein neuer Schlag, seine Oberlippe schwoll blutig an. Die Herren gingen dabei ihren Geschäften nach, als ob sie von dem Vorgang nichts bemerkten. Als sie den Mißhandelten in unsre Reihen zurückbeorderten, traf ihn ein Kolbenstoß ins Rückgrat. Sein Hut fiel zu Boden; er wagte nicht, ihn aufzuheben. Keiner von den Mitgefangenen wagte es.

Etwa zweihundert schwerbewaffnete Zeitfreiwillige marschierten auf den Hof. Wir wurden in Viererreihen eingeteilt. Maschinengewehre und Flammenwerfer fuhren auf. Ein Major pflanzte sich vor uns hin und kommandierte: „Hände hoch!" Wir hoben die Arme. „Alles herhören!" schnarrte er. „Wer aus der Reihe tritt, wer die Flossen runternimmt, wer spricht, wird auf der Stelle erschossen! Ohne Warnung. Verstanden?! – Das Ganze: Tritt gefaßt – marsch!"

Der Zug setzte sich in Bewegung. Es begann ein stundenlanger Marsch. Er führte über Moabit und durch die endlose Müllerstraße nach Plötzensee, ins Zellengefängnis.

Die lange Prozession hilfloser Zivilisten – die meisten in Mützen und Arbeiterkleidung, aber auch Sakkos und steife Hüte dazwischen, sogar Cutaways und hier und dort ein Frauenkleid – schritt zuweilen rasch, manchmal stockend, die Hände, die rasch frostblau wurden und allmählich abstarben, über den Köpfen, durch die farblosen Straßen des nördlichen Berlins, wo hinter den Fenstern Gleichgesinnte in ohnmächtigem Entsetzen dem Schauspiel folgten, das inszeniert war unter einer Regierung, deren Plakate von allen Bauplatzzäunen und Litfaßsäulen sich an die Vorübergehenden wandten mit der Behauptung: „Der Sozialismus marschiert!" und mit der Aufforderung: „Schützt die junge Republik!"

So sah der Schutz aus: Neben jeder Viererreihe der unbewaffneten Gefangenen marschierte, Handgranaten im Gürtel, das Gewehr schußbereit, ein Zeitfreiwilliger, und mit

Maschinengewehren bestückte Motorräder sausten links und rechts den Zug entlang nach vorne und wieder zurück, die Läufe gegen die Häuser gerichtet, bereit, in jedes Fenster zu schießen, das jemand zu öffnen wagte. „Fenster zu!" brüllten die Hüter der Ordnung und feuerten von Zeit zu Zeit Schreckschüsse ab. Voran fuhren – Hakenkreuz am Stahlhelm – Patrouillen der sogenannten Baltikumer und säuberten die Straßen.

An der Ecke einer der Querstraßen, deren Verkehr stockte, solange unser Zug vorübermarschierte, stand ein Fuhrwerk der Schultheiß-Patzenhofer-Brauerei. Zwei dicke belgische Zugpferde, wie man sie nur vor Bierwagen sieht, stampften aufs Pflaster. Als der Kutscher, prall und schwer wie seine Pferde, der Gefangenenkolonnen ansichtig wurde – ich marschierte unweit der Spitze und sah ihn ganz aus der Nähe –, erhob er sich feierlich von seinem altmodisch hohen Sitz, nahm seine große Mütze mit schwarzem Lackschild vom Kopf, streckte den Arm waagerecht aus und ließ ihn dann, wie einen Degen, langsam sinken. Dabei beugte er den Kopf tief auf den schwartigen Hals herab, in Ehrfurcht und Andacht.

Sein Tun war unmißverständlich. Nie mehr im Leben hat eine einzige Geste mich so ergriffen, mir soviel Glauben und Wärme vermittelt wie der Gruß dieses riesigen Mannes im Lederschurz, der – Maschinengewehren und Revolvern den Brustkasten darbietend – uns stumm und würdevoll seine Verbundenheit kundtat. Selbst die Soldaten waren beeindruckt. Das Gebrüll erstarb in ihren Kehlen, und keiner schritt gegen diese gebieterische Demonstration ein.

In Plötzensee angelangt, hofften wir, dem Gefängnispersonal übergeben zu werden und wieder aufatmen zu können. Wir täuschten uns. Im Hofe kommandierte ein dickbäuchiger Offizier: „An die Wand mit dem Gesindel!" Nachdem man uns unter Tritten und Stößen an der Gefängnismauer aufgestellt hatte, ging er selbstgefällig, fortwährend mit einer Handgranate herumfuchtelnd, unsere Reihen entlang und fauchte, so dicht an uns herantretend, daß wir den Atem rochen, in unsre Gesichter: „Oben lassen die Pfoten! Rauf damit! Höher! Höher! – Schlappe Bande!"

Es war dunkel geworden. Die Scheinwerfer einiger Autos blitzten auf und spießten uns an die rote Backsteinwand. Ich blinzelte nach links und rechts; die in dem grellen Schein erstarrten Gesichter waren grünlich-weiß.

Ein Maschinengewehr wurde in Stellung gebracht. Zwei Soldaten machten sich am Patronengurt zu schaffen.

Ich versuchte, mir einzureden, das sei nur Theater, um uns Schreck einzujagen, um uns zu quälen. Es gelang mir nicht. Das schwere Atmen, das durch unsre Reihen ging, sagte zu deutlich: Es ist soweit. Das ist die letzte Stunde.

Dem Tode mit Gelassenheit ins Auge zu blicken sei eine Tugend, hatte man uns als Knaben gelehrt. Der Krieg hatte dieser Lehre das Pathos genommen. „Wen's trifft, trifft's", sagte man, hoffte, daß es einen nicht treffe, und trug, so gut es ging, dazu bei. „Lieber sich hundertmal zu oft in den Dreck schmeißen als einmal zu spät", hieß es. „Heldentum? Danke der Nachfrage ..."

Der Tod an der Mauer, vor den Gewehren gedungener Landsleute, das war indessen etwas anderes. Das wußte ich, denn auch diesen Tod hatte ich oft, öfter sogar als den im Felde, erlebt – erlebt in der Welt meiner Vorstellung. Ich habe die Gewohnheit (vielleicht hat jeder Mensch sie), mir mein Verhalten in kritischen Lebenslagen in allen möglichen Varianten auszudenken, als Bühnenproben gewissermaßen, damit ich im Ernstfall nicht überrumpelt werde und der Prüfung gewachsen sei. Ob es sich um eine Feuersbrunst oder ein Eisenbahnunglück, um einen Schiffsuntergang, um eine Millionenerbschaft oder um das Begräbnis meines Bruders, um eine Verteidigungsrede vor Gericht oder um das Wiedersehen mit Freunden nach längerer Trennung handelte – alles hatte ich als Kind schon erlebt und seitdem ungezählte Male wieder. Als ich, achtzehnjährig, zum erstenmal das Meer sah, entsprach es so genau dem Bilde, das ich mir davon gemacht hatte, daß ich enttäuscht war.

Unter allen Todesarten war das Ende als Rebell mir die

vertrauteste. Konnte man „Zu Mantua in Banden“ singen, ohne es selbst zu sein, der ausrief: „Ach, wie schießt ihr schlecht!“? Oder „Zu Straßburg auf der Schanz“, ohne, noch naß vom Durchschwimmen des Rheins, als Deserteur vor die Gewehrläufe der eigenen Kameraden gestellt zu werden? Ja, selbst das dumpfe Gewissensweh der zur Füsilierung kommandierten Söldner war mir durch das Lied „Es geht bei gedämpfter Trommel Klang“ nicht fremd.

Und jetzt also war es wirklich soweit. Jetzt richteten die Söldner den dunklen Lauf ihrer Waffe gegen uns. Jetzt folgte den vielen Proben an einer erdachten Mauer die Aufführung – die erste und zugleich die letzte – an einer wirklichen, die ich hart und kalt im Rücken spürte.

Meine Fingernägel schnitten in die Handballen. Ich schmeckte Schweiß auf meinen Lippen. Ein paar Schritte neben mir murmelte eine tiefe Männerstimme „... und vergib uns unsere Sünden ...“, während von der anderen Seite Geflüster an mein Ohr drang: „Was warten wir? Los! Aufs Maschinengewehr!“ Jemand zischelte zurück: „Nicht provozieren lassen!“

Ein grenzenloses, ungeheures Bedauern sprengte fast meine Brust. In meinem Schädel dröhnte es. Es war eine Cellomelodie, in die Posaunen schmetterten. Die Töne waren Worte. Niemand sprach sie aus, aber ich hörte sie deutlich.

„So jung. Erst dreiundzwanzig Jahre ...“

„Du schonst die Schlange zwischen deinen Füßen und trittst den jungen Adlern auf das Haupt.“

„Zusammensacken werden sie wie nasse Fetzen.“

„Umgebracht habt ihr ihn? Dann verliert ihr erst recht! Der Bruder ... die Freunde ... der Kutscher ... alle Genossen, überall – sie werden dafür sorgen, daß er nicht sinnlos gestorben ist.“

Wenn mich die Erinnerung nicht täuscht, habe ich in diesem Augenblick gelächelt. Sterben, Tod – ja, das gibt es, versicherte ich mir. Dann ist es aus. Ein Jenseits? Das redet man Kindern ein. Und doch: etwas ist in mir, das kann eine

Kugel nicht zerstören. Ich spüre es. Es tröstet mich. Es macht mich stolz, verlangt Haltung. Hans vom Bundschuh, Palm, Blum, die Perowskaja ... Sie alle endeten so. Sie waren einmal, aber sie sind auch noch. Und in *aller* Zukunft werden sie sein. Weil immer welche sein werden wie sie, wie wir. Eine Minderheit sind wir? Noch immer, aber keine hoffnungslose. Ausrotten kann man uns nie. Wir sind ein Strom. Was soll dagegen ein Maschinengewehr? Lächerlich!

Ein andrer Klang durchrieselte mich: „Ach, Freunde, jammert nicht um ihn. Lebt, wie er so gern gelebt hätte. Ihr Frauen, mit dem weichen Fleisch, dem salzigen Mund und Schoß, ihr Wiesen, Beeren, Wolken – ihr tauigen Hügel, du sprießende, bunte Erde – lebet weiter, ohne ihn – ohne ihn."

Es gab mir einen Ruck. Wehmut? Das darf es nicht geben! Meine Zähne knirschten. Die Mörder sollen es nicht erleben, daß ich schwach werde.

Neben mir weinte ein Gefangener, hilflos wie ein Kind. Es war sein Wimmern, das mich von mir ablenkte. Er durfte sich leid tun, ihm verdachte ich es nicht. Vielleicht hatte er Kinder. Vielleicht wußte er nicht, um was es ging. Jene Gefangenen, die keine Genossen waren, die nur aus Versehen hier mit uns standen, sie zahlten nicht mit ihrem Leben, ihnen wurde es geraubt. Ihnen mußte dieses Ende völlig sinnlos erscheinen. Der Gedanke weckte grenzenlosen Ingrimm in mir gegen die da vorne, diese Riesenmaden mit Stahlhelm, die immer noch an dem Maschinengewehr herumkrochen. Worauf warteten sie denn?

Die kalten Fäuste waren mir auf meinen Kopf gesunken; vor Schmerzen in den Schultern konnte ich sie nicht mehr hochhalten.

Da brach der Größte und Stärkste unter uns tonlos zusammen. Ich hatte mich mit ihm in der Moabiter Zelle angefreundet und beim Abmarsch in seiner Nähe gehalten. Er war vor dem Kriege Knecht auf einem ostpreußischen Gestüt gewesen.

Rasch packten wir den Bewußtlosen, rissen ihn hoch und hielten ihn gegen die Mauer, damit er nicht auffiel. Er war sehr schwer. Aber es war eine Wohltat, die Arme wieder gebrauchen zu können.

Ein Offizier mit breiten roten Streifen an den Hosen war plötzlich da. Ich konnte die Worte nicht verstehen, die er, sichtbar ärgerlich, zu dem Dicken sagte. Der zuckte leicht mit den Achseln, dann verschwand er in der Dunkelheit. Der Rotbestreifte gab den beiden am Maschinengewehr einen Wink. Sie hoben es hoch und schafften es auf den Lastwagen.

Ein Kommando ertönte: „In den Käfigsaal!"

Was war das nun wieder?

Das war ein großer Raum mit Zellen, die nicht gegen die Mauern, sondern frei in die Mitte gebaut waren. Von einer langen Blechwand aus gingen rechtwinklig nach links und rechts kurze blecherne Querwände, und das Ganze war mit einem Drahtgitter umspannt und oben abgeschlossen. So entstand eine Art Wabe, um die der Wächter herumpatrouillieren konnte, bequem in jede Zelle blickend, während kein Gefangener einen anderen sehen konnte. Um so deutlicher verstanden alle einander, denn die Metallwände verstärkten jedes Geräusch, jeden Ton.

Endlich allein gelassen, war unsere erste Frage: Sind wir jetzt wirklich in Sicherheit? Wir zweifelten daran. Ja, wenn das richtige Zellen gewesen wären! Das Gitter aber lud förmlich dazu ein, hindurchzuschießen. Wer weiß, was der Dicke im Schilde führte. Die Gefängnisbeamten, selbst wenn sie es wollten – und das war anzunehmen, denn sie verhielten sich nicht feindselig –, wie sollten sie uns schützen, falls es ihm einfiel, seine Soldatenmeute doch noch auf uns loszulassen?

„Nicht schlafen! Wir dürfen nicht einschlafen!" riet einer. „Sobald der erste Zeitfreiwillige sich zeigt, müssen wir alle miteinander zu brüllen anfangen, so laut, daß der ganze Bau alarmiert wird."

Eine Weile wurde hin und her geredet. Keiner machte einen besseren Vorschlag.

Wir beschlossen, um uns wach zu halten, reihum Geschichten aus unserem Leben zu erzählen.

Nur einer, ein Kellner, tat nicht mit. Ihm hatte ein Zeitfreiwilliger, als wir von der Mauer weg und die Treppen zum Käfigsaal hinaufgetrieben wurden, mit dem Gewehrkolben auf den Schädel geschlagen. Sein Stöhnen war die Begleitung zu den Erzählungen der Mitgefangenen.

Revolutions- und Kriegserlebnisse, Abenteuer mit Mädchen, Schauergeschichten, manchmal auch nur einen Witz – was ihm gerade einfiel und unterhaltsam erschien, trug einer nach dem andern zu der Nachtwache bei.

Bisweilen ertönte lautes Lachen hinter den Käfigwänden, so, als gäbe es sie gar nicht mehr.

Und der Morgen fand uns alle noch wach.

Vierter Teil

Über Land und Meer

merkte, wie durch Zauber. Sie zu fangen war nicht schwer, aber unangenehm. Wir faßten sie nur mit dem Taschentuch an.

Einmal hatte ich eine besonders große, dicke, schwarze Spinne erwischt. Als ich sie voll Jägerstolz George zeigte, bat er mich, Hildebrand nicht damit zu füttern. Ich sah, er hatte selbst Angst vor dem Tier. Spinnen steckten wir nicht durch die Luke im Drahtdach, wir nahmen es ab und setzten sie aufs Gras. Hildebrand schnappte erst danach, wenn ihm die Spinne sprunggerecht vor dem Maul saß. Manchmal halfen wir nach, indem wir sie mit einem Stäbchen an die rechte Stelle lenkten. So tat ich es auch diesmal. George aber bat immer inständiger, es nicht zu tun. Und er bettelte geradezu um Gnade, als er sah, wie Hildebrand sich vor der Spinne zurückzog. „Tu's nicht, Väterchen! Tu's nicht, liebes Väterchen", flehte er mich an. „Siehst du denn nicht, er fürchtet sich vor ihr. Sicher ist sie giftig." Ich sah es. Aber mir mißfiel, daß der sonst tapfere, ja waghalsige Junge sich auf einmal so zimperlich verhielt. Ich ließ nicht davon ab, die Spinne vor den Frosch zu bugsieren, der nicht viel größer war als sie. Und als Hildebrand, in eine Ecke getrieben, sich nicht weiter zurückbewegen konnte, war die große Spinne auf einmal weg. Er machte im Gegensatz zu sonst einige angestrengte Schluckbewegungen. George schrie auf – und schon lag sein geliebter Hildebrand auf dem Rücken. Er zuckte, das Grün verblich zusehends, er wurde tiefgelb und nach einigen Sekunden dunkelviolett. Aber meine Aufmerksamkeit galt nur noch George. Noch nie hatte ich ihn so untröstlich weinen sehen. Und als die Tränen versiegten, blickten mich aus dem blassen Gesicht seine Augen mit so viel Trauer und Vorwurf an, daß ich erschrak. Ich wußte plötzlich: mit Hildebrand war der fraglose Glaube, das grenzenlose Vertrauen gestorben, das mein Kind mir bis dahin entgegengebracht hatte. „Ach, Vater, du hast ihn ermordet. Ich habe es dir gesagt. Ich habe es gewußt. Du bist böse, weil du glaubst, alles besser zu wissen." Und wieder brach er in Tränen aus. Nicht Hildebrand beweinte er. Er hatte mehr verloren. Und ich konnte nichts tun als ihn streicheln, stumm und hilflos.

Zwei oder drei Jahre waren seitdem vergangen. Wir lebten im Exil zu viert in einem Zimmer mit Küche und Balkon. Darin war auch der Verlag untergebracht und die Redaktion der „Neuen Deutschen Blätter“. Der lange Balkon aber gehörte vor allem George. Ein Drahtkasten, zusammengesetzt aus fünf einen Quadratmeter großen Wänden, stand darauf; am Boden gab es Erde, Pflanzen, Sand, Wasser, Steine und allerlei Tiere: Schildkröten, Eidechsen, Salamander, Regenwürmer, Marienkäfer.

Die Mutter meiner Frau, die mit uns wohnte, war nicht sehr glücklich darüber. Das Drahtgitter trennte sie zwar von den Tieren. Aber man konnte nie wissen, ob nicht doch eins herauskroch, wenn wir den Käfig reinigten oder Ameiseneier, Käferlarven und Wasser hineingaben. Und doch war Mutter Olga eigentlich schuld daran, daß es diesen kleinen Tierpark im fünften Stock der Konviktská gab. Es kam so: Von einem unserer Sonntagsausflüge ins böhmische Land hatten wir eine Blindschleiche mitgebracht. Damit sie sich nicht das Schwanzende abbreche, trugen wir sie nicht in einer Schachtel heim, auch nicht im Taschentuch. Ich hatte sie mit einem Griff hinter den Kopf gefangen und ließ sie in die Schwimmhaut zwischen Daumen und Zeigefinger beißen. Man spürt den Biß kaum. Aber die vielen kleinen Zähne bleiben in der Haut stecken, so daß das Tier seinen kleinen Rachen nicht mehr zu öffnen vermag und man es bequem nach Hause tragen kann.

Als Mutter Olga mich spätabends damit ankommen sah, sie wollte gerade zu Bett gehen, da wurde sie zornig. Nicht einen Augenblick bleibe sie mit so einer Schlange unter einem Dach. Sofort müßten wir das ekelhafte Tier wegbringen. George und ich belehrten sie vergebens, daß eine Blindschleiche keine Schlange sei, sondern eine Art Eidechse ohne Beine, ein schönes, nützliches Tier, vor dem man sich nicht zu fürchten brauche. Sie ließ sich nicht beruhigen und drohte, noch in der Nacht das Haus zu verlassen. Sie gab erst nach, als George den Vorschlag machte, die Blindschleiche zwischen die beiden Scheiben eines Doppelfensters zu sperren und sie auf diese Weise aus der Wohnung zu schaffen. Am Morgen würden wir weitersehen.

Noch ehe ich am Morgen etwas sah, hörte ich Mutter Olgas Stimme. Und traute meinen Ohren nicht. „Du kleiner Racker!" flüsterte sie zärtlich. „Wirst du wohl dein Zünglein nicht so rausstrecken. Das gehört sich nicht. Da, trink doch, du mußt doch Durst haben. Na, wird's bald? ... Will nicht. So eine Unvernunft!" Ich rieb mir den Schlaf aus den Augen. War das möglich? Mutter Olga hielt in der einen Hand die Blindschleiche und bewegte vor ihrem Köpfchen den Zeigefinger der anderen, an dem ein Milchtropfen hing.

„Ja, Mutter, hast du dir's denn anders überlegt?" fragte ich. Und George, der aus seinem Verschlag in einer Zimmerecke herauskam, jubelte: „Sie fürchtet sich nicht mehr!"

Mutter Olga lächelte ein wenig verschämt. „Na, was soll man denn machen? Als ich es vorhin zwischen den Fensterscheiben liegen sah, das Tierchen, hat es mir leid getan. So allein und ohne Familie. Und nichts Grünes. Wie stellt ihr euch das denn vor? ... Aber frech ist sie – immer steckt sie das Zünglein raus."

Namen bekam sie keinen, unsere Blindschleiche, aber für sie wurde der große Drahtkasten gebaut, und bald war sie nicht mehr allein.

Einige Monate später, im Sommer 1934, war ich aus Anlaß des I. Sowjetischen Schriftstellerkongresses in Moskau. Dort sah ich beim Besuch des Biologischen Universitätsinstituts so viele Laubfrösche beisammen wie vorher in meinem ganzen Leben nicht. Sie dienten experimentellen Zwecken. Ich aber erinnerte mich an Hildebrands Tod und dachte, jetzt kannst du einem das Leben retten und ihn George mitbringen. Man schlug mir die Bitte nicht ab, ich durfte mir sogar einen aussuchen. Sie waren von verschiedener Größe, sonst aber nicht zu unterscheiden. Trotzdem gab ich dem lebhaften Kerlchen, das man mir in einem Konservenglas mit Moos, Leiter und durchlochtem Papierdeckel überreichte, einen Namen, den russischen Namen Wladimir.

Vor der Rückreise verbrauchte ich das ganze Honorar, das ich für den Abdruck einer Diskussionsrede über James Joyce erhalten hatte. Und das war nicht wenig. Zwei große Koffer packte ich voll mit Dingen, die es in Prag nicht gab, wenigstens nicht für uns Emigranten, und die besser als Worte geeignet waren, von den Fortschritten und Leistungen des ersten Arbeiter-und-Bauern-Staates zu überzeugen und so das bösartige Gerede vom eintönigen und armseligen Leben in Moskau zu widerlegen. Grusinischen Kognak und Wodka, geräucherten Stör und Kaviar, Schallplatten und bemalte Lackschachteln, eine holzgeschnitzte Schüssel und ein Zigarettenetui aus poliertem Kirschholz, einen sibirischen Schal aus Vogeldaunen, Bücher, Parfüm und eine kleine Flöte hatte ich eingekauft. Das schwere Gepäck und dazu das Glas mit Wladimir zu tragen machte mir jedoch kaum Mühe bei der Vorstellung, was für freudig überraschte Gesichter die Lieben und Freunde in Prag beim Auspacken der beiden Koffer machen würden.

Kaum daß sie Wladimir erblickten, verhielten die Passagiere sich zutraulich und hilfsbereit. Und als ich anfing, während der Fahrt auf das Waggonfenster zu trommeln und meinen grünen Reisegefährten mit Fliegen zu füttern, war die Heiterkeit im Abteil bald allgemein. Einige Mitreisende versuchten sogar, und mit Erfolg, es mir gleichzutun. Wladimir begann erst zu hungern, nachdem ich an der polnischen Grenze umgestiegen war. Nun gab es wenig Fliegen, auch nur wenig Passagiere. Und die waren sehr reserviert. Die Regierung des polnischen Diktators Piłsudski sah in Hitler einen Gesinnungsverwandten, es war also nicht angebracht, sich zu unterhalten. Die Zollbeamten ließen mein Gepäck unkontrolliert. Ich hatte ja ein polnisches Durchreisevisum nach der Tschechoslowakei. Wladimir warfen sie keineswegs freundliche Blicke zu – vielleicht war er bolschewistisch infiziert.

Ich atmete auf, als wir die tschechische Grenzstation erreicht hatten. Nur mein Fröschlein saß apathisch auf der untersten Leitersprosse. Es litt offenbar Hunger.

Die zwei Zöllner schlugen die Hände über dem Kopf zusammen, als sie in meine geöffneten Koffer blickten, und redeten gleichzeitig auf mich ein. Ich verstand nur „Jesus Maria“ – aber ein Mitreisender übersetzte: Alles in den Koffern sei zollpflichtig, ich müsse rasch in das Zollhäuschen mitkommen, der Zug habe nur zwölf Minuten Aufenthalt. Einer der beiden Zollbeamten trug recht behutsam das Einmachglas. Ich ging zwischen ihnen, an jedem Arm einen Koffer. Aus dem Zug sah man mir nach wie einem ertappten Schmuggler. Das bekümmerte mich wenig. Um so mehr bedrückte mich die Frage, was nun geschähe. Zoll konnte ich keinen bezahlen. Und am Ende fuhr der Zug weiter, ehe alles erledigt war.

Im Zollhäuschen war ein Beamter. Er sprach Deutsch und erklärte, nur der Inspektor könne den Fall entscheiden. Ich müsse warten, er käme bald.

Ich nutzte die Zeit, Fliegen für Wladimir zu fangen. In der Wachstube war es heiß, es gab viele. Als die drei Beamten meinen Trommeltrick begriffen hatten, ließen sie es sich nicht nehmen, mir zu helfen. Wladimir konnte kaum schnell genug schlucken. Er saß dicht unter dem Papierdeckel auf der obersten Stufe, und seine Beute verschwand, ehe sie Zeit fand, im Glas herumzufliegen oder zu krabbeln. Ganz vertieft in unser aufregendes Unternehmen, bemerkten wir den Zollinspektor erst, als er unfreundlich fragte, was da los sei. Ein Blick des andern Beamten auf die beiden offenen Koffer sagte ihm genug. Zum Glück verstand er nicht nur Deutsch, sondern auch Spaß. Er ließ mich gar nicht erst ausreden, öffnete eine Wodkaflasche, nahm einen Schluck und reichte sie reihum. Dann klappte er die Koffer zu. Ich solle mich beeilen, sagte er und beeilte sich, noch selbst eine Fliege für Wladimir zu fangen. Er tat es aber ähnlich wie Wladimir: seine Hand schnappte in die Luft, schon hatte er sie.

Meine Koffer wurden von den beiden Zöllnern zurückgetragen. Sie reichten sie mir sogar in den Zug, der gleich abfuhr, und winkten. Ich hielt das Glas mit Wladimir zur Tür hinaus – der Abschied galt ja vor allem ihm.

Bei Verwandten und Bekannten verfehlte der Inhalt der beiden Koffer nicht seine Wirkung, George aber war von keiner Gabe so beglückt wie von Wladimir. Als sei ein Zwillingsbruder Hildebrands aufgetaucht, schloß er ihn von der ersten Stunde an in sein Herz. Der große Käfig machte es schwer und zugleich reizvoll, das grüne Tierchen zu entdekken und zu beobachten. Es ging nun selbst auf Jagd. Mit den Pflanzen waren ja allerhand Insekten in den Miniaturtierpark gekommen. Natürlich brauchte Hildebrand Zusatznahrung. Als der Winter nahte, reichten die Fliegen, die wir fingen, nicht mehr aus. Und von Spinnen, deren es übrigens in der Wohnung fast keine gab, wollten George und ich nichts mehr wissen. In einer zoologischen Handlung fragten wir nach geeignetem Futter. Man verkaufte uns eine Tüte Fliegenlarven, die wir in den Käfig schütteten. Sie lagen wie große Ameiseneier herum; unsere verschiedenen Tiere hatten offenbar keinen Geschmack daran.

Und dann, an einem sonnigen Mittag, hörte ich meine Frau entsetzt aufschreien. Ein Dröhnen kam vom Balkon her. Ich stürzte hinaus. Der Drahtkasten war schwarz von darin herumsausenden erbsengroßen, metallisch glänzenden Schmeißfliegen. Ihr wütendes Summen hörte sich beängstigend an. George mußte mehrmals rufen, ehe ich ihn verstand: „Nimm den Deckel ab! Sie fressen Wladimir auf!“ Ich hakte den Deckel los, hob ihn weg und lief rasch ans andere Ende des Balkons. Aber die dunkle brausende Wolke verfolgte mich nicht. Sie verschwand auch nicht in den Lüften – sie ließ sich in der Küche nieder, wahrscheinlich angelockt durch die Gerüche, die von dort kamen. Wir brauchten Stunden, sie zu verjagen und meine Frau und ihre Mutter zu besänftigen. Als wir uns schließlich um Wladimir und das andere Getier kümmerten, war außer den Schildkröten nichts mehr davon zu finden. Es hatte sich nämlich, als ich den Deckel abhob, eine Seitenwand gelöst und war umgefallen. Wir stellten den Drahtkasten erst gar nicht mehr auf.

Diesmal trauerte George nicht. Auch als Mutter Olga beim österlichen Großreinemachen hinterm Schrank eine winzige, dünne Froschmumie fand, blieb er ungerührt.

Und doch war seine Liebe zu Hildebrand und Wladimir nicht erloschen. Davon zeugen die eingangs erwähnten Verse, die er offenbar in Erinnerung an die beiden geschrieben hat:

Vom Frosch

Ach, seht nur dort den Frosch,
er flitzt wie ein Auto mit 'ner Kerze von Bosch
durch die schöne klare Luft,
und wie schimmert seine Kluft.
Oh – wie ist es schön,
einem Frosche zuzusehn!

Ich möchte auch ein Fröschlein sein
und dann so zierlich, niedlich, klein
und auch stolz im Wasser schwimmen. Und ach,
in einem blauen, klaren Bach.
Oh – wie ist es fein,
ein kleiner Frosch zu sein!

Sicher habe ich mich gefreut über dieses fröhliche Kinderlied, in dem merkwürdig klar Beobachtung und Einfühlung einander folgen. Ich weiß aber nicht, ob ich damals, vor fünfundzwanzig Jahren, als er es mir schenkte, verstanden habe, was ich, wenn es keine Briefordner gäbe, vielleicht nie vermutet hätte: daß mein Junge mir mit diesen Versen auf seine Art sagen wollte: Ich habe dir verziehen, Vater, was du dem Hildebrand angetan hast.

Der Bürge

Prag war verdunkelt. Chamberlain war in Berchtesgaden. Die tschechische Armee mobilisierte.

Schon oft hatten wir im Gespräch mit Freunden diese Situation vorausgesehen und uns gefragt, wie sich dann das tschechische Volk uns deutschen Emigranten gegenüber verhalten würde. Viele hatten befürchtet, die einheimischen Faschisten würden versuchen, das erregte Volk gegen uns aufzuhetzen, und es werde seine Wut an uns Wehrlosen auslassen.

Es gelang ihnen nicht: Die Tschechen schenkten uns, die den gemeinsamen Feind genauer kannten als sie, jetzt mehr Vertrauen als zuvor. Wir wurden zu ihren Mitarbeitern und manchmal sogar zu Ratgebern.

Ich half beim Luftschutzdienst in unserem Häuserblock, andre Emigranten halfen Gräben ausheben, die Frauen meldeten sich zum Sanitätsdienst.

Beim Schein blauer Laternen, hinter schwarz verklebten Fensterscheiben, die Gasmasken zur Hand, diskutierten und berieten wir oft bis in die Frühe – nun nicht mehr Einheimische und Flüchtlinge, Deutsche oder Tschechen, sondern alle das gleiche: Hitlergegner.

Noch wollte niemand daran glauben, daß die großen Mächte das Land kampflos preisgeben würden. Manche waren, trotz der ungeheuren Überlegenheit des Feindes, sogar zuversichtlich, selbst für den Fall, daß Hilfe nicht oder erst spät kommen sollte. Hielt sich nicht Spanien schon seit über zwei Jahren gegen die Faschisten? Wir erörterten ausführlich die Kampfmethoden und Erfahrungen der Verteidiger Madrids, die Möglichkeit, mit Flugblättern und Lautsprechern die deutschen Soldaten zum Umdrehen ihrer Waffen zu veranlassen, über die beste Art, Gasvergiftungen und -verbrennungen zu behandeln.

Es gab natürlich auch Skeptiker; unter ihnen Leute, die kurz zuvor in England und Frankreich gewesen waren oder die von der Uneinigkeit in Regierungskreisen zu berichten wußten, von Ministern und Bankiers, die gedroht hatten, Hitler ins Land zu rufen, falls Präsident Benesch sich auf Grund des Dreiländerpakts an die Sowjetunion um Hilfe wenden sollte. Der Begriff „Fünfte Kolonne" war damals in Spanien aufgekommen; daß es so etwas auch in ihrem Lande gab, und zwar nicht nur unter den Sudetendeutschen, sondern auch in den einflußreichsten tschechischen Kreisen, war den Pragern durchaus bekannt. Es erfüllte sie mit Wut und Verachtung.

Trotzdem waren die meisten Menschen, die ich in diesen Tagen traf, eigenartig glückliche Menschen. Glücklich in dem Bewußtsein, einen Kampf aufgenommen zu haben, der nicht allein der Verteidigung ihres Landes galt, sondern auch der Verteidigung der Menschenrechte, glücklich im Gefühl der Verwandlung, die sie in diesen Tagen an sich erfahren und an Mitbürgern beobachtet hatten: aus Privatleuten waren sie zu Freiwilligen geworden, bereit, alles zu verlieren, auf daß nicht alles verloren sei.

Ich erinnere mich eines Lastwagenführers, mit dem ich nachts, während ich auf Luftschutzwache stand, ins Gespräch kam. Er war Zivilist. Der Lastwagen war sein persönlicher Besitz. Seit drei Tagen hatte er nicht mehr geschlafen. Seine Müdigkeit war so groß, daß ihm die Stimme versagte. Wenn er sprach, war nur ein heiseres Flüstern vernehmbar. Ich lud den Alten ein, sich ein paar Stunden bei uns auszuruhen. Er lehnte ab. Er hatte drei Tage und Nächte lang Munition an die Front geschafft, aus freien Stücken, unbezahlt. Und solange seine Kräfte ihn nicht verließen, wollte er damit fortfahren …

Es war, als habe sich jene verdunkelte Stadt, von deren Entschlüssen das Schicksal Europas abzuhängen schien, über Nacht in ein Partisanenlager verwandelt. Leute, die sich vorher kaum gegrüßt hatten, blickten einander in die Augen im Bewußtsein gemeinsamer, brüderlicher Kampfentschlossenheit.

Um so niederschmetternder war die Reaktion auf den „Münchner Pakt". Er wurde durch Lautsprecher in den Straßen bekanntgegeben. „Wenn es wieder hell wird in Prag, dann wird es finster in Europa", hatte jemand wenige Tage zuvor gesagt. Und es wurde tatsächlich finster. Auch finster im Herzen eines jeden einzelnen. Manche weinten. Die meisten schwiegen, beschämt und hoffnungslos wie Verurteilte. Andre fluchten auf alles und jeden. Auch zynisch wurden nicht wenige, sagten, sie freuten sich auf den Augenblick, da sie gemeinsam mit den Nazis den Franzosen ihren Treubruch heimzahlen könnten. Und alle wurden wieder, was sie vorher gewesen waren: Einzelwesen, erfüllt von den Problemen, die gerade sie angingen.

Auch wir. Zwei Wochen zuvor hatten meine Frau und ich einen Strich unter unsre Privatsorgen gemacht: wir hatten unserm Jungen in der Schweiz einen Abschiedsbrief geschrieben und Freunden im Ausland ans Herz gelegt, sich seiner anzunehmen, falls wir umkommen sollten. Dann hatten wir uns Gasmasken besorgt, feste Schuhe, zwei Rucksäcke, Konserven, Schokolade, Verbandzeug, eiserne Rationen und Feldflaschen.

Jetzt nahmen wir wehen Herzens die schwarzen Vorhänge und Papierstreifen von den Fenstern, aßen Konserven, Schokolade und eiserne Rationen auf und erinnerten uns, daß wir vor langer Zeit einmal Pässe beantragt hatten. Von diesen kleinen Büchern hingen auf einmal unser Leben und unsere Freiheit ab, die aufs Spiel zu setzen wir willens gewesen waren, solange es Sinn hatte, die uns jetzt aber als das Wertvollste auf der Welt erschienen.

Niemand wußte, ob Hitler sich für eine Weile an das Münchner Abkommen halten oder ob er gleich in Prag einmarschieren würde. Daß er es früher oder später täte, stand nicht nur für uns Emigranten fest. Es gingen Gerüchte, daß Berlin unsre Auslieferung von der tschechischen Regierung verlangt habe, Gerüchte, die, wie wir später erfuhren, auf Wahrheit beruhten. Daß es nicht zur Auslieferung kam, verdankten wir dem Widerwillen der Tschechen, sich zu Henkershelfern zu machen, vor allem aber dem Eingreifen einiger Reporter aus dem Westen, die empört waren über die Politik ihrer Regierungen. Ihre Berichte über die unmittelbaren Folgen dieser Politik lösten, besonders in England, eine Welle der Solidarität mit den Opfern aus. In wenigen Tagen wurden in England eine Million Pfund zur Rettung der sudetendeutschen Henlein-Gegner und der deutschen Emigranten gesammelt. Hilfskomitees bildeten sich in Paris und London, ihre Vertreter eilten im Flugzeug nach Prag und brachten, woran es den meisten fehlte: Hoffnung, Energie und Geld.

Vierzehn Tage waren seit dem Münchner Abkommen vergangen. Diese Zeit hatten meine Frau und ich fast ausschließlich damit verbracht, den beantragten Pässen nachzujagen. Die Behörden waren in Auflösung begriffen. Viele Beamte waren verschwunden. Andre gingen ins Amt, räumten Schreibtische und Regale leer und warteten stoisch das Ende ab, das sie sich zwar nicht vorstellen konnten, von dem sie aber wußten, daß es kam. Die wenigen, die auf Geld oder gute Worte noch reagierten, kannten sich nicht aus. Als wir zu guter Letzt die rosa Büchlein – sogenannte Interimspässe – doch bekamen, war uns, als sei ein Traum in Erfüllung gegangen. Wir wußten ja nicht, was noch folgte.

Tausende belagerten damals alle nur auffindbaren Konsulate, um sich ein Auslandsvisum zu beschaffen. Der Empfangsbeamte des englischen Konsulats machte der wartenden Menge immer wieder klar, sie möge nach Hause gehen, es würden keine Visa ausgestellt. Uns ließ er ein, weil wir den Empfehlungsbrief eines englischen Parlamentsmitglieds vorweisen konnten. Als wir kurz darauf mit dem englischen Visum in den Pässen wieder herauskamen, konnte man den Erfolg offenbar an unsern Gesichtern ablesen – einer der

Wartenden rief uns neidvoll und bewundernd „Sonntagskinder!“ nach.

So fühlten wir uns in der Tat. Wir gingen sogleich ins Schweizer Konsulat, um uns das Transitvisum nach Frankreich zu holen. Der Konsul hatte es uns versprochen, sofern wir ein französisches oder englisches Einreisevisum vorzeigen könnten. Nun aber eröffnete er uns, daß inzwischen verschärfte Vorschriften eingetroffen waren, wonach Visa nur noch ausgestellt werden durften, wenn direkte Anweisung aus Bern vorlag. Wir müßten also ein Gesuch machen und erklären, womit und bei wem wir während unseres Aufenthaltes in der Schweiz leben würden, und beweisen, daß wir das französische Einreisevisum besaßen. Das englische allein genüge nicht mehr, da neuerdings die Durchreise durch Frankreich nur selten genehmigt werde.

Existenz und Aufenthalt in der Schweiz hielten wir für kein Problem – eine Freundin hatte uns eingeladen und ihrerseits das notwendige Aufenthaltsgesuch für uns bereits eingereicht. Wie aber sollten wir uns das Visum zur Weiterreise nach Frankreich verschaffen? Das französische Konsulat in Prag ließ niemand mehr vor. Paris hatte gleich nach dem Münchner Pakt dem Prager Konsulat das Recht entzogen, Visa nach eigenem Gutdünken auszustellen. Unsre Ratlosigkeit wurde vollends zur Verzweiflung, als wir erfuhren, daß Ende Oktober die Flüge nach der Schweiz – damals die einzige Verbindung nach dem Westen – eingestellt würden. In knapp zwei Wochen ein französisches Visum aus Paris und daraufhin das schweizerische aus Bern zu bekommen – das war einfach unmöglich.

Und doch gaben wir den Kampf nicht auf. Wir hatten ja keine Wahl. Hitler hatte sich an den Münchner Pakt nicht gehalten, natürlich nicht. Er hatte jene Zonen, in denen die Bevölkerung über ihre Zugehörigkeit zum deutschen oder tschechoslowakischen Staat abstimmen sollte, einfach besetzt. Seine Truppen standen in Artillerieschußweite von Prag. Präsident Benesch hatte abgedankt und war geflohen. Und immer mehr Bürger entschlossen sich, das verkrüppelte, seiner Verteidigung beraubte, von deutschen, ungarischen und polnischen Faschisten überfallene Land zu verlassen.

Am selben Tage, als der Schweizer Konsul uns abgewiesen hatte, kamen im Auftrag eines Pariser Komitees zwei französische Rechtsanwälte in Prag an. Schon am nächsten Morgen gingen sie mit besonders gefährdeten Leuten, zu denen sie auch uns zählten, ins französische Konsulat.

Wir wurden sofort empfangen. Der Konsul war durchaus nicht der Mann mit dem steinernen Herzen, für den wir ihn alle wegen der konsequent verschlossenen Tore seines Amtsgebäudes – eines idyllischen alten Barockschlößchens – gehalten hatten. Er streckte uns seine beiden Hände entgegen, als seien sie verletzt, und sagte mit höhnischer Entrüstung: „Messieurs! Glauben Sie nicht, daß ich der Verantwortliche bin. Sehen Sie auf meine Hände – gebunden waren sie immer schon, aber jetzt hat man sie mir abgehackt!

Abgehackt!“ wiederholte er und schlug mit der einen Hand wie mit einem Metzgerbeil gegen das Gelenk der andern.

Immerhin erreichten unsere Anwälte, daß die Gesuche telegrafisch nach Paris gesandt wurden. Schon in drei bis vier Wochen könne Antwort eintreffen, trösteten sie uns, während es normalerweise drei bis vier Monate dauere. Die Komitees in Paris würden bestimmt für Beschleunigung sorgen.

In drei bis vier Wochen! Das war zum Lachen. Was würde uns dann das Visum nützen? Schon jetzt mußte man fliegen, wenn man nach dem Westen wollte, ohne den Boden des Dritten Reiches zu berühren. Und im November würde auch dieser letzte Weg ins Freie abgeschnitten sein. Wir baten daher, unsre Visa nicht nach Prag, sondern nach Genf zu dirigieren. Vielleicht würden wir die Schweiz auch ohne französisches Visum mit einem der letzten Flugzeuge noch erreichen. Diese Hoffnung, die völlig im Widerspruch zu der Auskunft des Schweizer Konsulats stand, hegten wir, weil wir etwa zehn Tage vorher ein eigentümliches Unternehmen eingeleitet hatten.

Einer unsrer Prager Bekannten – ein Herr P. – kannte

einen Schweizer, der mit dem Schweizer Konsul befreundet war. Vielleicht war dieser Mann bereit, ein gutes Wort für uns einzulegen. Herr P. hatte allerdings seit vier Jahren nichts mehr von ihm gehört. Auch des Namens konnte er sich nicht mehr erinnern. Er hatte den Mann nur ein einziges Mal gesehen. Das war, als er kam, um Herrn P. seinen Dank auszusprechen und ihm ewige Freundschaft zu geloben. „Er hatte nämlich seinen Namen auf einen Wechsel gesetzt", erzählte uns Herr P., „den ich von einem seiner Geschäftsfreunde für eine Warenlieferung akzeptiert hatte. Der Wechsel war zu Protest gegangen. Und er konnte ihn auch nicht einlösen. Daß ich ihm getraut habe und keine Wechselklage anstrengte, hat den Mann fast zu Tränen gerührt. Er hatte aus reiner Gutmütigkeit gebürgt. Und eine Wechselklage hätte für den biederen Schweizer die Vernichtung seiner Ehre bedeutet. Nach ein paar Monaten hat er übrigens bezahlt, sogar die Protestkosten und Zinsen."

Wo mochte dieser Mann heute sein, nach so langer Zeit? Die alte Geschäftskorrespondenz wurde aus dem Keller geholt. Ein paar Tage lang blätterte die Sekretärin des Herrn P., eine kluge, stille Frau, die während der Besetzung von den Nazis ermordet worden ist, Mappe um Mappe durch. Und endlich fand sie den Briefwechsel. Aber unter der alten Adresse wußte man nichts von dem Mann. Er mußte schon vor Jahren ausgezogen sein. Wohin wohl? Halt: aus den Briefen war auch die Adresse jenes Geschäftsfreundes ersichtlich, für den der Schweizer damals gebürgt hatte. Und den erreichten wir tatsächlich noch unter seiner Prager Adresse. Er versicherte uns, daß auch der Schweizer noch lebe, allerdings in Wien. Das hörte sich damals fast so an wie: auf dem Monde.

In normalen Zeiten fährt man von Wien nach Prag etwa sechs Stunden. Die Zeiten waren aber höchst anormal. Jetzt konnte man überhaupt nicht fahren, denn die „neue Grenze" durchschnitt an verschiedenen Stellen die Schienenstränge. Sie liefen zwar noch über das gleiche Land wie vor „München“, aber da plötzlich einige Zipfel dieses Landes „deutsch“ geworden waren, durften die Züge nicht mehr darauf fahren. Der Bekannte hatte einen Flugpostbrief an seinen Freund nach Wien geschickt und ihn gebeten, Herrn P. zuliebe sofort nach Prag zu kommen. Er bedachte nicht, daß seit den Tagen der Mobilisierung keine Flugzeuge mehr von Prag nach Wien flogen.

Natürlich war uns durchaus bewußt, wie lächerlich der Gedanke war, ein fremder Mann sollte uns auf Grund eines Briefes, den er, wenn überhaupt, nur sehr verspätet erhalten würde, mit Verkehrsmitteln, die nicht verkehrten, aus Nazi-Österreich zu Hilfe eilen. Vielleicht war der Mann schon längst aus Wien nach Hause in die Schweiz gefahren. Sein Kollege hatte im Frühjahr zum letztenmal Nachricht von ihm bekommen. Damals war Hitler eben erst, begleitet von Tanks und Bombern, in Wien einmarschiert. Daß wir trotzdem die Antwort auf jenen Flugpostbrief erwarteten wie den Widerruf eines Todesurteils, war bezeichnend für unsre klägliche, hilflose Lage.

Ein paar Tage nach unserm Mißerfolg im Schweizer Konsulat klingelte es: der Geschäftsfreund stand mit einem Mann vor der Tür, einem rundlichen, untersetzten Graukopf, den er uns als seinen Schweizer aus Wien vorstellte.

Der fing schon beim Eintreten zu sprechen an: „Sie sind also die Freunde von dem Herrn P. Wissen Sie, das ist ein prächtiger Mann. Seine Freunde sind meine Freunde. Und wenn ich durch die Donau hätte schwimmen müssen – hihi, ich kann gar nicht schwimmen –, gekommen wäre ich auf alle Fälle. Es ist mir eine Genugtuung, daß ich dem Herrn P. endlich beweisen darf, er hat damals keinem undankbaren Menschen geholfen. Dabei hat er mich nicht einmal gekannt. Sehen Sie, so was vergißt man nicht. Ich bestimmt nicht.“

Er sprach im Schweizer Tonfall. Seine Äuglein blitzten, man sah es seinem bäurischen Gesicht an, daß er gern einen guten Tropfen trank.

Nein, nein, seine Hilfe koste uns nichts. Ausgeschlossen!

Das heißt, er erwarte, daß wir die Barauslagen ersetzten, aber nicht die verlorene Zeit.

„Freundschaft hat mit Geschäften nichts zu tun. Gar nichts", sagte der dem Aussehen nach keineswegs begüterte Mann feierlich wie ein Landpfarrer.

Er wurde aber gleich wieder gemütlich und erzählte, wie von der natürlichsten Sache, was sich zugetragen hatte, nachdem der Brief an ihn eingetroffen war. Er hatte sich sofort bei der Wiener Gestapo – er gab zu, mit einiger Angst – die Ausreisegenehmigung verschafft. Und dann hatte er versucht abzureisen. Aber Züge nach der Tschechoslowakei verkehrten nicht. Und die Donaubrücken waren gesperrt. Er ließ sich mit einem Boot nachts übersetzen. Auf Lokalbahnen fuhr er alsdann dorthin und dahin, immer näher an Prag heran. Einmal wäre er unterwegs fast als Nazispion verhaftet worden. Und nun, nach dreitägiger Zickzackfahrt, sei er da.

Wir gingen mit ihm sofort zu Herrn P. Der machte ihm unsre Lage klar und bat ihn, uns zu seinem Freund, dem Konsul, zu begleiten und ein gutes Wort für uns einzulegen.

Er schien Bedenken zu haben. Natürlich wolle er uns gern helfen, aber das sei nicht so einfach. Erst müsse er wieder warm werden. Er habe den Konsul seit Jahren nicht gesehen. Und eine so delikate Angelegenheit dürfe er auf keinen Fall überstürzen. Vielleicht, wenn er erst ein paar Abende ... Wir unterbrachen ihn. Ein paar Abende! Wie er sich denn das vorstelle? Es blieben uns überhaupt nur noch wenige Tage, dann werde die Falle endgültig zuschnappen. Er gab nach.

Als wir am nächsten Morgen mit ihm zum Hradschin hinaufgingen – das Schweizer Konsulat liegt gegenüber der Prager Burg –, riet unser Begleiter nochmals eindringlich davon ab, die Sache zu überstürzen.

Daß er recht hatte, sahen wir aber erst ein, als der Konsul sich sehr förmlich auf seine Anweisungen berief und es ablehnte, eine Ausnahme zu machen.

Wir stiegen die tausend Stufen zur Moldau hinab wie in die Verdammnis. Selbst unserm Schweizer hatte der Mißerfolg die Sprache verschlagen.

„Ich hab's Ihnen doch gesagt. So was muß vorsichtig eingefädelt werden", brummte er mit fast schuldbewußter Stimme, wie ein Mann, der versagt hat.

Plötzlich aber wurde er wieder heiter. „Daß ich da nicht gleich daran gedacht habe! Die Sache ist vollkommen klar. Wissen Sie, der alte Kanzler, der jedes Wort mit angehört hat, der hätte seinem Alter nach eigentlich Konsul werden sollen. Aber – im Vertrauen – er trinkt gern ein Glas über den Durst. Das hat man in Bern notiert. Und seither ist er dem Konsul gram, weil er übergangen wurde. Da muß sich der Konsul natürlich besonders korrekt verhalten." Er lachte aus vollem Halse. „Wie konnte ich nur so blöd sein. Umgekehrt hätte ich es anfangen müssen. Nur umgekehrt geht's. Der Kanzler muß den Konsul bitten, mit Bern zu telefonieren. Dann ist er gedeckt. Geben Sie mir Ihre Pässe, und lassen Sie mich das nur machen."

Unsre Pässe hergeben? Wozu? Was ... wenn er damit verschwand? Oder wenn er sie verlor?

Für Pässe aller Art wurden damals in Prag Vermögen bezahlt. Und die unsern hatten sogar das englische Visum. Man erzählte sich von einem Ungarn, der stammte, laut Paß, aus Guatemala. So hoffte er nach Amerika zu kommen. Da er aber auf die Frage des amerikanischen Konsuls, wo Guatemala liege, antwortete, es sei eine Insel, nützte ihm sein teuer erstandener Paß nichts.

Nun sollten wir unsre guten Pässe dem „Bürgen" aus der Schweiz überlassen. Wir taten es. Und nicht einmal zögernd. Denn wir durften den Mann auf keinen Fall weiter verstimmen. Seinen ersten Rat hatten wir nicht befolgt. Schließlich kannte er die Leute da oben besser als wir.

Am nächsten Tag sollte er um ein Uhr zum Essen bei uns sein. Er kam nicht. Mit jeder Minute verstärkte sich der Verdacht in mir, daß wir ihn und unsre Pässe nie wiedersehen würden. Je weiter der Zeiger rückte, von dem ich nicht mehr wegblicken konnte, um so mehr steigerte sich mein Verdacht zu einem Grauen vor mir selbst. War das wirklich noch ich, der da saß, voll jämmerlichen, bösen Mißtrauens – ich, der ich zeitlebens gewohnt war, von Menschen gut zu denken, oft sogar dann noch, wenn sie bewiesen hatten, daß sie es nicht verdienten? Ich fühlte mich wie vergiftet. Ich suchte Argumente gegen meine Zweifel, gegen meinen Kleinmut zu finden. Es gelang mir nicht. Ich konnte mir das Ausbleiben des Mannes einfach nicht erklären. Wenn er verhindert war, wenn ihm etwas zugestoßen war, dann hätte er doch anrufen oder anrufen lassen können …

Als er endlich, abgehetzt und außer Atem, kurz nach zwei Uhr ins Zimmer trat, fühlte ich mich als der Verbrecher, für den ich ihn gehalten hatte. Er kam direkt vom Konsulat. Dort hatte er sich den ganzen Vormittag herumdrücken müssen, ehe er den alten Kanzler unter vier Augen sprechen konnte.

„Das ging erst während der Mittagszeit“, versicherte er uns, „drum die Verspätung. Entschuldigen Sie, bitte. Aber morgen mittag, da bin ich ganz sicher, bekommen Sie Ihr Visum. Ich habe mich für heute abend mit dem Alten zu einer guten Flasche verabredet. Wenn alles recht geht, wird der Konsul morgen früh mit Bern telefonieren.“

Wieder allein, war mir wie einem Genesenden nach schwerer Krankheit. Jene Stunde des Wartens war die Krise gewesen. Verraten und verkauft, wie jeder sich fühlte, hielt jeder jeden für fähig, ihn zu verraten und zu verkaufen. Auch ich hatte einen Anfall dieser Krankheit erlitten, die wie eine Seuche den Widerstandswillen eines Kontinents zerstören sollte. Jetzt wurde mir klar, daß im Kampf gegen den Faschismus keine Waffe so wichtig ist wie diese: der Glaube an die gute Kraft im Nebenmenschen.

Wir bekamen die Visa tatsächlich am nächsten Morgen. Der alte Kanzler hatte die Stempel selbst in die Pässe gedrückt und sie dem Konsul zur Unterschrift vorgelegt. Er hatte es nicht mit sachlicher Amtsroutine getan, sondern mit jenem aufgeregten Eifer, der sich einstellt, wenn man die

Trägheit des Herzens überwindet. So kam es, daß er den Stempel nicht einmal, sondern gleich dreimal in meinen Paß drückte. Vielleicht war es auch die Nachwirkung der guten Flaschen.

Jetzt fehlte nur noch eins: die tschechische Ausreisegenehmigung.

Wir mußten auf dem Landesamt den Grund für die Ausreise in ein Formular eintragen. Als ich seinerzeit die Interimspässe beantragte, geschah es aus geschäftlichen Gründen, wir wollten ins Ausland reisen und wieder nach Prag zurückkehren. Das stand in meinem ursprünglichen Gesuch. Schrieb ich jetzt einen andern, den heute zutreffenden Grund hinein, so mochte der Widerspruch auffallen. Also gab ich wieder Geschäfte als Reisezweck an. Worauf die Ausreise uns verweigert wurde. Geschäfte waren damals kein einleuchtender Grund mehr für die Ausreise von Emigranten. Erklärungen und Bitten halfen nichts. Die Beamten verstanden auf einmal nicht mehr Deutsch.

Schließlich gingen wir. Es war klar, daß wir nicht bald wiederkommen konnten, um das Formular zweckmäßiger auszufüllen.

Sollte wirklich alle Mühe, sollte alle Ausdauer umsonst gewesen sein? Nur wegen dieser Formalität?

Auf dem Rückweg blieben wir auf einer der Moldaubrükken stehen und blickten wehmütig ins Wasser unter uns: ihm war die Ausreise nicht verwehrt …

Da sprach uns ein Bekannter, ein Rechtsanwalt, an, der gerade zum Landesamt eilte, von dem wir kamen. Wir erzählten ihm von unserm Unglück. Er schimpfte auf unsre Dummheit. Dann fragte er: „Wieviel Geld haben Sie noch?"

„Ungefähr siebenhundert Kronen."

„Bringen Sie morgen früh sechshundert in mein Büro, mitsamt den Pässen. Es ist wenig, aber wir werden sehen. Lassen Sie den Kopf nicht hängen!"

Es kostete tausend Kronen. Die Differenz hat der Anwalt aus eigener Tasche bezahlt.

Die Gestapo, im Bunde mit tschechischen Faschisten, wurde in Prag von Tag zu Tag aktiver. Radaudemonstrationen wurden organisiert, „jüdische“ Cafés überfallen, und dieser und jener Hitlergegner verschwand spurlos. Verschleppt, sagten die Gerüchte. Genaues wußte niemand.

Was wir genau wußten, war, daß wir beobachtet wurden. Einem Mann, der uns schon öfter nachgegangen war, gingen insgeheim wir nach. Sein Weg führte ins Henlein-Hauptquartier im „Deutschen Haus“. Wenige Tage darauf stand der Mann stundenlang direkt vor unserer Wohnungstür im fünften Stock. Es war klar, man wollte herauskriegen, ob und wann wir abreisten.

Also packten wir spät in der Nacht, ein Freund schaffte um drei Uhr früh die wenigen Koffer, die man im Flugzeug mitnehmen durfte, aus dem Haus. Am nächsten Morgen gingen wir ohne irgend etwas, das auf Abreise schließen lassen konnte, weg. Wir trafen unsern Freund an verabredeter Stelle und fuhren statt mit dem Autobus der Fluggesellschaft, der sicher beobachtet wurde, in einem Privatauto zum Flugplatz. Dort fragte man uns, wieviel Geld wir bei uns hätten. 120 Kronen (etwa 16 Franken), das war unser ganzer Barbesitz. „Haben Sie Genehmigung vom Finanzamt?“ Nein, wir dachten, das sei wegen der paar Kronen nicht der Mühe wert. „Dann müssen Sie das Geld nach Prag zurückschicken.“ Man kam uns schließlich entgegen: wir durften 20 Kronen behalten, um in Zürich wenigstens telefonieren und mit der Elektrischen fahren zu können.

Durch eine weiße Wolkendecke, die in ihrer welligen Grenzenlosigkeit an das Eismeer erinnerte, sahen wir zuweilen, wenn eine Lücke sich öffnete, als läge es am Meeresgrund, ein Stückchen Deutschland. Kurz vor Zürich gerieten wir in ein Gewitter. Die Wolken waren bleischwarz; unser Flugzeug umkreiste sie länger als eine Stunde, wie ein Vogel, der die Orientierung verloren hat. Plötzlich klärte es sich auf, und schon waren wir gelandet.

Der Schweizer Pilot erzählte uns, daß er eigentlich bei solchem Wetter einen deutschen Flugplatz hätte anfliegen müssen, aber er habe gewußt, was das für einige seiner Passagiere bedeuten würde.

Wir konnten nicht telefonieren. Auch nicht mit der Straßenbahn fahren. Als wir die 20 Kronen wechseln wollten, lachte man. „Tschechisches Geld? Wertlos."

Wir haben uns den Geldschein aufgehoben. Als Andenken an eine Zeit, in der ein Unbekannter – von dem wir nach einem Abschiedsabend in der „Bratislavska vinarna" nie wieder gehört haben – uns zum Bürgen dafür wurde, daß Wechsel auf die menschliche Solidarität, wenn auch nicht immer rechtzeitig, eingelöst werden.

Des Vaters Gesicht
oder
Die ganze Wirklichkeit

Wäre es damals in New York nicht so heiß gewesen, hätte ich diese sonderbare Geschichte vielleicht nie erfahren.

In einer der schmalen Down-town-Straßen Manhattans trat ich, um meinen Durst zu löschen, ganz gegen meine Gewohnheit in ein kleines Bierlokal – nicht ahnend, daß ich zugleich einen Schritt zurück in einen Abschnitt meines Lebens tat, an den nicht allzuoft zu denken ich allen Grund hatte.

Erst traute ich meinen Augen nicht, es war ausgeschlossen, wie sollte er hierhergekommen sein? Als aber der Blick des Kellners hinter der Bar den meinen traf, wußte ich, daß ich mich nicht getäuscht hatte, daß er es wirklich war: der Bildhauer Ulrich Fechter aus Berlin.

Ich hatte mich über den Mann wenige Tage vor meiner Flucht aus Deutschland, im Frühjahr 1933, sehr geärgert. Von den Nazis verfolgt, versteckte ich mich damals jede Nacht bei andern Bekannten. Die zuverlässigsten waren leider in einer ähnlichen Lage wie ich selbst, auch sie fürchteten jeden Augenblick, von SA-Trupps unterwegs aufgegriffen oder aus der Wohnung gezerrt zu werden. Ich versuchte daher, mich solcher Bekannten zu erinnern, die ich für unpolitisch genug hielt, um ungefährdet zu sein, und für anständig genug, mir Unterschlupf zu gewähren. Dabei verfiel ich auch auf jenen Fechter. Ich hatte ihn schon sehr lange nicht mehr gesehen, und unsre Beziehungen waren oberflächlich.

Als ich ihn durch sein Atelier, ein leicht verfallenes Treibhaus, das angefüllt war von Tonklumpen, Zinkeimern, gipsernen Armen und Beinen und vermummten Köpfen, mir langsam entgegenschreiten sah, die Pfeife im Munde, ein gutmütig-neugieriges Lächeln in den geradeblickenden grauen Augen, da überkam mich das Gefühl, ich sei gerettet. Sicher erriet er, warum ich kam, und würde mir die Demütigung ersparen, meine Bitte auszusprechen.

So war es auch.

Aber um so ätzender war meine Ernüchterung, als er, noch dazu mit rauher Herzlichkeit, mir rundheraus erklärte, er könne mich nicht beherbergen. Nicht nur aus Rücksicht auf seine Frau und den Jungen, nein, auch seiner künstlerischen Überzeugung wegen müsse er es ablehnen. Natürlich seien ihm die Nazis widerwärtig. Fette Weiber oder Gigolos könne er auch nicht ausstehen. Aber das hindere ihn nicht, sie gelegentlich sogar zu modellieren. Kampf sei nicht des Künstlers Sache. Man verwende ja auch nicht ein Fieberthermometer zum Operieren. Jeder habe nur eine Pflicht: sich treu zu bleiben, dem Gesetz, nach dem er angetreten, gemäß zu leben.

Ich wandte ein, das könne doch nicht sein Ernst sein, es handle sich doch um einfachste Menschlichkeit, jeder Wilde öffne einem Schiffbrüchigen seine Hütte. Ich könne nicht glauben, daß er wirklich so herzlos und gleichgültig sei.

Er wurde auf einmal fast traurig.

„Sie verstehen mich nicht“, sagte er und fuhr sich mit einer sinnenden Geste durch die buschigen blonden Haare. „Herzlos? Gleichgültig? Nein. Mir ist der Gedanke entsetzlich, daß diese Rohlinge Sie fassen könnten. Grauenhaft.“ Er seufzte.

Ich sah, daß er sich durchaus nicht verstellte und daß er vor dem Terror, der über Deutschland hereingebrochen war, nicht die Augen verschloß. Ich schöpfte neue Hoffnung.

„Es handelt sich ja nur um heute nacht“, sagte ich und versuchte, meiner Stimme einen möglichst sorglosen Klang zu geben. „Morgen weiß ich mir weiterzuhelfen. Sagen Sie schon ja, Fechter. Hier sucht man mich bestimmt nicht. Wenn Sie heimgehen, sperren Sie einfach nicht ab; fände man mich wirklich (es ist ja ausgeschlossen), dann habe ich mich eben eingeschlichen. Sie wissen von nichts, kennen mich überhaupt nicht."

Er unterbrach mich. „Sie halten mich also für einen Feigling. Aber es handelt sich um ein Prinzip. Ich habe das Spiel nicht mitgespielt und will es nicht. Ich bin kein Spieler. Sie haben aufs falsche Pferd gesetzt. Gut. Jetzt verlangen Sie von mir, ich soll Ihnen helfen, die Konsequenzen zu tragen. Wenn Sie gewonnen hätten, wären Sie dann etwa gekommen, den Gewinn mit mir zu teilen?" Er lachte bitter. „Unsinn. Natürlich nicht. Ich könnte ungestört in diesem kalten Loch weitermachen. Und dann wären es Ihre Herren Gegner, die kämen, um an meine Menschlichkeit zu appellieren. Eigenartig: immer sind's die Verlierer, die auf einmal die Nächstenliebe entdecken."

Ich wurde wütend. „Sie Narr!" fuhr ich ihn an. „Sie sind genausogut der Verlierer, überhaupt alle, ganz Deutschland, wenn diese Verbrecher die Macht behalten."

Er zog geringschätzig einen Mundwinkel nach unten. „Was ich schon zu verlieren habe! Wenn meine Frau nicht tippen könnte, wären wir längst verhungert. Und die Schreibmaschine werden die Nazis nun doch nicht abschaffen. Und wenn – der echte Künstler ist unabhängig. Reicht's nicht mehr für Stein und Ton, dann nehme ich eben Lehm. Euer Spiel aber um Macht und Besitz, das mache ich nicht mit. Auf keinen Fall. Das ist nicht meine Sache."

Er hatte sich geradezu in Zorn geredet, so, als wollte er einer andern Stimme in sich das Wort abschneiden. Ich stand auf, drehte ihm stumm den Rücken und ging.

Und nun, mehr als acht Jahre später, reichte er mir ein kleines Helles, wurde verlegen und sagte: „My goodness!* Sind Sie's wirklich?" Er schenkte auch sich ein Glas ein, hob es mir entgegen und trank es auf einen Zug aus.

„Ich? Na, das ist ja nicht so verwunderlich", gab ich zurück. „Aber Sie, Fechter. Wie kommen Sie denn hierher? Sie haben doch das Spiel nicht mitgespielt. Und Lehm, habe ich

* Du meine Güte!

mir sagen lassen, gibt's im Dritten Reich noch immer genug. Wirklich: wie kommen Sie hierher?"

Es waren Gäste eingetreten. Er antwortete mir auf englisch. Das sei eine lange Geschichte. Ob ich ihn nicht besuchen wolle?

Er lebte in einem altmodisch möblierten Zimmer mit Kamin und Kochnische. Der dunkle Raum wurde noch dunkler durch eine Nähmaschine, neben der ein riesiger Packen zugeschnittener Hemden lag, und durch etwa ein halbes Dutzend Porträtplastiken, die dem Zimmer den Geruch und die Enge eines Grabsteingeschäftes verliehen. Fechter hatte selbst geöffnet und mich mit etwas zu herzlichem Händedruck begrüßt. Ich sah erst jetzt, daß er gealtert war. In der weißen Kellnerkleidung war er mir frisch, beinahe jugendlich erschienen. Hier, in der abgeschabten violett-braunen Samthose und dem handgestrickten grauen Sweater, erinnerte er an einen ausgedienten Seemann.

Er machte Tee und fing unaufgefordert zu sprechen an, so, als schulde er mir Rechenschaft.

„Was ich Ihnen zu erzählen habe, klingt phantastisch, ich weiß es. Aber Sie können mir wirklich jedes Wort glauben.

Ich muß weit zurückgreifen. Sie wissen wohl nicht, daß ich eine Halbwaise war. Alles, was ich von meinem Vater kenne und besitze, ist seine Totenmaske. Mein Onkel, sein älterer Bruder, hatte sie seinerzeit gießen lassen. Damit ich mir, sagte er, später wenigstens ein Bild von ihm machen könne. Mein Vater haßte nämlich das Photographieren. Er war Maler und hat sich in seinem ganzen Leben niemals aufnehmen lassen. Da hängt sie, die Maske."

Er blickte nach dem schmalen Mauerstreifen zwischen den zwei hohen Fenstern, wo auf einem kleinen Büchersims ein Kochbuch, der „World Almanac" und ein rotes Wörterbuch standen. Darüber hing die Totenmaske. Sie war mir schon beim Eintreten aufgefallen. Ich hatte sie für eine Arbeit Fechters gehalten. Sie war nicht weiß, sondern grau, aus Zement offenbar. Dieses Grau verlieh der Maske einen modrigen, aber eben dadurch beinahe lebendigen Ausdruck, man konnte glauben, in das Gesicht einer echten, vom Tode grau gefärbten Leiche zu blicken. Hinzu kam, daß der Abguß nicht nur das Gesicht, sondern auch den halben Schädel, die Ohren und ein Stück des Halses zeigte. Kein Sockel, keine Platte war als Abschluß angebracht, und das erhöhte den Eindruck, daß ein Mensch mit geschlossenen Augen seinen Kopf aus der Wand hervorneigte und aufmerksam in den Raum lauschte.

„Sehen Sie sich die Maske nur genau an“, fuhr der Sohn jenes Mannes fort, dessen äschernes Antlitz unserem Gespräch zu folgen schien. „Erst jetzt auf meine alten Tage weiß ich, was sie mir bedeutet ... Die ersten Monate hier waren schrecklich für uns. Kein Geld, keine Bekannten, nichts, was an das frühere Dasein erinnert hätte. Sie müssen wissen, wir sind viermal mit dem nackten Leben davongekommen, das erstemal über das Riesengebirge nach Karlsbad, das zweitemal, als Hitler ins Sudetengebiet einmarschierte, nach Prag, von dort im März darauf nach Kattowitz und schließlich, als der Krieg anfing, zu Fuß nach Litauen. Dort bekamen wir zum Glück ein Visum nach England und in London das amerikanische.“

Ich konnte es nicht unterlassen, ihn an unsre Unterhaltung im Jahre 1933 zu erinnern. „Na, hören Sie mal“, warf ich ein, „das verstehe ich nicht. Das hatten Sie doch alles gar nicht nötig. Was hatten Sie mit Ihren Ansichten denn von den Nazis zu befürchten?“

„Mancher lernt's eben spät“, sagte er. „Und ich hätte vielleicht nie kapiert, was los war, wenn mein Vater sich hätte photographieren lassen. Oder aber schon früher. Vielleicht wäre ich ohne die Maske niemals Bildhauer geworden und hätte mir meinen Künstlerspleen erst gar nicht zugelegt. Jedenfalls mußten wir wegen der Maske fliehen.“

Er stand auf und goß uns Tee ein. Es begann zu dunkeln. Ich versuchte, sein plötzliches melancholisches Schweigen zu durchbrechen.

„Sie müssen an diesem Andenken wirklich sehr hängen?“

fragte ich. „Daß Sie es durch alle Länder mitgeschleppt haben ... Von Ihren eigenen Arbeiten – haben Sie auch davon was retten können?“ Ich sah im Raum umher.

„Nein. Das sind lauter hiesige Sachen. Ich sagte Ihnen ja, nur die nackte Haut haben wir retten können. Auch die Maske nicht. Wir haben sie hier in Amerika geschenkt bekommen. Seitdem fühlen wir uns ein bißchen mehr zu Hause.“

„Sie sagten doch“, wandte ich ein, „Sie bekamen sie als Junge von Ihrem Onkel?“

„Schon richtig. Aber ich habe sie später weggeschenkt, meiner Frau zuliebe. Und hier bekamen wir sie wieder zurück.“

„Waren Sie nicht wegen der Maske geflohen? Ich verstehe nicht recht.“

„Sie werden es verstehen. Aber zunächst muß ich das mit meiner Frau erzählen.

Es war im Jahre neunzehn, als wir heirateten. Am Hochzeitsabend. Eigentlich in der Nacht darauf. Sie müssen wissen, wir feierten unsere Hochzeit zweimal. Einmal, um des lieben Friedens willen, bei ihren Eltern. Der Vater war Reichsbankrat und mit der schlechten Partie seiner Tochter sehr unzufrieden. Er lud nur die allernächsten Verwandten Gretes ein und von den meinen gar keine. Es war die reinste Trauerveranstaltung. Um so lustiger ging's am nächsten Abend zu. Ich hatte Freunde ins Atelier eingeladen. Alle brachten Eßbares und Flaschen mit. Vielleicht hatte Grete ein bißchen viel getrunken – sie bestreitet es zwar –, jedenfalls, plötzlich, im lustigsten Tanzen, fängt sie an, alle möglichen Sachen – Meißel und Spachtel, Federhalter, Bleistifte, die Papierschere – mit Wucht gegen die Wand zu werfen, so als ob sie sich gegen etwas Unsichtbares verteidigte. Wir waren alle perplex, sie aber greift immer noch nach was und schleudert es an die Wand, vielmehr gegen die Maske, die da hing. Sie hätten Grete sehen sollen! Wissen Sie, ich hätte nie geglaubt, daß sich in einem Gesicht solches Grauen ausdrücken kann. Dabei war sie achtzehn Jahre alt, ein sanftes, gutmütiges Kind. In der Sekunde aber hatten wir alle Angst vor ihr. Ich ging trotzdem auf sie zu und wollte sie beruhigen. Da wurde sie noch wilder und schrie mich an. ‚Du bist ein Mörder! Nimm die Maske weg!' Dann brach sie in ein verzweifeltes Weinen aus. Ein paar Freunde kümmerten sich um sie, ich hakte rasch die Maske ab, wickelte sie in ein Handtuch, lief in die Küche und steckte das Bündel in den Spind, wo die Töpfe standen.

Als ich wieder ins Atelier kam, sah Grete gänzlich verändert aus. Mit ihrem sanftesten Gang, wie eine Schlafwandlerin, bewegte sie sich auf die Stelle zu, wo noch eben die Maske gehangen, hob einen Bleistift auf, einen kantigen, dicken Farbstift, der an einem Ende rot, am andern blau war, und begann um den großen Eisenhaken herum, den Stift krampfhaft mit der Faust umklammernd, immer rascher und eifriger Striche in den weißen Kalk zu graben, blaue und rote Striche, die zu unserm Erstaunen – sie kann sonst gar nicht zeichnen – die Züge meines Vaters annahmen; wir waren alle starr, so groß war die Ähnlichkeit mit der Maske, nur lebendiger war die Zeichnung, nicht grau, sondern blau und rot auf weißem Grund. Und der Eisenhaken saß dick und schwarz mitten in der Stirn. Es sah aus wie das Bild eines Gemarterten. Sie begann das Bild scheu und zärtlich zu streicheln und sprach es schließlich an, aber mit meinem Namen.

Tränen tropften aus ihren Augen, und immer wieder sagte sie mit der innigsten Stimme: ‚Geh nicht von mir, bleib bei mir, Ulrich! Du darfst nicht sterben! Bleib bei mir!'

Und dann war es, als ob ein Sonnenstrahl auf ihr Gesicht fiele. Ja, sie lächelte ganz unvermittelt, wie selig. Alle Angst war verschwunden, sie richtete sich gerade auf, nahm den Ring vom Finger, den sie am Vorabend von ihrer Mutter geschenkt bekommen hatte, tat ihn behutsam über den Haken und bog – ich frage mich heute noch, woher sie die Kraft dazu genommen hat, ich brachte es nicht fertig, ihn wieder geradezubiegen –, bog den Haken mit solcher Kraft um, daß der flache, rechtwinklige Teil in die Mauer drang. Sie vergewisserte sich, daß es unmöglich war, den Ring wegzunehmen – und dann fiel sie um.

Sie war bewußtlos. Wir legten sie aufs Bett und taten ein nasses Tuch auf ihre Stirn. Bald atmete sie kräftiger und ruhig. Sie schlief offenbar.

Ich wollte den Ring vom Haken nehmen und die Zeichnung wegreiben. Es gelang mir nicht. So tief lagen die Striche in dem Kalk, so tief war der Kopf des Hakens hineingepreßt.

Natürlich kam keine Stimmung mehr auf. Wir unterhielten uns halblaut über den Fall, aber erklären konnte ihn niemand, nicht einmal die Psychoanalytiker.

Es waren nur noch ein paar Gäste da, da hörten wir einen Schrei. Grete saß aufgerichtet im Bett, streckte beide Arme in die Richtung der Küche und rief: ‚Er ist wieder da! Dort liegt er und schaut mich an! Nimm ihn weg! Nimm ihn weg!'

Mir wurde wirklich gruslig. Sie deutete genau in die Richtung, wo die Maske lag. Es waren eine Mauer und eine Schranktür dazwischen und das Handtuch. Und sie konnte nicht gesehen haben, wo ich die Maske versteckte. Ob ich ihr vielleicht meine Gedanken übertragen hatte? Mitten im Schlaf? Ich grübelte nicht lange, nahm das runde Paket aus dem Schrank und gab es einem Freunde mit.

Grete wußte am nächsten Morgen von nichts. Sie lachte verlegen, als ich ihr die Geschichte erzählte.

Ein paar Tage später holte ich, ohne es Grete zu sagen, die Maske wieder zurück, packte sie aber nicht aus, sondern verstaute sie im hintersten Winkel zwischen meinen Tonklumpen.

Meine Frau arbeitete damals schon als Stenotypistin. Ich war Abendbrot holen gegangen. Als ich zurückkam, stand die Ateliertür sperrangelweit offen. Von Grete, die um die Zeit hätte dasein müssen, keine Spur. Ich wartete noch eine Weile, dann machte ich mich auf die Suche nach ihr. Und fand sie auch bald bei Bekannten.

Von denen erfuhr ich: Mit einem Küchenmesser in der Hand sei sie gelaufen gekommen, ganz außer Atem und ohne Hut. Zitternd habe sie erzählt, als sie heimkam, habe das Gesicht vom Hochzeitsfest sie aus der Ecke angestarrt. In ihrem Schreck habe sie sich das Messer gegriffen und sei weggerannt. Jetzt schlafe sie.

Ich ließ sie diese Nacht bei den Bekannten, holte die Maske aus dem Atelier und ging damit zu einem Freunde, der bei der Hochzeit nicht dagewesen war, einem Maler. Ich schenkte ihm die Maske, ohne ihm zu sagen, warum.

Am nächsten Morgen holte ich Grete ab, begleitete sie ins Büro und versuchte, hinter das Geheimnis ihres Verhaltens zu kommen. Diesmal erinnerte sie sich an den Vorfall genau. Aber erklären konnte sie ihn ebensowenig wie ich selber. Sie hatte nichts getrunken, und ich war nicht zu Hause gewesen, konnte ihr das Wissen, wo die Maske lag, also nicht suggeriert haben. Wir standen vor einem Rätsel. Grete schämte sich, sie bat mich um Verzeihung, sagte, sie wolle sie recht oft und lange anschauen, um sich daran zu gewöhnen.

Aber mir war, offen gesagt, die Lust vergangen, ähnliches noch einmal zu erleben. Als ich ihr das sagte und daß ich die Maske weggeschenkt hatte, traf mich ein tief dankbarer Blick. Jetzt erst begriff ich, wie verstört sie die ganze Zeit gewesen war.

Insgeheim fragte ich mich, ob nicht eine beginnende Geisteskrankheit den Vorfällen zugrunde lag. Aber das war bestimmt nicht der Fall. Während all der Aufregungen in den letzten Jahren verlor sie nicht ein einziges Mal die Nerven. Sie ist vielleicht normaler als ich."

Ich unterbrach Fechter. „Ein interessanter Fall. Die freudlose Hochzeit bei den Eltern, der ungewohnte Alkoholgenuß und die Ähnlichkeit zwischen Ihnen und Ihrem Vater, auch die Angst, Sie zu verlieren – das alles mag da zusammengewirkt haben. Erklären freilich ... Aber eine Frage: Was haben die Nazis mit dem Vorfall zu tun?"

„Das kommt noch. Vorher muß ich Ihnen was erzählen, das Ihnen beweisen wird, daß die Sache bei Grete sehr tief saß. Ein paar Jahre später, wir kamen gerade aus dem Kino, trafen wir jenen Maler, dem ich die Maske geschenkt hatte.

Sie kennen ihn wahrscheinlich, Koch heißt er. Wir hatten ein Stück gemeinsamen Wegs und unterhielten uns, ich weiß nicht mehr, über was. Vor seinem Haus verabschiedete er sich. Da sagte meine Frau – sonst ist sie zurückhaltend, mir beinahe zu schüchtern –: ‚Wenn Sie nicht zu müde sind, Herr Koch', sagte sie, ‚Sie werden natürlich nicht bis zu uns mitkommen wollen – aber wie wär's mit einer Tasse Tee bei Ihnen oben?' Koch war's recht; aber mir keineswegs. Nicht, daß ich eifersüchtig gewesen wäre, das bin ich prinzipiell nicht, aber es fiel mir plötzlich ein, daß oben die Maske hing. Ich sprach von Kopfweh. Koch sagte, er habe Tabletten; jetzt war erst recht nichts mehr zu machen.

Ein komischer Kauz übrigens, dieser Koch. Er haßte elektrisches Licht, es sei tot, behauptete er, und lähme daher den Geist. Die Kerze dagegen brenne lebendig und warm. Im Dachgeschoß angelangt, bat er uns, keinen Schritt zu tun, denn er habe gegen Einbrecher verschiedene Fallschnüre handhoch über den Boden gespannt. Er wolle Licht holen und uns dann hindurchführen.

Da standen wir nun im Stockdunkeln, während Koch sich mit vorsichtigen Schritten über die Schnüre zur Küche tastete. Und plötzlich wieder derselbe Schrei – der Schrei wie damals, als die Gäste aufbrachen: ‚Dort, dort! Nimm ihn weg! Nimm ihn weg!' Und wieder diese starr ins Dunkel gestreckten Arme. Koch kam mit zwei Kerzen aus der Küche gestürzt, er fiel über die Schnüre, die Kerzen erloschen, ich packte Grete und lief mit ihr die Treppe hinunter. – ‚Die Maske!' rief ich Koch als Erklärung zu.

Tags darauf entschuldigte ich mich wegen des Vorfalls und erklärte ihm, welche Bewandtnis es mit der Maske hatte. Er war begeistert, sprach des langen und breiten vom Somnambulismus und dem sechsten Sinn der Papuainsulaner und war besonders deswegen beeindruckt, weil die Maske nicht einmal an der Wand gehangen, sondern in einer Schachtel gelegen hatte. ‚Jeder fragte mich, wer der interessante Kopf sei', fügte er wie zur Entschuldigung hinzu, ‚und es wurde mir zu dumm, alle paar Tage die gleiche Antwort zu geben. Aber daß Ihre Frau sogar im Dunkeln durch die Schachtel sehen konnte, das ist großartig!'

Ich konnte das Lachen kaum unterdrücken. Er aber wurde noch feierlicher. ‚Schade, daß mir nie so eine Frau begegnet ist; dann wäre ich bestimmt kein Junggeselle geblieben', sagte er. ‚Allerhand Hochachtung. Gratuliere!'

Und jetzt komme ich zu den Nazis. Sehen Sie, durch diese Vorfälle ... wie soll ich sagen ... war mir das Gesicht meines Vaters bedeutungsvoller geworden als zuvor, wo ich es jeden Tag vor mir hatte. Und ich war insgeheim verstimmt gegen meine Frau, daß ihre Verrücktheit – sie nannte es selber so – mich veranlaßt hatte, die Maske wegzuschenken. Und je länger das alles zurücklag, um so häufiger mußte ich daran denken.

Damals, als Sie zu mir kamen, hatte ich Koch schon ewig nicht mehr gesehen, wußte nicht einmal, ob er noch lebte. Aber ausgerechnet am Tage darauf traf ich ihn. Er sei zwar gar nicht gefährdet, sagte er, aber er habe die Absicht, auszuwandern. Von Verbrechern lasse er sich nicht regieren. Er, Koch, nicht. Er habe einen Bruder in Chikago, und gerade habe er einen Brief erhalten, er solle hinüberkommen, für Ticket und Affidavit sei gesorgt.

Ich wünschte ihm Glück. Zugleich fiel mir ein, daß meines Vaters Maske nun ein für allemal, endgültig, aus meiner Welt verschwinden würde. Sie verstehen vielleicht, der Gedanke war mir unerfreulich, ich kam mir irgendwie treulos vor, wenn ich es geschehen ließ. Damals arbeitete ich schon längst in dem alten Treibhaus. Mit dem Jungen war es im Atelier zu eng geworden. Und da ging es mir durch den Kopf: Wenn ich die Maske im Treibhaus habe, kann es meine Frau nicht stören, dann erfährt sie es überhaupt nicht. Es war mit Grete ausgemacht, daß sie nie hinkam. Ich bin nämlich in der Beziehung etwas wunderlich, zeige ungern angefangene Arbeiten. Auch sauber machte ich selber. Kurz und gut, ich bat Koch, mir die Maske zurückzugeben.

Er lehnte glattweg ab; geschenkt sei geschenkt, und das

Erlebnis damals habe sie ihm doppelt teuer gemacht, sie sei dadurch eine Art Totemfigur für ihn geworden.

Schließlich einigten wir uns darauf, daß er einen Gipsabguß machen lassen und mir ihn vorbeibringen werde. Und das tat er auch. Etwa acht Wochen später, an einem Nachmittag, brachte er das Paket. Der Abguß war ausgezeichnet. Trotzdem war ich enttäuscht. Der weiße Gips hatte einen ganz andern Ausdruck als das graue Material des Originals, etwas von Zuckerhut, wie die Schillerbüste in unsrer Schulaula. Auch fehlte das Stück Hals mit dem Kehlkopf. Immerhin, ich war froh, das Gesicht, das ich so lange vermißt hatte, wiederzusehen.

Koch war in Eile, in zwei Tagen wollte er die große Reise antreten, es war noch viel zu erledigen. Er verabschiedete sich rasch.

Kaum, daß er weg war, klopfte es, und zwei SA-Leute kamen herein. ‚Heil Hitler', grüßten sie.

Als ich ‚Guten Tag' antwortete und fragte, was sie wünschten, wurden sie gleich grob, ich hätte mit dem Hitlergruß zu antworten. Oder ob ich auch so ein republikanisches Schwein sei? Als ich darauf gar nicht einging, sondern noch einmal fragte, was sie wünschten, wurden sie etwas höflicher. Wer eben bei mir gewesen sei, wollten sie wissen, und was er mir in dem Paket gebracht habe? Verbotene Bücher vielleicht?

Ich zeigte ihnen die Maske und erklärte, daß sie meinen Vater darstelle. Aber ich nannte den Namen des Überbringers nicht. Wer weiß, vielleicht würden sie Koch die Amerikareise im letzten Augenblick versalzen. Ich kannte die näheren Gründe für sein Auswandern ja nicht.

Die beiden ließen aber nicht locker. Wenn ich den Namen nicht nennte, müßten sie mich verhaften. Zunächst aber wollten sie mal Haussuchung vornehmen.

Und was jetzt kam, war die Sache weniger Sekunden. Der eine SA-Mann gab der Maske, als er so tat, als finge er mit der Haussuchung an, einen heftigen Stoß mit dem Ellbogen. Absichtlich natürlich. Sie flog zu Boden und zersplitterte.

Der andre schlug ein wieherndes Gelächter an, wie über einen großartigen Witz, und rief roh und laut: ‚Der arme Herr Papa.'

Weiß der Teufel, in meinem ganzen Leben hat mich noch nie eine so maßlose Wut gepackt. Ich nahm einen Sandsteintorso und schlug damit wie rasend auf die Köpfe der beiden ein. Im nächsten Augenblick lagen sie blutüberströmt vor mir, ob nur ohnmächtig oder tot, das habe ich nie erfahren. Noch in derselben Nacht bin ich mit meiner Frau und dem Jungen nach Spindlermühle und von da zu Fuß ins Sudetenland geflohen."

Ich mußte wohl ein etwas ungläubiges Gesicht gemacht haben, denn er unterbrach sich. „Sie meinen vielleicht, ich schwindle, denken: zwei auf einmal, ein bißchen viel. Ich geb's zu. Das Komitee in Karlsbad hat mir auch nicht getraut. Erst mit der Zeit hat sich das gelegt, als sie sahen, wie Grete und ich gegen die Henleins arbeiteten."

„Nein, nein", versicherte ich ihm. „Ich glaube Ihnen schon … Aber ich meine … ich hätte es Ihnen nicht zugetraut, hätte Sie für alles andere als jähzornig und sentimental gehalten. Aus Pietät für den Vater zwei Menschen, zugegeben, Rohlinge, zu erschlagen, das scheint mir denn doch … es stand so gar nicht dafür, möchte man meinen."

Er schaute mir gerade in die Augen, lächelte einen Augenblick und erwiderte langsam, als suchte er die Worte: „Mit Pietät hat das nun überhaupt nichts zu tun. Bestimmt nicht. Es ist nicht leicht, sich hinterher über derartiges klarzuwerden. Wenn ich sagte, ich war rasend, so ist das auch nicht ganz richtig. Es ging zwar alles, wie man sagt, blitzartig in mir vor, aber es war ein kalter Blitz. Ich glaube, ich habe in jener Sekunde damals ganz ruhig und lange nachgedacht – Gedanken, die ich mir früher hätte machen sollen, damals zum Beispiel, als Sie bei mir Unterschlupf gesucht haben. Wie ich die Scherben am Boden sah, war wohl in mir selber was zersprungen. Mein eigenes Gesicht. Nein, nein, das ist auch nicht richtig. Mein Individualismus vielleicht oder das, was ich Ihnen damals als mein Gesetz, mein Prinzip bezeichnet habe. Ich glaube manchmal – ja, das ist es: meine Neutralität war kaputt, die Einbildung, es handle sich um ein Spiel, das mich nichts anging. Und zugleich hat sich alles, was ich an Einsicht und Scham in mir unterdrückt hatte, sozusagen in Kraft verwandelt: ich mußte in dieser Sekunde aufholen, was ich all die Jahre zuvor versäumt hatte. Können Sie das verstehen? Können Sie es mir glauben? Als ich das Blut der beiden auf den weißen Scherben sah, da habe ich zum ersten Male die Wirklichkeit gesehen, die ganze Wirklichkeit, von der ich selber ein Stück bin. Der Wahn, daß ich, weil ich ein Künstler bin, über oder außerhalb der Wirklichkeit stehe ..."

Er brach ab, denn die Tür ging, und das Licht wurde angeknipst.

Eine etwas rundliche, blonde Frau mit schönen, mütterlichen Augen trat ein. „Frau Grete?" fragte ich – und konnte es nicht unterlassen, auf die Maske zu schielen.

Sie erriet meine Gedanken und sagte: „Nein, jetzt fürchte ich mich nicht mehr davor. Als wir in Chikago waren, um uns bei seinem Bruder für das Affidavit zu bedanken, war sogar ich es, die Koch bat, uns die Maske zurückzugeben."

Ein heftiger Schlag ließ uns zusammenfahren. Die Maske war auf den Boden gefallen, lag da, das graue Gesicht nach oben, unbeschädigt. Ich muß gestehen: mein Herz schlug rascher, und ich habe in diesem Augenblick wohl so blaß ausgesehen wie Fechter, der auch auf die Maske starrte. Der Mund der Maske lächelte mild-ironisch, wie die Münder von Toten oft.

Da aber sah ich dasselbe Lächeln auf Frau Fechters allzu geschminktem Munde. Sie hob den Haken vom Boden auf, drückte ihn in die Wand und hängte die Maske an ihren Platz zurück. Und dann sagte sie: „Mir scheint, die Herren brauchen eine kleine Stärkung. Was halten Sie von einem Glas Bier?"

Sie lachte uns offen aus. Und wir lachten mit.

„By the Waters of Minnetonka“
oder
Die drittgrößte Industrie

In New York machte ich eines Nachts in einer Cafeteria die Bekanntschaft des amerikanischen Schriftstellers Mr. C. Seine Bücher waren mir unbekannt, des Namens glaubte ich mich jedoch zu entsinnen. Er stamme aus Virginia, sagte er, habe mehrere Kontinente bereist und freue sich, mit jemand reden zu können, der gerade „von drüben“ gekommen ist.

Die unvermeidliche Redensart „Wie gefällt Ihnen Amerika?“ formulierte er überraschend. „Haben Sie nicht Angst vor Amerika?“ fragte er. Ich versicherte ihm, daß ich die Angst ums Leben hinter mir in Europa gelassen habe. Das meine er nicht, sagte er. Ob ich nicht fürchtete, in dem fremden, riesigen Land immer ein Außenseiter, ein Fremder zu bleiben. Die Vorstellung, man würde von ihm erwarten, die Haut zu wechseln, um etwa Franzose oder Deutscher zu werden, wäre für ihn unerträglich, erschreckend.

Der Gedanke sei mir fremd, versicherte ich ihm. Ich sei kein Einwanderer, sondern Flüchtling und wolle nach Hitlers Sturz nach Deutschland zurück. Davon abgesehen, sei Amerika mir von Kind auf als etwas zwar sehr Fernes, aber dennoch Vertrautes erschienen, und das nicht nur durch Indianergeschichten, durch seine Jazzmusik, seine Literatur und den Film. Vielmehr habe wohl jeder Europäer, zumindest jeder Deutsche, zu diesem Land eine ganz eigenartige, schwer zu erklärende, schicksalhaft-heimliche Beziehung. Etwa so, als verbände ein großer Regenbogen, der zugleich eine Zauberpforte ist, Christoph Kolumbus mit irgendeinem verschollenen, abenteuerumwitterten Onkel.

„Sehr bedenklich“, murmelte Mr. C. „Glauben Sie mir,

wer sich hier behaupten will, der muß mit beiden Beinen ... Unsinn: der muß wissen: das ist kein Land für Träumer."

„Aber ein Land, gemacht aus Träumen, der Inhalt von Träumen", wandte ich ein. „Es mag Sie interessieren, daß mir ein Traum von Amerika vor mehr als zwanzig Jahren das Leben gerettet hat."

Ein Neger begann die Stühle auf die Tische zu stellen. Und ein weißhaariger Alter in einem Trikotleibchen, sein Kopf sah aus wie ein vertrockneter Apfel, begann Kaffeesatz auf den Boden zu streuen. Vom Handrücken über die Schultern bis an den runzligen Nacken war er mit Tätowierungen bedeckt.

„Der Traum", sagte ich, „genaugenommen eine Grammophonplatte, hat mir damals über eine schwere Krankheit hinweggeholfen. Eine Platte aus Amerika war es. Ich weiß noch, sie hieß: ‚By the Waters of Minnetonka'."

„Guter alter Jahrgang", sagte er. „Sie wurden mit musikalischer Therapie behandelt?"

„Nein", sagte ich, „ich wurde mit Sekt behandelt. Der Arzt konnte nichts mehr gegen das Fieber unternehmen, mein Herz war zu geschwächt vom vielen Salizyl. Ich lag schon seit vier Monaten fast gelähmt mit Gelenkrheumatismus. Man muß der Natur ihren Lauf lassen, hatte der Arzt gesagt und meiner jungen Frau, bevor er ging, geraten, mir von Zeit zu Zeit Sekt einzuflößen. Kurz: er hatte mich aufgegeben."

Der tätowierte Alte bat uns, die Beine für einen Moment hochzuheben, damit er unterm Tisch aufkehren könne. Dann dankte er höflich und schob sein kleines Gebirge Kaffeesatz weiter über den Steinboden.

„Und wer kam auf den Einfall mit der Musik?" wollte Mr. C. wissen.

„Ich. Später erzählte mir meine Frau, daß ich mit meinen vom Fieber gesprungenen Lippen wieder und wieder ‚By the Waters of Minnetonka' geflüstert hatte, in irrer Beharrlichkeit, bis sie endlich erriet, was ich wollte. Sie legte die Platte auf. Und schon nach den ersten Tönen ging mein Atem regelmäßiger, sagte sie, das Flackern der Augen ließ nach, und mein Gesicht nahm einen beglückten Ausdruck an. Aber sobald die Platte abgelaufen war, fing ich zu zittern an vor Ungeduld, bis sie wieder zu spielen begann. Die ganze Nacht, mit unermüdlicher Ausdauer, hat meine Frau das Grammophon aufgezogen und es die gleiche Musik ohne Unterlaß spielen lassen."

„Jede andere Musik hätte vielleicht dieselbe Wirkung gehabt. Sie hätten es im hohen Fieber wohl kaum unterscheiden können", bemerkte Mr. C.

„Ich glaube, Sie irren. Wir waren damals in Berlin wie besessen von amerikanischer Musik. Wenn ich unter den vielen Platten, die ich kannte, gerade diese eine so sehr verlangte, so war das bestimmt kein Zufall. Ich erinnere mich genau; überdeutlich sehe ich heute noch, und ich werde es nie vergessen, was die Musik mir im Fiebertraum gezeigt hat. Denn sonderbarerweise wurden die Töne mir zu Bildern, richtiger gesagt, zu einem einzigen bewegten, tönenden Bilde."

„Die optische Interpretation von Musik ist nichts Ungewöhnliches", belehrte mich Mr. C. „Im Gegenteil, sie ist für einen Menschen ohne musikalisches Training typisch."

„Sie haben ganz recht. Ich bin kein Musiker. Aber die Macht der Musik erstreckt sich auch auf Laien, vielleicht gerade auf Laien. Wie wäre es sonst möglich, daß die Melodie, von der ich Ihnen sprach, wenn ich sie denke oder vor mich hin summe, noch heute die Kraft hat, mich wie Zuversicht zu durchströmen, Mißmut und Gereiztheit in mir zu dämpfen?"

Mr. C. saß auf dem kunstledernen Cafeteriastuhl, als wollte er Rodins „Denker" nachahmen. Aber er war zu hager und trug Koteletten, es sah daher so aus, wie wenn Mephisto den Faust spielte. Ich wartete, daß er das Schweigen zwischen uns unterbräche. Endlich tat er es, unwirsch. „Los! Erzählen Sie mir Ihren Musiktraum. Das wollen Sie doch. Ich sehe es Ihnen an."

Es stimmte. Schon der Gedanke an die Melodie hatte

mich ein wenig der Umwelt entrückt und in mir den Wunsch geweckt, mit Worten lebendig zu machen, was sie mich in jener Nacht hatte schauen lassen. „Sie sind ein guter Psychologe“, sagte ich. „Also hören Sie. Aber unterbrechen Sie mich, bitte, wenn es Sie langweilt.

Ich sah im Traum ein Negerdorf am Fuße eines Berges. Silberfäden sprangen von den Felsen herab und schlängelten sich über saftgrüne Hänge talwärts. Das Muh und Mäh nicht endender Herden von Kühen, Schafen und Ziegen mischte sich mit dem Klingen des Wassers, dem Kindergeschrei und Hundegebell. Es war, als drückten ihre Stimmen Freude und Erwartung aus und als zöge das Dorf sie magnetisch an. Von dort, aus dem Tal, drang urtief und mit gewaltiger Würde eines Negers Gesang. Ich sah ihn nah vor mir. Er war ein Riese, breit und schwer, die kurzen krausen Haare waren weiß und die Augen wie geäderter Marmor. Sein Gesang war sichtbar, er wogte bergwärts über dunkle Tannenwälder nach den schneeigen Spitzen und verströmte ins dröhnende Blau des Himmels. Da begriff ich: die Kraft dieser mahnenden Baßtöne war es, die alles zu Tal, ins schützende Dorf strömen machte: die Wasser und das Getier, Scharen dunkelhäutiger Knaben, lachende Mädchen mit Säuglingen auf den metallisch glänzenden Armen. Ganz von oben aber, aus dem Wald, kam Antwort: der Doppelgesang zweier Liebender. Das Paar war unsichtbar, und doch sah ich es. Reglos, als sänge es aus dem Schlaf, stand es kühl und schlank zwischen flechtenverhangenen Stämmen.

Immer wieder, die ganze Nacht, vernahm ich dieses Strömen von Leben und Jugend, die gütig beschwörende Stimme des Alten, das Doppelecho der Liebe und das tönende Blau.

Und ich fühlte: solange mich dieser Anblick nicht verläßt, werde ich nicht sterben. Kaum aber verstummte die Platte, war mir, als ginge es auch mit mir zu Ende.“

Mr. C.s Stimme versetzte mich zurück in die Gegenwart. Er sagte, und ich wußte nicht, ob es Ernst war oder Spott: „Haben Sie den Traum analysieren lassen oder selbst zu analysieren versucht?“

„Bedaure“, erwiderte ich, „leide weder an Komplexen noch an Aberglauben.“

„Wozu träumen Sie dann eigentlich?“ Er verbesserte sich. „Ich meine, wozu merken Sie sich so was und erzählen es auch noch andern Leuten?“ Er musterte mich unverhohlen kritisch. „Oder halten Sie mich etwa für einen Psychoanalytiker?“

„Nein, mir scheint nur, manche Träume sind es wert, erzählt zu werden.“

Mr. C. schüttelte den Kopf. „Mein Herr, außer für den Arzt sind Träume für niemand von Wert“, belehrte er mich, „sie sind nichts weiter als Reflexe.“

„Und wenn. Wesentlich ist, was sie und wie sie es reflektieren. Zuweilen sind es überraschend intensive Bilder und Vorgänge. Warum sollten wir davor die Augen verschließen?“

„Sie haben eben phantastische Neigungen“, sagte Mr. C. „Ich halte mich lieber an Fakten. Aber man will hier Schluß machen, wir müssen gehen. Wie wäre es mit einem Nachtklub? Sie schätzen ja offenbar, was wir ‚sanfte Musik‘ nennen.“

„Ich war noch in keinem Nachtklub“, sagte ich unschlüssig. Unter einem amerikanischen Nachtklub stellte ich mir ein schwül beleuchtetes Lokal vor, wo sich die große mit der Halb- und Unterwelt trifft.

„Was? Noch nie in einem gewesen?“ rief Mr. C. „Ja, dann ist's aber wirklich Zeit.“

Wir betraten den Tanzsaal eines angesehenen New-Yorker Hotels. Der Gipsschmuck und das Mobiliar des Raumes, sogar die Gäste erinnerten mich an eine Bahnhofsrestauration I. Klasse aus den neunziger Jahren, nur die vielköpfige, grell livrierte Kapelle sah modern aus.

Unsre Versuche, ein Gespräch zu führen, scheiterten an dem Lärm der Instrumente. Füglich starrten wir auf das hell beleuchtete, bühnenartige Podium. Die Musiker waren in Trance. Wie in einem Stadion vor einer vieltausendköpfigen Menge riefen sie, ekstatisch gegen den Himmel starrend, mit der äußersten Kraft ihrer Instrumente, unter Verrenkungen und Grimassen, irgendwelche Gottheiten an. Mit ihren schräg nach oben schmetternden Trompeten und Posaunen glichen sie einem Chor geisteskranker Engel. Der Kapellmeister tänzelte vor diesen Irren hin und her, drohend und aufmunternd, und schäkerte von Zeit zu Zeit mit einzelnen seiner Patienten persönlich.

Auf einmal ließ er von den Leuten ab und trat an ein staubsaugerartiges Gerät im Vordergrund der Rampe, an das Mikrophon. Da die Kapelle weiterspielte, war, was er hineinsprach, nicht zu verstehen. Dann trat er hinter eine Seitenportiere und führte gönnerisch-familiär eine dekolletierte junge Dame aufs Podium.

Die Musik verstummte. Die Musiker verwandelten sich sofort in natürliche, vernünftige Leute. Nur schienen sie das Publikum nicht zu bemerken. Sie begannen ungeniert ihre Instrumente zu putzen und einander Witze zu erzählen.

Die junge Dame machte einen Hofknicks, lächelte den Kapellmeister hold und dankbar an, umklammerte mit rosa Fingern die kräftige Nickelstange des Mikrophons und drückte ein Hüftgelenk schräg nach vorne.

Dann richtete ihr ängstliches Porzellangesicht mit großer Nase und einem erstaunlich dehnbaren roten Gummiring darunter an das winzige Köpfchen des Mikrophons stöhnend die Frage: „Why don't we do that more often?"* Zugleich machte ein Scheinwerfer die weißseidene, seitlich bis zur Mitte des Oberschenkels geschlitzte Kapsel, in der ihr magerer Körper von den Brüsten abwärts steckte, lila aufglänzen.

So sahen also diese betörenden „Girls" aus, denen die verbotenen Männerträume gelten und die so gewaltige Geldströme in Fluß bringen. Sicherlich legte das Mädchen da vorne jeden Freitag ihren Scheck, den „Sündenlohn", den beglückten Eltern auf den Ausziehtisch, auf dem kalt und fremd ein silberner Cocktailmixer glänzte, seit sie, die Jüngste, mehr verdiente als ihr Vater.

Ein junger Mann löste die Sängerin ab. Er trug zu seinem

* Warum tun wir das nicht öfter?

Straßenanzug ein Frackhemd mit schwarzer Krawatte. Zuviel Schminke verwandelte die Pickel in seinem Gesicht in bläuliche Tapezierernägel. Statt in einer East-End-Straße mit Gleichaltrigen Baseball zu spielen, jammerte er: „I'll never smile again"*; und man durfte es ihm glauben, daß er nie mehr lächeln werde. Dennoch versuchte er es, bevor er abtrat, um für den Beifall einiger Tische zu danken, an denen wohl Angehörige oder Bekannte saßen. Er entblößte, als sei er beim Zahnarzt, die langen gelblichen Zähne, senkte, strammstehend, den Oberkörper nach vorne und warf dabei dromedarhaft den Kopf ins Genick.

Und schon schmetterte wieder die Musik.

Mein Gastgeber hatte bemerkt, wie mein Blick den trägen Bewegungen eines großen Goldfisches folgte, der unablässig mit dem Maul gegen die Wand der leuchtenden Glaskugel in einer Fensternische stieß.

Ich versuchte, meine Geistesabwesenheit zu entschuldigen. „Erklären Sie mir, bitte", fragte ich, aber es kam ungnädig heraus, „was die Leute eigentlich hierherzieht. Sehen Sie sich die Gesichter an. Gelangweilt und stumpf. Und erst das Tanzen! Es kommt mir vor wie eine Zeitlupenaufnahme ihrer letzten Zuckungen. Wo ist da das Vergnügen?"

Mr. C. sah mich aus seinen schrägen Augen spöttisch an. „Ach so", sagte er und rückte den Stuhl näher, damit ich ihn verstehen konnte. „Sie suchen Vergnügen? Da hätte ich Sie besser nach Harlem zu den Negern geführt oder in eine Hafenkneipe. Ich wollte Ihnen ein bißchen echtes Amerika zeigen, nicht so exotischen Schwindel. – Wie wäre es mit noch einem Whisky? Passen Sie auf: dann kriegen Sie ebenso traurige Glasaugen und fühlen sich ebenso glücklich wie der Rest hier."

„Whisky macht mich streitsüchtig", wandte ich ein. „Übrigens sehen die Leute gar nicht glücklich aus und auch nicht betrunken."

Er leerte sein Glas und grinste. „Machen Sie sich keine Sorgen, das Management kommt schon auf seine Kosten",

* Ich werde niemals wieder lächeln.

versicherte er mir. „Aber eine Art sportlicher Ehrgeiz gebietet, sich und andern zu beweisen, daß man viel verträgt. Daher diese stumpfe Beherrschtheit. Glücklich auf ihre Weise sind sie trotzdem. Jedenfalls fühlen sie sich in diesem Schauhaus nicht so einsam wie zu Hause in ihren Wohnsärgen. Sie, mein Guter, müssen sich akklimatisieren. Dazu gehört, wie gesagt, Mut. Vergessen Sie niemals, Sie befinden sich in der größten und modernsten Stadt der Welt. Hier herrscht der Fortschritt, nämlich Arbeitsteilung und schärfste Kalkulation. Was man uns in diesem Etablissement bietet, wird auf Grund vollkommener Statistiken ausgewählt und nach fachmännischen Methoden produziert. Der Librettist liefert die Texte, sie dürfen nicht anstößig, sie sollen anzüglich und sie müssen bisexuell sein, das heißt: geeignet, von Künstlern beider Geschlechter gesungen zu werden. Ein Komponist liefert die Musik, ein Orchesterspezialist arrangiert die Partitur. Die Akrobaten da vorne sind Mann für Mann nicht nur Virtuosen auf mehreren Instrumenten, sondern außerdem trainierte Clowns, und die Sänger sind das Resultat hundertfacher Siebung einer ganzen Generation zwischen fünf und fünfzehn Jahren. Hier sucht jedermann auf der Bühne, was wir bequemes Geld nennen. Das Endprodukt all dieser Auslese und Hochzüchtung in perfekter Mischung heißt ‚amusement'. Unsre drittgrößte Industrie! Sollten Sie das alles geistlos nennen, mein Lieber, das wäre ein Kompliment. Denn nicht nur der Körper, auch der Geist muß ruhen. Relax!" sprach er und hob den Zeigefinger. „Entspanne dich! Das ist unser Geheimnis. Je wilder die Trommeln, je verrückter das Saxophon – um so tiefer der körperliche und geistige Friede. Verwechseln Sie bitte Entspannung nicht mit Leblosigkeit. Ich nehme an, Sie kennen unsre Produktions- und Geburtenziffern ... Kellner, noch zwei Doppelwhisky!"

Die Musik wurde ganz leise. Das rhythmische Geklapper zweier Steptänzer schreckte mich auf wie das Prasseln eines Sommerregens.

Mr. C. war vom Tisch verschwunden. Ich entdeckte ihn bald. Er sprach mit dem Dirigenten. Der schien erst nicht zu verstehen; dann nickte er überfreundlich, gab Mr. C. die Hand und steckte sie geschlossen in die Tasche seiner kanariengelben Hose zurück.

Guter Dinge kam mein Begleiter wieder an den Tisch. „Sie sollen nicht sagen“, verkündete er mit kindlichem Stolz, „Amerika lasse Sie im Stich. Passen Sie auf, das ist eigens für Sie.“

Er zwinkerte dem Kapellmeister zu: der verbeugte sich leicht zu uns und hob die Hand.

Die Kapelle begann verhaltener als bisher zu spielen. Bald aber schmetterte sie wieder genauso heiter und rücksichtslos wie zuvor zum Stuckhimmel empor und übte dabei in Gruppen Aufstehen und Setzen, oder auch drei Schritte vor, drei zurück. Sie war es eben gewohnt.

Mr. C., statt dieser rhythmischen Gymnastik zu folgen, blickte mir forschend ins Gesicht. Ich bemühte mich, besonderes Interesse für die Darbietung zu zeigen. Ich muß mich bedanken, ging es mir durch den Kopf. Wenn ich nur wüßte, was die da spiclen.

Mit einem Trommelwirbel, der das Quietschen junger Ferkel übertönte, endete das Stück abrupt.

Ich klatschte mit Energie und Ausdauer. Hatte es doch mir gegolten. Wieso, wußte ich allerdings nicht, sagte aber entschlossen zu Mr. C.: „Vielen, vielen Dank. Wirklich großartig. Disziplin! Kühne Einfälle!“

Ich hob sogar die Hand ein wenig und lächelte in die Richtung des Podiums.

Mein Begleiter wurde einsilbig.

War er verstimmt? Hatte ich etwas falsch gemacht?

Unvermittelt zahlte er.

Wir brachen auf.

Vor dem Hotel reckte und streckte er sich, als sei er in seinem Badezimmer, schöpfte tief Atem und schlug mir plötzlich auf die Schulter. „Sie sind ein wunderbarer Mensch!“ schrie er mich an. „Ich danke Gott, daß Sie mir über den Weg gelaufen sind. Endlich jemand, mit dem man sich streiten kann.“

Ich wollte ihm versichern, das Vergnügen sei ganz auf meiner Seite, aber er hörte nicht hin.

„Sei gegrüßt, du mein schönes Sorrent!" rief er mit vibrierender Tenorstimme die Häuserschlucht hinauf; und zu mir gewendet, so nebenbei, sagte er: „Wie wäre es mit einem Spaziergang? Ich muß das Leichengift aus meinem System kriegen." Ohne auf Antwort zu warten, hakte er sich ein und marschierte los.

Im Central-Park setzten wir uns unter einer Bogenlampe auf eine Bank. Auf der Bank daneben saßen drei junge Burschen und spielten Karten. Aus einem Kofferradio, das sie mitgebracht hatten, tönte Musik.

„Oh, diese strahlenden New-Yorker Nächte!" deklamierte Mr. C. schwärmerisch und sog hörbar die nächtliche Luft in seinen Brustkasten. „Gibt es etwas Schöneres?

Ja, es gibt etwas Schöneres. Hören Sie!" rief er gleich darauf und neigte sich dem Radio zu.

„Fidelio!" verkündete er und machte eine feierliche Pause, in der das Aufklatschen der Spielkarten vernehmbar wurde. Dann sagte er: „Sehen Sie, so eine Musik macht zur Abwechslung mich gesund. Ihre ‚Waters of Minnetonka' schenke ich Ihnen mitsamt Ihrem altmodischen Traumkitsch. Mir wurde übel dabei." Dann lächelte er mich entwaffnend an und fügte hinzu: „Nehmen Sie es nicht krumm, Hauptsache, Sie hatten Ihre Freude daran, Ihr Lied wiederzuhören."

„Mein Lied?" antwortete ich. „Sie wollen doch nicht etwa behaupten, was die Kapelle vorhin für mich spielte, das sei ‚By the Waters of Minnetonka' gewesen?"

Mr. C. ahmte höhnisch meinen Akzent nach. „Ich will behaupten, daß ich mich nicht von Ihnen zum besten halten lasse", sagte er und stand auf. Er sprach so laut, daß die Kartenspieler zu uns herüberblickten.

„Ich bitte Sie! Wie käme ich dazu?" beteuerte ich. „Ich habe die Melodie wirklich nicht wiedererkannt."

Mr. C. drehte mir den Rücken und schritt ohne Gruß tiefer in die Dunkelheit des Parks hinein.

Fünf Millionen Tauben

„Du bist ja vollkommen wahnsinnig", sagte die Frau zu ihrem Mann. Sie packte gerade ein großes Buch aus, auf dessen Umschlag eine Taube abgebildet war. „Das bleibt uns bestimmt liegen. Das nimmt der uns nie und nimmer ab. Zehn Dollar! ... Wieviel hat er überhaupt angezahlt?"

„Fünfundzwanzig Cent", erwiderte kleinlaut der Buchhändler.

„Und wenn er es bezahlt – ich glaub's ja nicht –, weißt du, wieviel wir dann verdient haben? Ganze fünfzig Cent, bloß fünf Prozent Rabatt haben sie uns gegeben. Was du für Geschäfte machst ..."

Der Mann versuchte sich zu rechtfertigen: „Was hätte ich denn tun sollen? Du weißt doch, wie sehr dem Alten daran liegt, die Lockpfeife für seine Tauben zu bekommen."

„Und du glaubst wirklich", erwiderte die Frau, „in dem Buch findet er was über so ein Pfeifchen?"

„Ich habe das ausführlichste Buch über Tauben bestellt. Darin muß doch auch stehen, wie man sie lockt. Wir können ja im Inhaltsverzeichnis nachsehen."

Das Inhaltsverzeichnis war seitenlang. Da gab es Kapitel über die Tauben bei den alten Römern, über die Krankheiten der Tauben, über preisgekrönte Tauben, über Lieblingstauben englischer Lords und chinesischer Mandarine, über wilde Tauben, über Kreuzung, Aufzucht und Dressur der Tauben, über Taubenfarmen und den Flugtaubensport. Über Lockpfeifen jedoch war nichts zu finden.

Als der Buchhändler dem alten Taubenzüchter das Buch vorlegte, wollte der sogleich wissen, wo etwas über die Lockpfeife stand. Mit seinen rübenartigen, vom Taubenmist verätzten Fingern begann er mißtrauisch zu blättern. Bei jedem Bild bat er den Buchhändler, ihm vorzulesen, was darunter stand. Als nach langem Suchen sich noch immer nichts darüber fand, wie man die Tiere anlockt, wurde der Alte traurig. Seine stark vortretenden, milchigblauen Kugelaugen blickten hilfeheischend auf den Buchhändler. Der redete ihm gut zu: irgendwo in diesem dicken Buche werde sich ganz gewiß etwas über Lockpfeifen finden.

Er sagte es gegen seine Überzeugung, nur um den schwerverkäuflichen Band nicht behalten zu müssen.

Der Alte hatte sich jedoch schon in die vielen, zum Teil farbigen Abbildungen verliebt. Nur der Preis erschreckte ihn. Mit einer Stimme, ähnlich dem Bellen von Seehunden, doch höher und gläserner, stieß er angestrengt, jedes Wort in gleicher Tonlage, kurz und voll Leidenschaft hervor: „Ich will es … Heben Sie auf! …“ Aus seinem Brustbeutel kramte er ängstlich und umständlich ein Fünfundzwanzigcentstück hervor und gab es dem Buchhändler. „Wieviel noch schuldig? … Aufschreiben …“

Er ging erst, nachdem der Buchhändler ihm wiederholt versprochen hatte, weiterzuforschen, wo man eine Lockpfeife für Tauben bekommt.

Jedesmal, wenn der Alte in Abständen von zwei bis drei Wochen in den Laden kam, um seine Schuld abzuzahlen, fragte er nach dem Pfeifchen. Und als ob er befürchtete, man habe sich nicht merken können, worum es sich handelte, versuchte er, die Töne wiederzugeben, die er dem Pfeifchen zu entlocken gedachte; sein spärlich mit weißen Stacheln besetztes, ferkelfarbenes Säuglingsgesicht mit der kleinen, hellen, schnabelartigen Nase blähte sich dabei vor Anstrengung auf. Und unter seiner großen, schmutzigweißen Ballonmütze drang graues Haar hervor, gesträubt wie das Gefieder eines Täuberichs. Er versuchte immer wieder, den Ruf hervorzubringen, weil er ihm nicht gelingen wollte. Es klang eher wie das Pfeifen von Luft in einer Wasserleitung.

Als der Buchhändler schließlich, um besonders überzeugend auszudrücken, daß er verstanden habe, selbst den gurrenden Ruf von Tauben nachahmte, war der Alte ganz verzückt. Ja, das sei der richtige Ruf. Genau so eine Pfeife wolle er haben.

Noch mehrere Male mußte der Buchhändler „ruuu ... ruuu ...“ wiederholen, ehe der Alte zufrieden, als sei ihm das Pfeifchen nun sicher, den Laden verließ.

Und seitdem mußte der Buchhändler jedesmal, wenn der Taubenmann sein Geldstück brachte, mit Gurren dafür bezahlen.

Der Alte hatte schon einige Dollars abgezahlt – da erschien er nicht mehr. Ein paar Monate lang wartete der Buchhändler auf ihn. Dann entschloß er sich, den Band ins Schaufenster zu stellen.

Nach einer guten Weile nahm er ihn wieder aus dem Fenster heraus. Die Frauen behalten immer recht, gestand er sich ein, staubte den Ladenhüter ab und steckte ihn zuoberst in ein Regal.

Unvermittelt stand eines Tages der Mann mit der Ballonmütze wieder in dem Laden. Er sah sauberer aus als früher, aber auch magerer und älter. Nur die Fingernägel und -wurzeln waren noch genauso schwarz und zerfressen wie zuvor. Er hielt es für selbstverständlich, daß sein Buch noch auf ihn wartete. Und der Buchhändler war jetzt froh, daß er es nicht verkauft hatte und daß es nicht mehr in der Auslage stand.

Wo er denn so lange geblieben sei, fragte er ein wenig vorwurfsvoll den Alten. Wenn das so weitergehe, werde die Abzahlung Jahre in Anspruch nehmen.

Den monotonen Belltönen, die der Alte von sich gab, entnahm der Buchhändler, daß er krank gewesen war. Man hatte es erst für Lepra gehalten. Darum wurde er so lange im Spital festgehalten. Aber es war nur ein Ausschlag. Und jetzt war er wieder gesund.

Der Buchhändler erschrak. Er ließ es sich aber nicht anmerken. „Und was machen Ihre Tauben?“ fragte er.

„Tauben – weg. Alle weg“, klagte der Alte.

„Wie ist denn das passiert? Wo hatten Sie sie denn untergebracht?“

„In Harlem. Auf Hausdach. Weiß auch, wer gestohlen. Mit Pfeifchen kann ich sie locken. Kommen alle wieder. Kennen mich."

Der Buchhändler seufzte. Hinfort würde er also wieder gurren müssen.

Beinahe ein Jahr war vergangen, als der Alte das Buch ganz bezahlt hatte. Er war inzwischen Schuhputzer geworden. Aber sein Reden und Trachten galt noch immer den Tauben. Voller Stolz trug er das Buch aus dem Laden.

Seine Besuche setzte er fort. Sie wurden sogar häufiger. Jetzt konnte er ja ohne Geld kommen. Und jedesmal, wenn er kam, blieb er lange und unterhielt sich von nichts anderem als von Tauben und von dem Pfeifchen.

Der Buchhändler überließ es nun seiner Frau, sich des treuen Besuchers anzunehmen.

Sie tat es mit Geduld. Im Telefonbuch suchte sie nach Vogelhandlungen und Haustiergeschäften, nach Instrumentenmachern und nach Fabrikanten landwirtschaftlicher Geräte. Und sie schrieb alle Adressen in großen Druckbuchstaben auf, damit der Alte sie lesen konnte.

Doch der kam jedesmal enttäuscht zurück.

Die Frau begann allmählich sich um das Pfeifchen selbst dann zu kümmern, wenn der Alte nicht da war. Sie rief Tierschutzvereine an, das Landwirtschaftsministerium, Jagdklubs und Sportredakteure. Alles war vergeblich. Hier und dort bestätigte man zwar, daß es solche Lockpfeifen gab; aber wo man sie kaufen konnte, wußte niemand.

Schließlich riet sie ihrem Schützling, ans Naturhistorische Museum zu schreiben. Wenn irgend jemand, so müßten diese Leute Rat wissen. Sie adressierte ihm das Kuvert und ein Rückkuvert.

Das Museum antwortete umgehend und sehr freundlich. Es habe das Schreiben, das es beigeschlossen zurücksende, nicht entziffern können. Da schrieb die Buchhändlerin selber den Brief noch einmal.

Eine knappe Woche später kam der Taubenmann wieder.

Ohne ein Wort zu sprechen, legte er einen Brief des Museums, eine Geschäftskarte der Firma Abercrombie & Fitch sowie eine Kassenquittung feierlich vor sich hin. Erst nachdem die Buchhändlerin und ihr Mann alles genau gelesen und ihm gratuliert hatten, zog er unterm Hemd seinen Beutel hervor, wickelte ein endloses Schuhband davon ab, entnahm ihm ein Schächtelchen in weißem Seidenpapier und reichte es der Frau. Sie und ihr Mann mußten den Inhalt, ein in Watte gebettetes, strahlend neues, glänzendes Nikkelpfeifchen, genau und von allen Seiten betrachten. Dann nahm er es und begann damit zu gurren.

Er konnte sich nicht satt gurren. Es kamen Kunden in den Laden. Sie starrten befremdet, einige auch belustigt auf den kürbisköpfigen Wunderling, der mit solch rücksichtsloser Ausdauer in sein Pfeifchen blies.

Als er es endlich absetzte, brachte er ein neues Anliegen vor. Aus dem Buch hatte er erfahren, daß er eine ganz lange Stange besonderer Art brauche. Aber es fiel ihm nicht mehr ein, wie sie hieß. Er wurde ganz aufgeregt. Es sei eine fremdländische Stange. Sie habe einen wunderbaren Namen.

„Bambus vielleicht?" fragte der Buchhändler.

„Ja, Pambus", bellte der Alte, die Lippen wie einen kurzen Rüssel vorstoßend. „Pambus!"

Die Buchhändlerin schrieb ihm die Adresse eines Anglergeschäfts auf und vorsorglich auch den Namen Bambus.

Noch am selben Tag kam der Taubenmann zurück – mit einer riesigen Stange, die kaum in den kleinen, schmalen Laden ging.

„Wenn er uns bloß nicht die Lampen zerschlägt!" sagte der Buchhändler zu seiner Frau.

Der Alte sprach erregt auf sie ein. Diesmal war, was er brauchte, ein großes schwarzes Tuch. Es dürfe nicht zu leicht sein, sonst flattere es und erschrecke die Tauben, erklärte er auf seine schwerverständliche Art. Er wolle es an der Stange befestigen. Und mit dieser schwarzen Fahne werde er auf dem Dach Zeichen machen. Dann wüßten die Tauben, in welche Richtung sie fliegen sollen. Das habe er alles aus dem Buch gelernt. Er fuhr mit beiden Armen sehr langsam, wie beschwörend, durch die Luft und blickte in die Ferne, als verfolge er den Flug der geliebten Vögel.

Die Frau versprach ihm, das schwarze Tuch zu besorgen. „Sie geben das Schuhputzen wohl auf und legen sich wieder Tauben zu?“ fragte sie.

„Freilich ... aber muß erst sparen. Stange so teuer.“

„Wieviel Tauben wollen Sie denn haben?“ erkundigte sich die Frau. Er blickte ihr dankbar ins Gesicht und dachte lange nach. Und dann ließ er selbstsicher seine Seehundsstimme vernehmen.

„Fünf Millionen!“ rief er.

Und es war, als umspannte diese Zahl alles, wovon er je geträumt ...

Traum ohne Ende

Wann ich jenen seltsamen Traum hatte, weiß ich nicht mehr; bestimmt war es viele Jahre, bevor das Leben mich wirklich nach Amerika verschlagen hat. Und vielleicht ist das Schlaferlebnis nur deshalb so deutlich in meiner Erinnerung geblieben, weil ich das Gefühl nicht los wurde, daß ein Teil dieses Traumes, sein Ende, in der Zukunft liege, als müsse ich – wie lang auch immer die Zwischenpause – dereinst noch zu Ende träumen, was so begann:

Es stand für mich fest, eindeutig und klar – ich mußte ihn befreien. Das war meine Aufgabe. Es war keine gefährliche Aufgabe; es bedeutete nur, ich mußte ihn auffinden. Gelang mir das, so war es zugleich die Befreiung.

Die Schwierigkeit war – und sie machte mich ratlos –, daß ich nicht einmal ahnte, wo ich ihn, den irgendwo auf der weiten Welt Verlorenen, suchen sollte.

Bekannt war mir nur, denn ich sah es deutlich und nahe vor mir: er war angeschmiedet an ein Floß und mußte gemeinsam mit andern, die ich nicht sah, rudern, ohne Pause, Tag und Nacht. Und bis in alle Ewigkeit mußte er rudern, wenn es mir nicht gelang, ihn zu finden. Die Ketten, die ihn fesselten, die Gabeln, in denen die langen Ruder sich scheuerten, waren rot und rauh vor Rost, sie kreischten bei jedem Ruderschlag auf. Ihr rhythmisches Aufschreien drückte die ganze Qual seines Galeerendaseins aus.

Ihn befreien, das war meine große Hoffnung. Es war nicht die seine. Denn er wußte nichts von meiner Aufgabe, wußte nicht einmal, daß es mich gab. Ich aber wußte um ihn, konnte ihn und sein furchtbares Los nicht vergessen. Seine Befreiung war der Sinn meines Daseins, denn der Ahnungs-

und Hoffnungslose auf dem Floß, in den rostroten Ketten, das war ich selber. Er wußte es nicht, aber ich wußte es, wußte, daß ihn finden mich befreien hieß.

Mein Suchen hatte sich schon lange in ein Getriebenwerden, in ein Mich-treiben-Lassen verwandelt. Und es wunderte mich nicht, als ich mich – ich hätte nicht sagen können, wozu und warum – in Chikago befand.

Dort trat ich gegen Abend einige Stufen von der Straße hinab in einen trüb beleuchteten Laden. Es war ein ärmliches Papierwarengeschäft. Ein alter Mann in einem eisgrauen Bart schlurfte langsam heran. Ich verlangte Briefpapier. Während er wie ein kurzsichtiger Gelehrter die Regale abzutasten begann, fiel mir ein dicker, vergilbter Foliant in die Augen, der vor mir auf der Ladentheke lag.

Ich schlug das Buch auf. Es war handgeschrieben in einer orientalisch anmutenden, mir völlig fremden Schrift, wie ich sie nie zuvor gesehen hatte. Ein Schreck packte mich, ein Grauen. Denn ich konnte die Schrift mühelos lesen. Schon nach wenigen Zeilen wußte ich: was ich las, war des Gekettеten, war mein eigenes Tagebuch. Jubel durchdrang mich: endlich, endlich eine Spur!

Der Alte – ich sah jetzt, er war ein Armenier oder dergleichen – reichte mir das Briefpapier. Beim Bezahlen fragte ich, Gleichgültigkeit heuchelnd, ob das Buch da verkäuflich sei und was es koste. Er nannte, noch viel gleichgültiger, den Preis. Nicht Dollars verlangte er, sondern englische Pfunde.

„Zwanzigtausend Pfund", sagte er so beiläufig, als handle es sich um ein paar Silbermünzen.

Das könne nicht sein Ernst sein, erwiderte ich. Es sollte so klingen, als läge mir an dem Kauf nicht sonderlich. Aber es kam heiser vor Enttäuschung aus meinem Halse, denn ich wußte, es war sein Ernst.

Der Bärtige ließ mich merken, er habe mich durchschaut. „Meine Forderung ist bescheiden", brummte er. „Sie wissen doch, daß das Buch nur in einem einzigen Exemplar existiert."

Ich gab es auf, mich zu verstellen. Leidenschaftlich sprach

ich auf ihn ein, bemüht, ihm begreiflich zu machen, was für mich ... daß alles, daß mehr als mein Leben für mich davon abhing, das Buch zu besitzen.

Gelangweilt hörte er mich an, als sei ihm, was ich sagte, längst bekannt. Und nur zögernd, seine Gutmütigkeit mißbilligend, ließ er sich darauf ein, mir das Buch gegen eine Anzahlung von acht Dollar auf ein Jahr zurückzulegen.

Als er mir die Quittung gab, drehten sich seine müden, großen Augen nach der staubbedeckten Standuhr, auf der eine geschnitzte Eule hockte. Da bemerkte ich: die gelben Augen der Eule waren lebendig.

Der Alte ließ sich die Quittung von mir zurückgeben und setzte hinter dem Datum die Stunde ein: fünf Uhr nachmittags.

Den Zettel in der Hand, stürzte ich aus dem Laden, kam schweißnaß auf dem Flugplatz an und landete wenige Stunden später in der Stadt New York. Ich war besessen, besessen von einem einzigen Wort: Wallstreet.

Zwanzigtausend Pfund. Wie ein Ohrwurm war das trokkene Wort des Alten mir ins Gehirn gekrochen und fraß sich darin ein, unablässig, immer tiefer.

Mehrere Male hatte ich den Betrag fast beisammen. Jedesmal warf mich etwas wieder an den Ausgangspunkt zurück – eine Fehlspekulation, ein Kurseinbruch, eine im entscheidenden Augenblick besetzte Telefonleitung. Mit verstärkter Energie begann ich immer wieder von vorne den Kampf mit den Zahlen, gönnte mir keinen Sonntag, kein Grün, keine Frau, kein Aufatmen. Bis zum Verfallstag stand der Erfolg in Frage.

Und dann – der Triumph lähmte mich fast –, dann hatte ich sie im letzten Augenblick doch beisammen, die gräßliche Summe, die mich ein Jahr lang in Bann gehalten hatte.

Als ich den armseligen Papierladen in Chikago wieder betrat, erfaßte mich Unbehagen. Denn alles, selbst das Klingeln der Türglocke, war so völlig gleichgeblieben, daß der Verdacht in mir hochschoß, das Jahr in New York sei nicht Wirklichkeit, sei ein Fieberwahn, ein Traum gewesen, es seien in Wirklichkeit erst ein paar Stunden vergangen, seit ich aus dem Geschäft gestürzt war. Das Knistern der zwanzig Tausendpfundscheine, die ich als Rolle in meiner Faust hielt, ihr Anblick gab mir jedoch das Gefühl des Wachseins zurück.

Der Alte erschien mir, wie er aus dem Hinterraum hervorschlurfte, unverändert. Sein Blick verriet, daß er mich wiedererkannte. Er sah mich belästigt an, als wollte er sagen: Wieso sind Sie denn wieder hier?

Ob er sich unsres Handels nicht mehr erinnerte? Ich reichte ihm die Quittung und die Banknotenrolle. Er nahm sie nicht, mein Arm blieb in der Luft stecken; er hob leicht den Kopf, wandte die Augen zur Eule hinüber und sagte: „Zu spät. Es ist sieben. Kurz nach fünf Uhr habe ich das Buch verkauft. Zum gleichen Preis. Ein Engländer hat es erstanden. Hier: Ihre Anzahlung."

Ein Engländer? Engländer gibt es überall auf der Welt. Dennoch – ich muß ihm auf die Spur kommen, muß es ihm entreißen, das Buch, den Schlüssel zur Freiheit.

Ich trat aus dem Laden. Ging durch endlose Straßen. Grübelnd und langsam. Denn der Suchende läuft nicht.

Ein Sieg der Freundschaft

Im Wiesental zwischen Parsch und Aigen, am Fuße des Gaisbergs, liegt der kleine, nicht leicht aufzufindende Friedhof der jüdischen Gemeinde Salzburgs.

Als anfangs August 1945 ein amerikanisches Militärauto vor dem von blühendem Schierling fast versteckten Friedhofseingang haltmachte, da wünschte sich der Fahrer des Wagens, es war der Bruder meiner Frau, seine Angehörigen im fernen Amerika könnten ihn sehen in diesem Augenblick, auf den er elf Jahre lang wider alle Hoffnung gehofft hatte.

Denn als man hier – abseits von den andern Gräbern, in Mißbilligung des Umstandes, daß er wunschgemäß eingeäschert worden war – die Metallurne mit der Asche seines Vaters, des Herrn S. B. aus Salzburg, beigesetzt hatte, waren nur Frau B. und ihre zwei Töchter, aber keiner der beiden Söhne zugegen gewesen. Sie waren Hitlergegner und lebten in der Emigration. In Salzburg nämlich hatten die Nationalsozialisten, obwohl Österreich damals noch nicht von ihnen besetzt war, schon zu viele Anhänger, als daß die B.schen Söhne sich ohne Lebensgefahr in ihrer Geburtsstadt hätten aufhalten können.

Erst der Krieg führte Frau B. und ihre vier Kinder auf mancherlei Umwegen in New York wieder zusammen. Bald jedoch entführte er den zuletzt Eingetroffenen, den Jüngsten, als amerikanischen Soldaten wieder nach Europa, zunächst nach England, dann durch Frankreich und das zusammenbrechende Deutschland hindurch nach Österreich und in jenen kleinen Friedhof, auf dem er nun das ihm unbekannte Grab seines Vaters suchte.

Er suchte vergeblich. Nur einige herumliegende Grabsteine und Gitterreste deuteten an, daß hier einst Gräber gewesen waren. Jetzt standen in dem Viereck zwischen den kalkweißen, niedrigen Friedhofsmauern säuberlich aufgerichtete Heuhaufen, und dahinter schritt eine Bäuerin, frisch gemähtes Gras mit blanker Heugabel wendend.

Die Bäuerin erschrak, als sie den amerikanischen Soldaten vor sich sah, der sie barsch fragte, und auf deutsch, was das zu bedeuten habe, wer sie sei und wie sie dazu käme, auf einem Friedhof Heu zu machen.

Die Frau antwortete ausweichend, ihr Mann sei in der Stadt, sie wisse von nichts. Als aber der Soldat ihr auf den Kopf zu sagte, sie lüge, und wenn sie sich Unannehmlichkeiten ersparen wolle, so höre sie damit besser auf, gab sie, immer noch ängstlich und verstockt, einige Auskunft. Ihr Mann sei früher hier Friedhofswärter gewesen. Nach Kriegsausbruch sei der Gottesacker aber als Bauernland ausgeschrieben und versteigert worden. Und da habe er ihn gekauft. Die Gräber? Die seien schon zuvor von Auswärtigen, von Streckenarbeitern an der Eisenbahn, zerstört worden, daran seien sie nicht schuld, überhaupt keine Hiesigen. Befragt, ob sie sich erinnere, wo das Grab des Herrn S. B. aus Salzburg gelegen habe, drehte sie das Gesicht weg und blickte, den Kopf schüttelnd, unbestimmt über die Heuhaufen hin.

Ein Bauer war herbeigekommen, ihr Mann, wie sich herausstellte. „Sag mal“, wandte er sich an sein Weib, nachdem der Soldat ihm mit unverhohlenem Ärger erklärt hatte, was er wollte, „meinst du nicht, das Grab, was der Herr sucht, ist dasselbige, bei dem der alte Aigner-Wirt oft so lang gestanden hat?“

„Das ist schon möglich“, meinte das Weib und fuhr, an den Soldaten gewandt, fort: „Sagen Sie, Ihr seliger Herr Vater, hat der vielleicht einen Herrn Ignaz Varnschein zum Freund gehabt, der wo lang vordem Bürgermeister in Aigen drüben gewesen ist?“ Als er die Vermutung bestätigte, wurde sie gesprächiger. „Lang ist das alte Manderl immer an dem

Grab gestanden, ganz alleinig, und vor sich hin geredet hat er" – sie griff sich an die Stirn, um anzudeuten, daß er wohl nicht mehr ganz richtig gewesen sei –, „als ob ihn der Freund im Grab drunten noch hätte hören können. Aber nachher haben sie es uns verboten, die Deutschen, ihn reinzulassen. Weil er doch, Sie entschuldigen schon, israelitisch war, Ihr Herr Vater. Der Alte ist trotzdem noch weiter zu ihm gekommen. Hat sie halt nimmer begriffen, die neue Ordnung. Mit einem Blumensträußl in der Hand hat er sich draußen vor der Mauer hingestellt und hat rübergeschaut."

„Dann sollten Sie aber doch wissen, Frau, wo das Grab gewesen ist", sagte der Soldat. Er sprach etwas freundlicher, denn er schöpfte Hoffnung, die Grabstelle doch noch zu finden. „Denken Sie einmal richtig nach, wo er sich immer hingestellt hat, der Herr Varnschein, wenn er das Grab besuchen kam."

Nach längerem Hinundherschauen und geflüstertem Ratschlagen deuteten sie beide auf denselben Heuhaufen. „Da drunten müßte Ihr Herr Vater liegen, möchte ich annehmen", sagte der Bauer ängstlich und unsicher. „Wenn Sie es vielleicht versuchen wollen, gnä' Herr?"

Er wartete erst gar nicht einen Befehl ab, sondern räumte eifrig, unterstützt von der Bäuerin, das Heu von der bezeichneten Stelle weg. „Auf uns sollten Sie deswegen keinen Zorn nicht haben", jammerte er dabei. „Ich habe allweil gut auf die Gräber gesehen, daß nichts abging. Aber schauen S', Herr: wenn wir den Grund nicht ersteigert hätten, dann wäre er halt wem anders zugeschlagen worden."

„Dann wäre der verantwortlich", brummte der Angesprochene.

Er begann mit seinem Seitengewehr den Boden aufzugraben. Die Bauersleute halfen ihm die Erdbrocken herausheben. Und bald stieß die Klinge auf Holz. Er griff in die etwa halbmetertiefe Grube. Ein brüchiger Holzkasten kam zutag. Im Nu wimmelten die Hände des Soldaten von winzigen Ameisen. Er achtete ihrer nicht. Er öffnete den Kasten und entnahm ihm eine runde Büchse. Nachdem er den Moder vom Metall abgekratzt hatte, hielt er die Urne ins schräge Sonnenlicht und entzifferte die eingravierte Schrift. Es war der Name seines Vaters, mit Geburts- und Todesdatum.

Nach einigen Wochen schmückte ein von zwei Lebensbäumen flankierter Stein aus weißem Marmor das Grab, das Rassenhaß vergeblich auszutilgen versucht hatte. Auch andere Gräber ließ der Soldat instand setzen, und der umzäunte Grund wurde seiner alten Bestimmung wieder zugeführt.

Der Sohn aber, der dieserart sich und den Seinen ein teures Grab zurückerobert hatte, erfragte noch am selben Abend die Adresse des Herrn Varnschein.

Er traf Frau Varnschein an. Sie war in Trauer. Denn der Mann, dessen Freundschaft sich als stärker erwiesen hatte als die Macht der Nazis und dessen Treue zur Auffindung des Grabes geführt hatte, war, neunundachtzigjährig, wenige Tage, ehe das Licht der untergehenden Sonne noch einmal, unter so merkwürdigen Umständen, seines Freundes Urne streifte, gestorben.

So endete das Leben meines zweiten Vaters.

Denke ich seiner und jener verwehten Hütte im Walde, aus der er Ende des vergangenen Jahrhunderts uns vier Waisenkinder zu sich genommen hatte, so sehe ich nicht nur das smaragdene Feld, auf dem die Hütte einst gestanden – ich sehe zugleich im Tal, über das sie hinwegblickte, nah der schäumenden Salzach, die vier dünnen Linien einer kalkweißen Mauer. Und innerhalb dieser Umfriedung zwischen zwei schlanken, dunklen Lebensbäumen einen Marmorstein, schimmernd durch die Nacht Europas.

Der Augenblick

Mitten auf dem Atlantischen Ozean erreichte mich im Frühjahr 1949 ein Funktelegramm: „Viel Glück zum ersten Geburtstag im neuen Leben." Ähnliche Wünsche haben seit Jahrhunderten die Passagiere von Schiffen begleitet, deren Ziel Amerika war; unser Schiff jedoch hielt Kurs auf Europa, und der Glückwunsch kam aus New York.

Es ist nicht leicht, sich ohne äußeren Zwang aus vertraut gewordener Tätigkeit und Umwelt zu lösen, und es ist schwer, geliebte Menschen, den einzigen Sohn, Freunde und Verwandte – vielleicht für immer – hinter sich zu lassen. Was war es, das mich dazu zwang, die große, weite Welt der Sieger gegen die enge, arme der Geschlagenen einzutauschen? Warum ging ich, ohne äußere Notwendigkeit, dahin zurück, woher ich gekommen, nach Deutschland, der alten Heimat, aus der ich vertrieben und ausgebürgert worden war?

Es wäre vermessen, die Frage zu beantworten. Zu viele Antriebe bestimmen unsre Entschlüsse und Handlungen, darunter nicht wenige, die wir nicht oder nur von ungefähr kennen. Dennoch glaube ich der Wahrheit nahezukommen, wenn ich sage: Was mich 1933 aus Deutschland stieß, hieß mich sechzehn Jahre später Amerika den Rücken kehren. Damals wie heute wollte ich nicht mitschuldig werden, und sei es nur durch erzwungenes Schweigen, an einem zynisch geplanten Attentat auf den Frieden, wollte ich, obwohl es zum Verbrechen erklärt worden war, Soldat im Kampf um eine neue Welt bleiben.

Amerika hat längst aufgehört, jene „neue Welt" zu sein, der die Freiheitssehnsucht unsrer Väter galt; es ist zu einer alten Welt geworden, wobei alt für verhärtet steht, nicht für weise.

Vom „neuen Leben“, dem ich entgegenfuhr, erwartete ich keine Abenteuer; Abenteurer hatten Krüppel und Ruinen hinterlassen. Hinter den Ruinen und in den Augen meiner Kampfgefährten eine helle Weite zu erblicken, hoffte ich. Würde es so kommen? Oder würde der Anblick von Not und Verbitterung, von unterdrücktem Haß mir die Sicht vernebeln? Nicht auf Deutschland war ich gespannt. Ich wußte, was geschulte Totschläger und ihr dilettantischer Führer aus ihm gemacht hatten. Auf mich war ich gespannt, auf mein Verhältnis zu der glanzlosen Wirklichkeit, die mich erwartete.

Ich überraschte mich. Hatte ich mir alles zu genau vorgestellt? Oder war ich im Exil ein Fremder geworden? Nach flüchtiger Freude des Wiedererkennens vertrauter Züge im Gesicht der Heimat – der Lederriemen unter den Waggonfenstern, des Jasminduftes der Vorstädte, der Mühelosigkeit, mit der die Leute, auch Kinder, hier Deutsch verstanden und sprachen –, was war es, das mich so noch-nicht-angekommen fühlen machte? Nicht etwa verständnislos oder unverstanden, auch nicht ernüchtert oder enttäuscht fühlte ich mich, im Gegenteil: durchaus am rechten Platz, froh, mich vor neue Aufgaben gestellt zu sehen, das Klima, sogar die Ernährung erträglicher findend als erwartet, beeindruckt von der Größe und Schönheit der Bäume, dem Reichtum an Blumen und Gärten, aber dennoch: wie durch Glas blikkend, nicht im Leben, sondern ihm gegenüberstehend, registrierend, nicht dazugehörig.

Ich begegnete, wider Erwarten, vielen alten Freunden, Genossen, Bekannten. Ich staunte, daß die Erinnerung an mich und meine Arbeit bei den meisten noch lebendig war. Ich bewunderte die Zähigkeit und die ungebrochene Glaubenskraft alter, oft todkranker Genossen und fast ebensosehr die Ungezwungenheit, den Elan und die ernste Herzlichkeit einer Jugend, die vom Leben nur Lüge, Angst und Zerstörung, nur Mangel und Anstrengung geboten bekommen hatte. Dennoch: hier war ich und dort die Umwelt. Ein wechselvolles Leben hat mich – selbst im Exil – gelehrt, wo immer ich war, kein Fremder zu sein. So auch hier. Ich war anwesend, weil ich hier nützlichere und sinnvollere Arbeit leisten konnte als anderswo, überdies, zum erstenmal im Leben, in gutem Einvernehmen mit den Behörden. Aber wirklich heimgekehrt war ich nicht.

Ich versuchte, mich mit diesem Zustand abzufinden. Vielleicht hat das Exil die Kraft zur Gemeinschaft in mir gelähmt, dachte ich. Oder der alternde Mensch kühlt aus, wird unverbundener, geneigt, den Ablauf des Lebens etwa so wahrzunehmen wie ein Handwerker die Vorgänge in anderer Leute Haus. Und vielleicht ist es sogar gut so: nichts lenkt dich von deinen Pflichten ab.

Hinter diesem äußerlichen Gleichmut verbarg sich eine forschende Ungewißheit. Allenthalben, wo immer ich die Gesichter Unbekannter erblickte, regte sich Verdacht in mir: Sind das wirklich Menschengesichter? Würden sie sich in Mördermasken zurückverwandeln, wenn es eine Macht gäbe, die Zeit rückwärts zu drehen? Hofften sie nicht, diese Macht käme aus dem Westen? Warteten sie nicht auf einen neuen Krieg? Oder war die unerwartete Freundlichkeit dieser farblosen Gestalten mit den wässerigen Augen und den vorwurfsvoll verkniffenen Lippen echt? Hatten Grauen und Elend Dünkel und Roheit aufgezehrt? Ich lauschte ihren Gesprächen, beteiligte mich daran, wann immer ich konnte, blieb aber ohne Antwort. Fast jeder war wie eingemauert in die eigenen Verluste, in die eigenen Sorgen und Ängste. Fast alle klagten selbstgerecht und sich bemitleidend: über die Rationen und das Wetter, über „den Russen" oder „den Amerikaner", über das entwertete Geld und die überfüllte Straßenbahn, vor allem aber, immer wieder, als sei es eine geheime Losung: über die Schlechtigkeit der eigenen Landsleute. Die Liebe beschränkte sich auf Familie, Garten, Möbel, Hund. Was außerhalb dieses Kreises lag, wurde mit Abneigung und Mißgunst betrachtet. Stärker als ich, und mit Ärger, verspürten die Genossen dieses Absterben des gesellschaftlichen Zusammenhalts, dieses Zerbröckeln und Zerreißen der Interessen und Hoffnungen. Um so erstaunlicher schien mir, wie standhaft und unermüdlich sie arbeiteten; gleich jenen Trümmerarbeitern: zwei nackte Hände und ein gebeugter Rücken gegen aber Millionen Ziegel. Noch die Enkelkinder mochten so wühlen und klopfen und schleppen – wenn nicht die neuen, besseren Bomben, auf die rosahäutige Herren jenseits des Atlantiks „bauen“, sie unter neuen Schuttmassen zuvor begraben sollten. Die Genossen täuschten sich über diese Gefahr nicht hinweg. Aber sie ließen sich davon nicht entmutigen. Ihr Horizont war nicht der eines Schrebergartens, auch nicht der eines Wolkenkratzers, er reichte von Washington bis nach Kanton. Ihre Kraft, zäher als Stacheldraht, zuverlässiger als Goldreserven, war der Glaube an den Menschen. So, wie sich langsam Haus um Haus aus der Steppe des Ruinenschutts erhob, gewannen sie dem seelischen Sumpf, den sie vorfanden, als sie aus den Todeslagern und Zuchthäusern in die Freiheit traten, Neuland ab: Menschen, die einander trauten in gemeinsamer Arbeit an der Zukunft. Dieses Werdende war in der Gegenwart bereits sichtbar, zwar noch selten und unklar in der Wirklichkeit, um so klarer aber in den Augen der Genossen.

In einem großen Kreise solcher Augen saß eine junge, knabenhafte Frau mit einem andern Blick: wach und klug, doch zugleich verzagt. Es wurde ihres Mannes und ihre eigene Rückkehr aus der Emigration gefeiert, eine Rückkehr, die jahrelang gewaltsam verhindert worden war und die, als sie schließlich gelang, das Rosa auf den Wangen der Atomrüstungsspekulanten in Wutrot verwandelte. Denn die beiden hatten es verstanden, sich aus den Händen der höchstbezahlten Polizei und der tiefstgesunkenen Justiz zu befreien.

Nun saßen sie mit etwa hundert alten Freunden und Genossen in einem Saal des ehemaligen Berliner Herrenklubs beisammen. Sie alle hatten die zwölf Jahre der Hitlerherrschaft als Illegale oder Gefangene in Deutschland oder als Emigranten im Ausland, manche auch dort zeitweilig in Haft, überlebt. Tischreden wurden gehalten, unvorbereitet, wie der Augenblick sie eingab. Gemeinsam überstandene Gefahren wurden lebendig, Situationen, die hoffnungslos erschienen waren (und sich für nicht wenige Gefährten, deren man gedachte, als wirklich hoffnungslos erwiesen hatten), Episoden aus dem Bürgerkrieg in Spanien, aus den Lagern, auch heitere Vorfälle, an denen es selbst in der furchtbarsten Lage ja nie ganz fehlt. Schließlich ergriff der Ehrengast des Abends das Wort. Witzig und lebhaft, wie man rückblickend von eigner Gefahr und Tapferkeit spricht, um nicht unbescheiden zu erscheinen, schilderte er seine an dramatischen Zwischenfällen reiche Flucht, um dann – nunmehr ernst und ergriffen – seine Befreiung als einen Sieg der Genossen, ihrer Solidarität, ihrer publizistischen und organisatorischen Anstrengungen zu würdigen und ihnen zu danken, indem er gelobte, mit allen Kräften an der Bewältigung der Aufgaben mitzuarbeiten, die er in der Heimat vorfand, in Eintracht mit den Versammelten, unter Führung der Partei.

Als der Beifall endete, bat eine Genossin ums Wort. Sie hatte im Dritten Reich illegal gearbeitet und war dafür ins Zuchthaus gekommen. Ihre Worte galten der jungen Frau des Gefeierten, ihrer wunderbaren Kameradschaft. Als man den Mann gefesselt von ihr geführt hatte, war sie es gewesen, die kreuz und quer durch den Kontinent reiste, die Amerikaner guten Willens gegen die Willkür ihrer Regierung aufrief und Geld für seine Verteidigung sammelte, unermüdlich, obgleich oft sterbensmüde, unverzagt, wenn auch oft einsam und der Verzweiflung nahe in dem großen Land.

Gesprochen hatten zuvor nur Männer. So verschieden an Erscheinung und Charakter diese Männer waren, so unterschiedlich das war, wovon sie sprachen, aus ihnen allen sprach die gleiche Stimme, ruhig und eindringlich – die Stimme der Partei. Auch die Genossin sprach in den durchdachten verallgemeinernden Worten der Partei. Auch ihre Rede klang aus im Bekenntnis zum Kampf, zur Arbeit, zur Zukunft. Aber es lag zugleich Unausgesprochenes in ihren Worten. Es schwang etwas darin mit wie eine Klage. Wie eine unterdrückte Klage darüber, daß die Männer, als Soldaten ihrer Überzeugung, kaum darauf achten, vielleicht nicht einmal ahnen, wie schwer die Frauen an der Tapferkeit ihrer Männer tragen; daß die Frauen, politische wie unpolitische, die unbesungenen Märtyrerinnen unseres Jahrhunderts der Bürger- und Völkerkriege sind, sie, deren Körper und Seele alle Nöte und Ängste dreifach erleiden: an sich selber, um ihre Männer und mit ihren Kindern.

Der Leiter des Abends mußte etwas wie Vorwurf in den Worten der Rednerin verspürt haben. Er entschuldigte sich, ehe er das Glas auf das Wohl der heimgekehrten jungen Frau erhob, daß es einer Aufforderung dazu bedurft hatte. Und als aller Augen sich nun der zierlichen Gestalt der Angesprochenen zuwandten, geschah es in betretener Stille.

Sie erhob sich, unsicher, scheu. Sekundenlang sah sie ratlos auf nichts, dann öffneten sich langsam ihre Lippen. War das die schlagfertige Rednerin, als die ich sie kannte, die auf Hunderten von Versammlungen in Amerika das Recht ihres Mannes verfochten hatte? Auch als sie zu sprechen begann, verriet ihre Stimme nicht, wie sehr sie dazu fähig war, mit graziöser Ironie zu attackieren. Sie hielt keine Rede, keine Ansprache. Das war ein Geständnis; das waren unerwartete Worte, getragen vom warmen Hauch, der sie formte, Worte, die, einmal gesagt, nie wieder gefunden, nie mehr wiederholt werden würden.

Es war ihr schwergefallen, die Freunde in Amerika zu verlassen. Die treuen Menschen, die ihr geholfen hatten, Jahre ungerechter Verfolgung zu ertragen, obwohl sie wußten: sie konnten Stellung und Freiheit dafür verlieren. Warum hatte sie sich von ihnen trennen müssen? Für Deutschland? Ihr graue vor Deutschland. Heute, hier, fühle sie sich zum erstenmal seit ihrer Rückkehr wieder unter Freunden. Und es falle ein Druck von ihr, Mißtrauen, ja Angst. Während der letzten Wochen hatte sie ihren Mann in Dutzende von Städten begleitet. Tausende hatten ihm und ihr die Hände geschüttelt. Ungezählte Blumensträuße wurden ihr gereicht. Aber sie konnte sich nicht darüber freuen. Sie konnte nicht vergessen: noch vor wenigen Jahren haben die meisten dieser

Menschen Verbrechern zugejubelt, Mördern Blumen gereicht ... Ihre Stimme begann dunkel zu werden. Ihre blauen Augen wurden weit vor Gram. „Verzeiht mir, Genossen. Vielleicht könnt ihr mir ... nein, ich fürchte, es wird nie mehr meine Heimat werden, dieses Deutschland. Kann ich wissen, wißt ihr, ob nicht unter den Händen, unter den gleichen Händen, die sich uns entgegenstreckten ..." Wie ein schwacher, letzter Schrei kam es aus ihrer Brust, während Tränen sich in den Augen stauten: „Sie haben alle ermordet. Den Vater. Die Mutter. Die Freunde. Die Schwester!" Da sank sie vornüber. Zwischen den Blumen auf der Festtafel, vor den hilflos zuckenden Schultern, lag, verhüllt vom braunen Haar, ihr Kopf auf dem weißen Tischtuch.

In diesem Augenblick – er dauerte, von keiner Bewegung, keinem Geräusch unterbrochen, als könnte er nie mehr enden –, in diesem Augenblick geschah Seltsames. Es war, als schlüge in uns allen, die wir stumm und schuldbedrückt auf die Stuhllehne starrten, vor der noch eben die Frau gestanden hatte, ein einziges, gequältes Herz. Im Eis des Vergessens hatte sich ein klaffender Riß aufgetan, wir blickten hinab in das dunkle Vergangene, das auf einmal Gegenwart war: in ein unterirdisches Meer von Blut, in das, auch für uns, die Tränen einer Frau rannen. Wir blickten auf Deutschland.

Als die Genossin sich erhob, lag mattes Licht auf ihrer Stirn. Und ich sah, wonach ich, ohne es zu wissen, seit meiner Heimkehr vergeblich ausgespäht hatte: den verlorenen Pfad zwischen gestern und morgen.

Pieter und drei seiner Nachbarn

Im Sommer 1940 machte sich meine Frau im Gästehaus einer Farm in New Hampshire nützlich und durfte dafür mit unserem Jungen die Ferien dort verbringen. Ich war in New York geblieben, um irgendwie meinen Unterhalt, die Wohnungsmiete und ein paar Dollars für die beiden Urlauber zu „machen". Nach kurzer Zeit schrieb mir meine Frau, Pieter, der Farmer, lade mich übers Wochenende ein, und ich möchte ein Bauernbrot mitbringen. Solche Brote, groß wie ein Rad, waren bei einem jüdischen Krämer in der First Avenue erhältlich. Sie wogen etwa sechs Kilo.

Als ich nach langer Bahnfahrt und längerem Fußweg über hügeliges Land schweißgebadet Pieters großes Holzhaus betrat, brach er ebenso wie seine Gäste angesichts des Brotes in Begeisterung aus. Ich erfuhr sogleich, warum. Auf der Farm und in der ganzen Gegend wurde zwar Getreide geerntet, aber es gab weder Müller noch Bäcker. Das Brot kam aus einer Brotfabrik in der Stadt. Es war luftdicht in dünnes, durchsichtiges Papier gepackt, schneeweiß, ohne Geschmack und – wie man mir erklärte – infolge beigemischter Kartoffelstärke gesundheitsschädlich. Diese watteartige Ware blieb dafür aber lange frisch, also verkäuflich.

Pieter hatte die Farm vor einigen Jahren unerwartet von einer fremden alten Dame geerbt, die an dem armen Burschen und an den Liedern, die er zur Laute sang, Gefallen gefunden hatte. Er war als eine Art fahrender Sänger oder Bettelstudent durchs Land gewandert, um, wo immer er Zuhörer fand, Lieder der „Hillibillies" zu singen – der „Hinterwäldler" – und der „Wobblies" (Industrial Workers of the World) – der ältesten radikalen Industriearbeiterorganisation der Vereinigten Staaten. In den dreißiger Jahren litt Amerika unter der Weltwirtschaftskrise und ihren Nachwirkungen. Viele Jugendliche sympathisierten damals mit sozialistischen Ideen. So auch Pieter. Und dementsprechend paßte er die Liedertexte der jeweiligen Situation an.

Die Bewirtschaftung der Farm überließ er den bisherigen Angestellten. Er sang weiter seine Lieder zur Laute, nur daß er jetzt seßhaft war und sein Publikum: wenig oder nichts zahlende Gäste, überwiegend antifaschistische Emigranten aus Europa. Die Deutschen unter ihnen fühlten sich in die Zeiten des Wandervogels zurückversetzt und bemühten sich, Pieters Lieder zu erlernen. Eines mit besonderem Erfolg. Es hatte den Refrain:

Shoe-fly don't bother me
I belong to somebody.*

Mehr als die Lieder begeisterte mich die Landschaft. Ich durfte länger bleiben als vorgesehen. Mit George, meinem Jungen, wanderte ich durch das Gebüsch, das den Bergsee umschloß, an dem die Farm lag. Wege oder Pfade gab es nicht. Wir arbeiteten uns mit Beil und Buschmesser vorwärts, in dicken Handschuhen als Schutz gegen vergifteten Efeu und gegen die gefürchteten, reglos gleich toten Ästen im Gebüsch hängenden Kupferkopfschlangen. Die Vegetation in dieser ziemlich nördlichen Gegend ist so üppig, daß Blaubeersträucher Mannshöhe erreichen. Die Beeren sind groß wie Vogelkirschen, aber wenig schmackhaft.

Eines Tages stießen wir auf ein solides Blockhaus. Es war von Pflanzen so umwuchert, daß wir es erst bemerkten, als wir unmittelbar davorstanden. Die Tür war verschlossen. Wir schauten durch die Fenster hinein. Auf einer Bettstatt lagen ungeordnet Decken und Kissen. Auch Tisch und Ofen waren unaufgeräumt, und über einem Stuhl hingen eine Badehose und Handtücher. Man hätte glauben können, die Bewohner seien nur eben hinausgegangen, wenn nicht silbriger

* Schmeißfliege (Schimpfwort für Polizist), laß mich in Ruh, ich gehöre jemand zu.

Staub und eine Unzahl von Spinnweben dem ganzen Raum ein verzaubertes, traumartiges Aussehen verliehen hätten.

Als wir Pieter von unserer Entdeckung berichteten, behauptete er, das Blockhaus gäbe es nur in unserer Phantasie. Erst als wir mit ihm davorstanden, fiel ihm ein, was es damit auf sich hatte. Ein Mann aus Boston hatte die Jahresmiete für das Haus vorausbezahlt und eine Zeitlang dort gewohnt. Dann sei er wohl in die Stadt gefahren und nicht wiedergekommen. Pieter hatte die ganze Angelegenheit vergessen. Er wußte auch nicht, wo der Nachbar hingeraten war. In Amerika sei es nichts Ungewöhnliches, daß jemand Haus oder Wohnung verläßt und nicht wiederkommt. Ein Geschäft oder eine Stellung habe ihn vielleicht zu weit weggeführt, er könne auch in Konflikt mit Gläubigern oder mit der Justiz geraten sein.

Kurz darauf stießen wir abermals auf sonderbare Spuren einstigen Lebens. Diesmal waren es etwa zwanzig Meter lange, miteinander verbundene, verrostete Eisenrohre. In regelmäßigen Abständen waren daran Wasserhähne befestigt. Man erkannte an dem hellen Grünspan, daß sie aus Messing waren.

Diesmal konnte Pieter uns gleich Bescheid geben. Ein junges Ehepaar hatte in Erwartung, daß sich an diesem herrlichen Platz bald Sommer- und Winterurlauber einfänden, vor Jahr und Tag geplant, hier eine Dampfwäscherei zu errichten. Außer einem Lastwagen mit Metallteilen, die sogleich zusammengefügt wurden, sei aber nichts mehr gekommen. Wahrscheinlich sei ihnen der Plan doch zu riskant erschienen, oder sie hatten eine günstigere Möglichkeit gefunden, ihren Unternehmungsgeist zu betätigen, vielleicht in einem der vielen Zubringerbetriebe der emporschießenden Kriegsindustrie.

Auch Pieters dritten Nachbarn haben wir nicht zu Gesicht bekommen. Von ihm erfuhren wir aber auf andere Weise. Und zwar im Gespräch über die Milch. Sie kam ebensowenig wie das Brot von Pieters Farm. Die Milch der schönen sauberen Kühe, die wir vor dem Haus weiden sahen, floß beim elektrischen Melken durch Schläuche in große Kannen, die mit Elektrokarren an die Landstraße gebracht und dort von Lastwagen abgeholt wurden. Erst in der Fabrik kam die Milch ans Licht, um alle möglichen Prozesse zu durchlaufen. Von Bakterien und vom Rahm befreit, wurde sie mit Fettemulsion gemischt (homogenized), in kubische Behälter aus Wachskarton abgefüllt und so an die Verbraucher verkauft, auch an die Farmer. Pieter bezog die Milch aber nicht aus der Fabrik. Er bezog sie in Literflaschen von einem benachbarten Farmer. Und was für eine Milch! Fast die Hälfte war Rahm. Beim Trinken fühlte man sich wie auf einer Alm. In Kürze sei es leider aus mit dem Glück, erklärte unser unrasierter, melancholischer Hausherr und zupfte kurz und hart an den Saiten der Laute. Weil der Nachbar ein „Linker" sei, nämlich der bekannte Maler und Illustrator Rockwell Kent. Er sei als Landwirt ähnlich erfolgreich gewesen wie als Maler. Auch sein Vieh und seine Milch habe man wiederholt mit Preisen ausgezeichnet. Daß er die Milch nicht an die Fabrik abliefere, sondern sie im Naturzustand direkt an die Verbraucher verkaufe, sei der gesuchte Vorwand, ihn zu boykottieren. Man liefere ihm keine Flaschen mehr, und die Transportgesellschaften versagten ihm ihre Dienste. Daher sähe er sich gezwungen, sein Vieh zu verkaufen. Ob er die Farm werde halten können, sei ungewiß.

Ich hätte diesen bewundernswert eigenwilligen Mann gern kennengelernt, fand aber keine Gelegenheit dazu.

Zwanzig Jahre später sah ich ihn zum erstenmal. Er saß mit dem Präsidium des Sowjetischen Tolstoi-Komitees am Abend des 19. November 1960, am fünfzigsten Todestag des Dichters, auf der Bühne des Moskauer Bolschoi-Theaters. Nach der Festrede von Leonid Leonow hielt Rockwell Kent vor einem Publikum, das den riesigen, in Rot und Gold erstrahlenden Raum bis in die obersten Ränge füllte, vor den aus dreißig Ländern delegierten Tolstoi-Forschern, -Herausgebern und -Übersetzern und vor den in einer Parterreloge versammelten Regierungsmitgliedern eine kurze Rede.

Aus der Rede dieses gern lachenden, über siebzig Jahre alten, großen, schlanken Mannes erfuhr ich, daß Tolstois Worte es waren, die ihm im fernen Amerika einst zum Kompaß fürs Leben geworden waren.

„Wir dürfen nicht vergessen“, sagte er, „daß es jungen Leuten eigen ist, von Ungerechtigkeit, vom Leid der Mitmenschen, vom widerspruchsvollen Antlitz des Lebens tief beunruhigt zu sein. Als junger Kunststudent fragte ich mich: Was ist der Sinn der Kunst und letztlich der Sinn des Lebens?“ Der Redner zitierte die Antwort, die er in der Schrift „Was ist Kunst“ von Leo Tolstoi gefunden hatte. Sie lautete: *„Es mag sein, daß die Wissenschaft in Zukunft neue und höhere Ideale für die Kunst entdeckt; aber in unserer Zeit ist es der klare und unverrückbare Zweck der Kunst: die brüderliche Einheit des Menschengeschlechts zu verwirklichen.“*

Und die Rede, die wie ein Bekenntnis klang und stürmischen Beifall auslöste, endete mit den Worten: „Viel von dem, was der Moralist Leo Tolstoi lehrte, hat sich als prophetisch erwiesen. Heute ist nicht nur für die Kunst, sondern für jede Äußerung des menschlichen Geistes ohne Zweifel das Hauptproblem, ‚die brüderliche Einheit des Menschengeschlechtes zu verwirklichen‘.

Prophet des Friedens: der die Brüderschaft der Menschheit verkündet hat. Die Völker der Erde müssen sich seine Forderung endlich zu Herzen nehmen. Laßt Frieden auf der ganzen Welt zum Denkmal für den großen Tolstoi werden.“

Ich hatte wiederum keine Gelegenheit, den Amerikaner kennenzulernen, um ihm meinen Dank auszusprechen für seine Rede und für seine Kunst; auch für seine Kunst, eine Milch zu erzeugen, die sicherlich nicht nur mir unvergessen geblieben ist. Und so kam ich während des Rückflugs nach Berlin auf den Gedanken, von der seltsamen Welt zu erzählen, in der mir der Name Rockwell Kent zum erstenmal begegnete.

Begegnung in Bitterfeld

Wir schauten aus dem Abteil auf die Abraumfelder der Braunkohle. Über der schwarzen Wand am Rande der tiefliegenden, mit Sandkegeln bedeckten und von Grundwassertümpeln durchsetzten Sohle zeichnete sich, riesenhaft wie ein Tier der Vorzeit, ein Bagger gegen den dunstigen Himmel ab. Von den Menschen, die hier eine der wichtigsten und schwersten Arbeiten vollbrachten und von denen es auf dem Bahnhof Bitterfeld nur so gewimmelt hatte, war nirgends etwas zu sehen. Alles war starr und leer.

„Da leben müssen – nicht geschenkt“, meinte jemand.

„Sagen Sie das nicht“, belehrte ihn eine Mitreisende. „Ich habe kürzlich in einer Zeitschrift gelesen, es sind Bemühungen im Gange, damit sich auf dem toten Revier wieder Krume festsetzt. Wenn Sie genau hinsehen, können Sie schon überall ein bißchen Grün bemerken. Das ist alles angepflanzt, mit besonders anspruchslosen Gewächsen. Wenn sich erst wieder die Humusschicht gebildet hat, ist es nur noch eine Zeitfrage. Dann, so in zehn, zwanzig Jahren, sieht es hier vielleicht besser aus als um Leipzig herum.“

„Bis dahin gibt's Leipzig doch gar nicht mehr“, erwiderte der andere schadenfroh. „Die sprengen die Kohle ja schon bei Markkleeberg.“

Da ergriff der Mann mir gegenüber das Wort.

„Liebe Freunde“, sagte er und meinte damit offenbar alle Mitreisenden, „nur keine Bange. Bis dahin ersetzt das Atom die Kohle. Und überhaupt, darauf kommt es gar nicht so an. Als ich mich hier einmal kurz aufgehalten habe, im Sommer neunundvierzig, da war alles noch trostlos, und trotzdem denke ich jedesmal, wenn ich hier durchfahre, gern daran zurück."

Er machte eine Pause und vergewisserte sich, ob es angebracht war, ausführlicher zu werden. Tatsächlich blickten alle im Abteil auf ihn. Er war etwa Mitte der Sechzig, hatte lebhafte braune Mausaugen, und der seidig glänzende weiße Haarkranz machte das Rosa seines Schädels beinahe leuchten.

„Das Ganze kam daher", fing er zu erzählen an, „daß ich aus Versehen den falschen Rock anbehalten hatte. Ich lasse mir nämlich meine Anzüge immer aus demselben Stoff machen, einem grauen mit dünnen weißen Streifen. Da kann so eine Verwechslung leicht vorkommen. Kaum war der Zug aus Leipzig raus, sieht meine Frau die Fransen an den Ärmeln. ‚Du hast ja den Gartenrock an', sagte sie entsetzt. Ich bekomme einen Schreck und greife in die Tasche. Der Ausweis! Natürlich, steckt daheim im guten Rock. Nichts zu machen. Ich muß zurück, sonst komme ich nicht nach Berlin rein und raus schon gar nicht. Bitterfeld war die erste Station. Meine Frau ist gleich weitergefahren. Der nächste Zug nach Leipzig ging erst in einer Stunde. Es goß mächtig. Zum Glück hatte ich den Schirm mit. Schaust dir die Stadt an, sagte ich mir. Es war Sonntag früh. Auf der ganzen langen Hauptstraße begegnete ich nur zwei Menschen, einem Russen mit Broten unterm Arm und einem jungen Ding, es lief mit einem Milchtopf durch den Regen. Am Ende der Straße war ein Platz mit einer halbrunden Mauer aus Sandstein. Und ein Stahlhelm drauf, so groß wie eine Gulaschkanone. Es war das Kriegerdenkmal vom ersten Weltkrieg. Ich bin gerade dabei, Namen auf der verwitterten Gefallenenliste zu entziffern, da sehe ich mit einemmal abseits auf der Straße einen Jungen stehen. Mit einem Rucksack voller Kartoffeln, der war bestimmt schwerer als er. Und neben sich hat er noch einen Sack, einen kleineren. Und der Regen rinnt ihm nur so die Haare runter übers Gesicht.

‚Na, was ist mit dir los? Kannst wohl nicht mehr?' frage ich.

‚Doch', antwortet das schmächtige Kerlchen ganz ernst. Und schon griff er nach dem Sack. Er wollte zum Bahnhof. Na, da habe ich ihm den Sack getragen. Offen gesagt, mir kam's sauer an, mit dem Kleinen Schritt zu halten, und ich habe ein paarmal verschnaufen müssen. Er war gar nicht zutraulich. Nur so viel brachte ich aus ihm heraus, daß er mit seiner Großmutter bei Verwandten war. Auf einem kleinen Bauernhof vor der Stadt. Und die Großmutter sei mit Milch und drei Eiern zum Bahnhof vorausgegangen.

Dort trafen wir sie auch. Die Eier trug sie in der Hand wie was Kostbares vor sich her. Sie waren nicht einmal eingewikkelt. Aber sonst machte die Frau einen sehr ordentlichen Eindruck. Papier war halt knapp damals. Während der Fahrt stand ich mit dem Jungen auf der Plattform. Er ließ die Kartoffeln nicht aus den Augen und war noch immer nicht zum Reden aufgelegt. Nur das erfuhr ich von ihm: der Vater war Lokführer bei einer Trümmerbahn, und er, der Kleine, wollte auch Lokomotivführer werden. ‚Auf so einem netten Lokomotivchen, wie dein Vater eins fährt?' fragte ich. Zum erstenmal kam Farbe in das blasse Gesicht. ‚Wo denken Sie hin', sagte er, ‚ich fahre nur eine große Lok.' Er sah mich ganz komisch an, ich wußte nicht, war er beleidigt oder tat ich ihm leid, weil ich so schwer von Begriff war."

Einige der Zuhörer lachten. Der Mann aber fuhr fort: „Liebe Leute, da gibt's gar nichts zu lachen. Sie können mir's glauben oder auch nicht. Noch heute bin ich froh, daß ich damals den falschen Rock anbehalten hatte. Man weiß nie, wozu es gut ist, wenn man Pech hat. Ich war nämlich ein richtiger Griesgram geworden und konnte mir gar nicht vorstellen, wie wir aus dem Dreck wieder rauskommen könnten. Sie werden sich ja noch erinnern: die Waggonfenster zerschlagen, der Stoff von den Sitzen geschnitten, die Birnen rausgeschraubt, keiner traut dem anderen, und alle hamstern und schieben, statt zu arbeiten. Ich konnte ein Lied davon singen. Ich bin nämlich Bauführer. Und da begegne ich ausgerechnet in Bitterfeld diesem Bürschchen. Kartoffeln auf dem Buckel, aber im Kopf – eine große Lok. Das hat mich damals direkt in Schwung versetzt. Nur schade, daß ich mir nicht die Adresse habe geben lassen. Wüßte zu gern, was aus ihm geworden ist."

„Hm", machte der Herr, der nicht geschenkt in Bitterfeld leben wollte, „das könnte doch ein jeder gewesen sein, der zu einer dieser Jugendbrigaden gehört. Sogar auf D-Zug-Lokomotiven sieht man jetzt solche Aufschriften." Der Alte überhörte den geringschätzigen Ton. „Eben. Ich schaue mir die Burschen auf den Maschinen auch jedesmal an. Aber wie soll ich wissen, wie er heute aussieht?"

Der Zug fuhr in eine Station ein. Aus dem Lautsprecher kam eine Frauenstimme. Ich verstand nur die letzten Worte: „Bitte beeilen."

Wieder glitt Abraumgelände an uns vorüber. Diesmal aber eingeebnetes. Und schütteres Birkengebüsch belebte schon hier und dort das weißgraue Ödland.

Nach einer Weile blickte der Alte vom Fenster weg und wandte sich an die Mitreisende, die das Gespräch begonnen hatte: „Sie haben ganz recht, gute Frau", sagte er, zögernd, als überlegte er jedes Wort. „Wenn man der Erde auch noch so zusetzt, wir müssen uns nur die rechte Mühe geben, dann wird sie immer wieder grün."

AtV

Band 5007

Lion Feuchtwanger
Erfolg

Drei Jahre Geschichte einer Provinz

Roman

816 Seiten
24,90 DM
ISBN 3-7466-5007-0

Der Münchner Museumsdirektor Martin Krüger hat sich unbeliebt gemacht. Eine Menge Leute wären ihn gern los. Der Meineidprozeß, den man ihm anhängt, geht deshalb auch nicht gut für ihn aus. Aber er hat Freunde, die seine Unschuld zu beweisen versuchen. Die vielfältigen Bemühungen für und gegen Krüger sind Drehpunkt eines grandiosen Zeitromans über die politischen und kulturellen Ereignisse in der Stadt München, im Land Bayern, zur Zeit der Inflation und der ersten Versuche der Nationalsozialisten, an die Macht zu gelangen.

»Erfolg« ist der erste Teil der »Wartesaal«-Trilogie.

AtV

Band 5008

Lion Feuchtwanger
Die Geschwister Oppermann

Roman

368 Seiten
16,90 DM
ISBN 3-7466-5008-9

Sie sind mit sich und der Welt zufrieden: der jüdische Fabrikant und Schriftsteller Gustav Oppermann und seine Brüder. Bis die Nazis sie zu Verfemten, Gejagten, Vertriebenen machen und zu Entscheidungen auf Leben und Tod zwingen.

Der zweite Teil der »Wartesaal«-Trilogie ist ein großartiges Dokument der faschistischen Gewaltherrschaft und ihrer Folgen für den einzelnen.

AtV

Band 5009

Lion Feuchtwanger
Exil

Roman

856 Seiten
24,90 DM
ISBN 3-7466-5009-7

In jener Nacht, in der das Auto über die Schweizer Grenze rast, ist der Schlagbaum auf deutscher Seite nicht geschlossen: Die Entführung des Journalisten Friedrich Benjamin geschieht im Auftrag deutscher Behörden. Sie ist Teil einer Kampagne der Nationalsozialisten gegen die Emigrantenpresse. Ein Tauziehen beginnt zwischen der NS-Parteizentrale und den in Paris lebenden Exulanten um das Leben des Mannes Benjamin, um die Existenz der Zeitung »Pariser Nachrichten«.

»Exil« ist der dritte Teil der »Wartesaal«-Trilogie.

AtV

Band 5150

Anna Seghers
Aufstand der Fischer von St. Barbara

Erzählung

Mit einem Nachwort von Sonja Hilzinger

119 Seiten
9,80 DM
ISBN 3-7466-5150-6

Als Anna Seghers 1933 aus Deutschland fortging, hatte sie zwei Bücher geschrieben. Ihr erster Roman »Aufstand der Fischer von St. Barbara« war ein kleines Buch gewesen, dessen bestechende Dichte und nüchterne Schwermut, mit hoher erzählerischer Zucht verbunden, staunen machte, fesselte und die Verleihung des Kleistpreises an die Verfasserin rechtfertigte.

Stephan Hermlin

AtV

Band 5154 **Anna Seghers**
Karibische Geschichten

256 Seiten
15,80 DM
ISBN 3-7466-5154-9

Während in Paris die Trikolore weht, der Konvent die Leibeigenschaft abschafft, bleibt in den französischen Kolonien alles beim alten. Aus den historischen Vorgängen der Sklavenbefreiung auf den Antilleninseln bezieht Anna Seghers den Stoff für diese Erzählungen.

AtV

Band 5155

Anna Seghers
Die Kraft der Schwachen

Neun Erzählungen

204 Seiten
13,80 DM
ISBN 3-7466-5155-7

Was allzu oft im Wirbel großer Ereignisse untergeht, läßt Anna Seghers in diesen Geschichten lebendig werden: den Heroismus jener Menschen, die sich der Macht zersetzender Lebensumstände widersetzen.

AtV

Band 5171 **Anna Seghers**

Der Ausflug der toten Mädchen

und andere Erzählungen

140 Seiten
9,90 DM
ISBN 3-7466-5171-9

Die berühmteste Erzählung von Anna Seghers, »Der Ausflug der toten Mädchen«, entstand wie die beiden anderen dieses Bandes im mexikanischen Exil. Auf eigentümlich schwebende Weise gibt sie eine traumhafte Vision wieder, in der sich die Erzählerin als Kind während eines Schulausfluges erlebt und zugleich als erwachsene Frau in Mexiko. »Post ins Gelobte Land«, eine stille, bewegend erzählte Geschichte, schildert das Schicksal einer jüdischen Familie bis zu ihrem Untergang, der von den Briefen des Sohnes überdauert wird. Die erste Erzählung, mit der sich Anna Seghers wieder deutscher Gegenwart zuwandte, »Das Ende«, führt das Leben einer Figur aus »Das siebte Kreuz« weiter: Zillich, der sadistische Aufseher aus dem KZ Westhofen, wird nach dem Krieg von seiner Schuld gehetzt und in den Tod getrieben.

AtV

Band 5302

Hans Fallada
Kleiner Mann – was nun?

Roman

358 Seiten
12,90 DM
ISBN 3-7466-5302-9

Als Lämmchen und der Verkäufer Johannes Pinneberg heiraten, zeichnen sich böse Zeiten ab: die Weltwirtschaftskrise. Dennoch glauben die beiden an ihr Glück und an ihre Liebe. Als Pinneberg sich schließlich in das Millionenheer der Stempelbrüder einreihen muß, ist es Lämmchen, diese liebenswerte, sanfte und tapfere junge Frau, die das Leben ihres verzweifelten kleinen Mannes in ihre Hände nimmt.

AtV

Band 5303 **Hans Fallada**

Wolf unter Wölfen

Roman

2 Bände

Zusammen 1138 Seiten
24,90 DM
ISBN 3-7466-5303-7

»Bin ich ein Besserer? Ein Erzieher? Nein, ich bin nur ein Schilderer!« So Hans Fallada 1937 an Hermann Broch. Und welch ein Schilderer er war. »Wolf unter Wölfen« vereint alle die Eigenschaften, die Fallada als grandiosen Erzähler populär machen: innere und äußere Spannung, Atmosphäre, Genauigkeit im Milieu, unverwechselbare Schicksale und lebensvolle Gestalten, bei denen die ganze deutsche Gesellschaft Modell stand – ostelbischer Landadel, Berliner Kleinbürger, Offiziere, Prostituierte, Spieler, Süchtige, Schieber. Es ist *der* Roman über die Inflation, ein Panorama der außer Rand und Band geratenen Zeit, eine epische Chronik und im besten Sinne unterhaltende Literatur.